新 社会福祉士養成課程対応　第2版

福祉行財政と福祉計画

杉岡　直人　編

みらい

●編者

杉岡 直人（すぎおか なおと）　北星学園大学

●執筆者一覧（五十音順）

氏名	所属	担当
安部 雅仁（あべ まさひと）	北星学園大学	第3章
石川 満（いしかわ みつる）	元日本福祉大学	第5章
植木 信一（うえき しんいち）	新潟県立大学	第8章
川村 岳人（かわむら がくと）	立教大学	第2章
木下 武徳（きのした たけのり）	立教大学	第9章
小林 雅彦（こばやし まさひこ）	国際医療福祉大学	第1章
白戸 一秀（しらと かずひで）	元旭川大学	第7章
杉岡 直人（すぎおか なおと）	前出	序章
谷口 泰司（たにぐち たいじ）	関西福祉大学	第4章
都築 光一（つづき こういち）	東北福祉大学	第6章

はじめに

　社会福祉専門職の活動は、一般的に福祉行政における制度設計と運用にしたがって取り組まれている。一方、住民が必要とする福祉サービスについては、地方公共団体をはじめ民間団体である社会福祉法人や福祉NPO法人、あるいは株式会社などにより多様に取り組まれており、介護保険制度に象徴されるように福祉サービスの民営化も進んでいる。同時に、社会福祉専門職の仕事の守備範囲は拡大傾向を続けており、従来からの援助や支援活動に加えて制度外サービスの知識やその実践を知る必要性も増加している。こうした動向とさまざまなサービスが登場する中で、サービスの質の保障や評価が課題となっている。

　ところで、参加型の福祉社会においては、新たな公共といわれる市民団体やNPOをはじめとする多様な担い手の登場と本格的な活躍が期待されている。その一翼を担い、福祉社会を支える社会福祉専門職は、制度を理解・活用し、知識と実践を基盤にして社会資源を開発する役割をもつ。また、どのような取り組みも市民・当事者及び専門家の的確な評価やモニタリングが実施されなければサービスの停滞と劣化は避けられない。そうしたことに対応する中心的な役割を担うのも社会福祉専門職である。

　福祉行財政や福祉計画の策定は、社会福祉実践と無縁な単なるデスクワークと受け止めている限り、新しい問題提起や課題の解決は難しい。本書を読む未来の社会福祉専門職のみなさんは、ぜひ、福祉財政や福祉計画の策定のプロセスを学ぶことが実践現場における役割を高めることを理解してほしい。

　本書の執筆陣は、豊富な現場経験をもとに刺激的で有益な知識を提供しており、社会福祉専門職をめざす人々にとって優れた学習の手引きとなると確信している。

　このたび初版から4年目を迎えて、介護保険制度をはじめ社会福祉関係の制度改正が進んでいるため統計データならびに法律の動向等に配慮して第2版として改訂を行った。

2016年2月

編者　杉岡　直人

目　次

はじめに　／3

序章　福祉行財政と福祉計画を学ぶ前に

1．福祉行財政と地方分権　…………………………………………………………12
　（1）地方分権化の歩み　／12
　（2）国と地方公共団体との関係の変化　／15
　（3）地方分権と財源　／16
　（4）社会福祉士の職域と福祉行政　／17

2．福祉財政と社会福祉　……………………………………………………………18
　（1）社会保障を支える福祉財政の位置づけ　／18
　（2）社会保障の財源を考える　／19

3．福祉計画の策定　…………………………………………………………………20
　（1）計画とリスク（災害＜安全／安心＞と予防・対応・復興）　／20
　（2）計画と参加・モニタリング　／21
　（3）事例から学ぶ視点　／22

第1章　福祉行財政の仕組み

1．国と地方公共団体の役割と行政組織　…………………………………………26
　（1）福祉行政における国の役割（憲法第25条、各福祉法による責任）　／26
　（2）厚生労働省の役割と組織　／27
　（3）地方自治の理念　／29
　（4）地方公共団体の種類　／30
　（5）市町村の種類　／31
　（6）地方公共団体の事務　／31

2．福祉サービスにおける行政の役割と公私の関係　……………………………32
　（1）国と地方公共団体の関係　／32
　（2）福祉サービスにおける行政の役割　／33
　（3）福祉サービスの利用方法　／34
　（4）福祉サービスの給付形態　／35
　（5）福祉における「私」の拡大と行政の役割　／36

3．社会福祉の法制度 …………………………………………………………37
　　⑴　三権分立と福祉行政　／37
　　⑵　法と運用　／39

第2章　福祉行政の組織と専門職

1．福祉行政の実施体制 …………………………………………………………44
2．福祉事務所 ……………………………………………………………………46
　　⑴　概要　／46
　　⑵　業務　／47
　　⑶　組織及び職員　／47
3．児童相談所 ……………………………………………………………………49
　　⑴　概要　／49
　　⑵　業務　／50
　　⑶　組織及び職員　／51
4．婦人相談所 ……………………………………………………………………52
　　⑴　概要　／52
　　⑵　業務　／53
　　⑶　組織及び職員　／54
5．身体障害者更生相談所・知的障害者更生相談所 …………………………54
　　⑴　概要　／54
　　⑵　業務　／55
　　⑶　組織及び職員　／55
6．精神保健福祉センター ………………………………………………………56
　　⑴　概要　／56
　　⑵　業務　／56
　　⑶　組織及び職員　／56
7．地域包括支援センター ………………………………………………………57
　　⑴　概要　／57
　　⑵　業務　／58
　　⑶　組織及び職員　／59

第3章 福祉財政

1．財政の機能と国家財政 ……………………………………………………62
   (1) 財政の機能 ／62
   (2) 国家財政の構造 ／64
2．社会保障関係費と社会保障給付費 ………………………………………65
3．地方財政 ……………………………………………………………………69
   (1) 地方財政の構造 ／69
   (2) 地方公共団体の歳出と民生費 ／70
4．福祉の財源 …………………………………………………………………73
   (1) 社会保険料と租税 ／73
   (2) 利用者（自己）負担 ／75
   (3) その他の財源 ／76
   (4) 現代の社会保障財源の課題 ／77

第4章 福祉計画の目的と意義

1．福祉計画とは ………………………………………………………………82
   (1) 計画とは何か ／82
   (2) 計画の目的・目標・根拠 ／83
   (3) 福祉計画の流れ―地方分権と社会福祉基礎構造改革の視点から― ／84
2．福祉計画及び関連諸計画 …………………………………………………88
   (1) 福祉計画及び関連諸計画の種類と関係 ／88
   (2) 福祉計画の政府間関係 ／91
   (3) 福祉計画の期間 ／92
   (4) 福祉計画における義務規定 ／94
3．福祉計画の意義 ……………………………………………………………95
   (1) 住民参画の必要性と課題 ／95
   (2) 福祉計画の意義と諸課題 ／97

第5章 福祉計画策定プロセスと方法

1．福祉計画策定のプロセス …………………………………………………104
   (1) 庁内検討体制の確立 ／104
   (2) 策定委員会等の設置・運営 ／104
   (3) 資料・データの収集と分析 ／105
   (4) 実態調査の実施 ／105

(5) 目標と計画骨子案の検討　／105
　　(6) 計画案の検討（年次計画・予算計画等）　／106
　　(7) 計画の策定（関連計画との整合が必要）　／106
　　(8) 計画の実施と実施状況の把握　／106
　　(9) 政策評価　／107
　　(10) 計画の見直し　／109
　2．福祉計画策定の方法の実際—ニーズ把握の方法、各種委員会の運営等—　　109
　　(1) ニーズ把握の方法　／109
　　(2) 策定委員会等の運営　／112
　3．福祉計画の評価　　　　　　　　　　　　　　　　　　　　　　　　　　115
　　(1) マネジメント・サイクルと政策評価　／115
　　(2) 評価の方法　／115
　　(3) 行政の政策評価　／118
　　(4) 福祉計画の政策評価の実際　／119

第6章　福祉計画の実際1—老人福祉計画／介護保険事業計画—

　1．老人福祉計画／介護保険事業計画の概要　　　　　　　　　　　　　　　126
　　(1) 老人福祉計画の概要　／126
　　(2) 介護保険事業計画　／128
　2．老人福祉計画／介護保険事業計画の現状と課題　　　　　　　　　　　　130
　　(1) 高まる重介護対応のニーズ　／130
　　(2) 求められる財務の健全性　／132
　　(3) 最近の動向　／133
　3．特別地方公共団体による介護保険事業計画策定の意義　　　　　　　　　135
　4．二戸地区広域行政事務組合における介護保険事業計画の事例　　　　　　136
　　(1) 二戸地区広域行政圏の概要　／136
　　(2) 計画策定経過　／137
　　(3) 計画の特徴　／138
　　(4) これまでの取り組みの成果と今後の課題　／138
　5．まとめ　　　　　　　　　　　　　　　　　　　　　　　　　　　　　　140

第7章　福祉計画の実際2—障害者計画／障害福祉計画—

　1．障害者施策の動向と福祉計画の概要　　　　　　　　　　　　　　　　　142
　　(1) 障害者施策の動向と福祉計画の法定化までの経緯　／142
　　(2) 障害者基本計画の目的とその内容　／144

2．障害福祉計画の概要　……………………………………………………………147
 (1)　障害福祉計画の目的　／147
 (2)　障害福祉計画の内容　／149

3．障害者計画／障害福祉計画の策定事例―北海道―　………………152
 (1)　北海道と千歳市の概要　／152
 (2)　北海道と千歳市の計画策定状況　／152
 (3)　北海道障がい者条例　／152
 (4)　北海道と千歳市の計画内容　／155
 (5)　計画の策定及び推進体制　／157
 (6)　第4期障がい福祉計画の数値目標とサービス見込（北海道・千歳市）　／157
 (7)　今後の展開　／159

第8章　福祉計画の実際3―次世代育成支援対策行動計画、子ども・子育て支援事業計画―

1．次世代育成支援対策行動計画の概要　……………………………………164
 (1)　国の少子化対策の経過　／164
 (2)　次世代育成支援対策推進法　／165
 (3)　行動計画のねらいと基本内容　／166

2．子ども・子育て支援事業計画の概要　……………………………………168
 (1)　子ども・子育て支援新制度　／168
 (2)　子ども・子育て支援法の目的、市町村等の責務　／169
 (3)　市町村子ども・子育て支援事業計画に定める内容　／170

3．子ども・子育て支援事業計画の策定事例　……………………………171
 (1)　策定事例の自治体の概要　／171
 (2)　教育・保育事業の状況　／172
 (3)　計画策定の背景と位置づけ　／173
 (4)　計画策定にあたって　／173
 (5)　事業への取り組み　／174
 (6)　計画の推進体制　／176

4．今後の少子化対策・子育て支援の動向　…………………………………177

第9章　福祉計画の実際4―地域福祉計画―

1．地域福祉計画とは　……………………………………………………………180
 (1)　なぜ地域福祉なのか　／180
 (2)　なぜ地域福祉計画なのか　／182

2．地域福祉計画の内容 …………………………………183
　⑴ 地域福祉計画の法規定　／183
　⑵ 地域福祉計画の策定状況　／184
3．阪南市地域福祉推進計画 …………………………………184
　⑴ 阪南市の概要　／184
　⑵ 第1期地域福祉推進計画　／185
　⑶ 策定プロセスと内容　／186
　⑷ 地域福祉推進計画の特徴と意義　／189
　⑸ その後の計画の見直しと第2期地域福祉推進計画の策定　／190
　⑹ 公民協働・住民参加型の地域福祉の推進に向けて　／191

索引　／195

序章 福祉行財政と福祉計画を学ぶ前に

● 本章のねらい

　社会福祉士として地域の相談援助活動に従事するとき、自治体の福祉行財政や福祉計画とも無関係ではいられない。個別の利用者等の支援のための創意工夫を考えるだけでなく、実際的な資金の調達・活用・運営にも関心を払うべきであり、積極的な参加も求められる。それは専門職としての活動を担保すると同時に、制約条件にもなるからである。

　社会福祉サービスは、中央政府による措置制度（＝行政処分[*1]）として戦後長い間展開されてきたが、2000（平成12）年4月に施行された介護保険法と社会福祉法によって福祉サービスの利用者と事業者による契約関係を基本とする制度として転換を遂げた。これは社会福祉基礎構造改革とよばれ、同時にサービスの第三者評価及び利用者からの不服申立て制度も整備された。

　以降、介護保険制度に関する福祉サービスの準市場化をはじめとして、サービスの民営化（業務委託・指定管理者制度）が進められ、これを担う非営利組織の役割が期待されている。新たな公共、いわゆる公私協働の取り組みとともに地域にあった生活課題の解決が求められているのである。

　こうした経緯をふまえ、福祉行財政と福祉計画のあり方と内容について理解を深めながら、具体的な計画策定の方法や住民参加型の仕組みを本書を通して学んでほしい。

　本章では、まず第1節で国から地方へといわれてきた地方分権の流れを社会福祉の課題に合わせてレビューする。第2節では、社会保障の基盤をなす福祉行財政と社会福祉の財源についてふれている。第3節では、阪神淡路大震災や東日本大震災を契機として進められている災害弱者への対応やまちづくり全体にかかわるリスクマネジメントの課題を福祉避難所の問題や避難訓練、あるいは災害教育と結びつけて整理している。

＊1　行政処分
官僚制が許認可権限などを規定した法律に基づいて、公権力の発動として行う行為をいう。行政指導と違って公定力（行政行為が違法であっても、それが取り消されるまでは有効なものとして通用する力）をもっている。被処分者に不服がある場合には、行政不服審査法によって審査請求ができる。行政庁が取り消さない場合は、裁判によって処分の不当ないし違法性を争える。不服の審査請求は、処分のあったことを知った日の翌日から3か月以内。

● プロローグ

　社会福祉における地方分権のテーマは、生活者の目線で考えるとわかりやすい。社会福祉サービスに関する制度や政策は、市町村の窓口を通じて提供されることが多い。国民一人ひとりがサービスを直接国（中央政府）に申請していては、素早く対応することができないのは明らかである。通常は身近な市町村などの自治体レベルで利用できるようになっている。しかし、市町

村の窓口に相談したとき、市町村ごとに判断が異なるようでは困る。国が決めたサービスであれば、国民はどこで生活していても同じ基準でサービスを利用できることが当然の権利だと考えると、国の統一的な基準にしたがって判断される仕組みがよいということになる。

　一見融通のきかないようにみえる画一的な制度とサービスでも、国の制度として機能させるうえでは必要であり、法や制度のもとでの平等性が保障されなければならない。つまり、一定の条件を満たす要支援者に対しては、誰にでも確実に同じサービスが提供されなければならない。

　たとえば、措置制度当時のホームヘルプサービス（家庭奉仕員制度）では、サービスの利用を決める際には、「低所得で、単独世帯の高齢者で、食事を自分でつくることが困難な人」と行政が認定して利用を決定していた。選別主義的サービスと呼ばれるこの仕組みは、判断が単純で適用しやすいが、実際ホームヘルプサービスの必要性は、所得や世帯構成に関係なく存在する。誰でも必要な人が利用できる制度にするには、要支援の基準を客観的にわかりやすく示し、かつ自治体レベルで判断できる仕組みにする必要がある。そこで、利用しやすい制度として基準と申請手続きをオープンにし、所得に応じた利用者負担を求める制度へと変化していったのが介護保険制度である。こうして、誰でも利用できるホームヘルプサービスが、普遍主義的サービスとして利用されるようになったのである。

　このようにサービス利用者のあり方が変化すると、社会保障の制度と税財源の考え方も根本的に変化する。それにともない、新たに制度やサービスのモニタリングの仕組みが必要とされ、結果的に福祉計画のプロセス全体を変化させることになるのである。

1．福祉行財政と地方分権

(1) 地方分権化の歩み

　地方分権の基本は、地方自治の自律的な推進体制の確立をめざすものであり、必要な条例及び運用、そして地方公共団体の財源確保が保障されなくてはならない。この地方分権とのかかわりにおいて社会福祉の歴史を見ると、早くにはイギリスや北欧諸国で提起されたノーマライゼーションの歴史につながっている。わが国の社会福祉政策における地域社会でケアを必要とする人々の生活を支える地域包括ケアシステムの実現とも深くかかわっている。

表序-1　地方分権の系譜

年月	動向
1981年3月	臨時行政調査会(第二臨調)発足(中曽根政権)
1982年3月	臨時行政調査会(第二臨調)「行政改革に関する第三次答申」
1988年12月	臨時行政改革推進審議会(第一次行革審) 「国と地方の関係等に関する答申」
1993年6月 10月	地方分権の推進に関する決議(衆議院) 地方分権の推進に関する決議(参議院)
1993年10月	臨時行政改革推進審議会(第三次行革審) 「最終答申(「規制緩和」と「地方分権」に重点化)」
1994年9月 11月 12月	地方分権の推進に関する意見書(地方六団体) 第24次地方制度調査会「地方分権の推進に関する答申」 地方分権の推進に関する大綱方針(閣議決定)
1995年5月	地方分権推進法成立(7月施行、地方分権推進委員会発足)
1996年12月	地方分権推進委員会第一次勧告 ・機関委任事務制度の廃止、国の関与の新たなルール、権限委譲　等
1997年7月 12月	地方分権推進委員会第二次勧告 ・事務区分、国地方関係調整ルール、必置規則、都道府県と市町村の関係、行政体制の整備、補助金、税財源等 機関委任事務制度の廃止後における地方公共団体の事務のあり方等についての大綱
1999年7月	地方分権一括法成立(改正地方自治法含む)
2000年4月 10月 11月	地方分権一括法施行 第26次地方制度調査会「地方分権時代の住民自治制度のあり方及び地方税財源の充実確保に関する答申」 地方分権推進委員会「市町村合併の推進についての意見」
2001年6月	地方分権推進委員会最終報告 ・第一次地方分権改革の回顧、監視活動の結果報告と要請、地方税財源充実確保策についての提言、分権改革の更なる飛躍の展望
2002年3月	改正地方自治法成立(直接請求、住民監査請求制度・住民訴訟制度見直し、議員派遣の制度化、議会における点字投票等)
2009年11月	地方分権改革推進委員会第四次勧告 ・自治財政権の強化(地方交付税の税額の確保及び法定率の引き上げ等) 「地域主権戦略会議」を内閣府に設置(地方分権改革推進本部を廃止)
2010年6月 12月	「地域主権戦略大綱」を閣議決定 「アクションプラン～出先機関の原則廃止に向けて～」を閣議決定
2011年5月 8月 11月	地域の自主性及び自律性を高めるための改革の推進を図るための関係法律の整備に関する法律(平成23年法律第37号)(第1次一括法) 地域の自主性及び自立性を高めるための改革の推進を図るための関係法律の整備に関する法律(平成23年法律第105号)(第2次一括法) 地域主権戦略会議*2
2013年1月 3月 6月 12月	地域主権戦略室の名称を地方分権改革推進室に変更 地域主権戦略会議を廃止し、地方分権改革推進本部を設置 地域の自主性及び自立性を高めるための改革の推進を図るための関係法律の整備に関する法律(平成25年法律第44号)(第3次一括法) 地方分権改革有識者会議が地方分権改革20年の総括(中間取りまとめ)
2014年6月 11月	地方分権改革有識者会議「個性を活かし自立した地方をつくる～地方分権改革の総括と展望」公表 ・地方から制度改革を求める「提案募集方式」及び地方の発意に基づいて選択的に権限を移譲する「手挙げ方式」の導入を提案 まち・ひと・しごと創生法施行及び地域再生法の一部を改正する法律公布(同年12月施行)

*2 地域のことは地域に住む住民が責任をもって決めることをめざし、国と地方が対等なパートナーシップの関係へと転換するため、地域主権改革に関する施策を検討し、推進していくための組織として、地域主権戦略室が内閣府に設置された。

この地域包括ケアシステムとは、施設ケア＋居宅ケアの包括性にとどまらず、公的セクター及びボランタリーセクターを含む民間セクター、あるいはインフォーマルケアによるサービスを取り込んで組織されるシステムである。

さて、イギリスでは1950年代からリハビリテーションに関する制度改正が進められ、精神障害者の地域ケアが取り組まれてきた。シーボーム委員会報告（1967年）の後の制度改正は、自治体の責任に基づくサービス提供の拡大へ向かった。わが国における1970年代以降のコミュニティケア（社会福祉審議会）への注目と地方自治体による在宅サービスの推進は、こうしたイギリスの福祉行政における地方分権の政策転換の影響を受けたものである。

ここで、わが国の福祉行政にかかわる地方分権の動向を整理しておこう。法制度上における改革は、表序－1に示すように、度重なる地方分権に関する臨時行政調査会、あるいは地方分権推進委員会等の答申を受けて、20年近い年月をかけた末に、地方分権一括法として2000（平成12）年に改正・施行され、地方分権への転換を遂げたのである。

2011（平成23）年に制定された地域の自主性及び自立性を高めるための改革の推進を図るための関係法律の整備に関する法律（第1次一括法）の施行にともない、厚生労働省令で定めることとされていた老人福祉法や介護保険法上の施設・事業所について、サービスの人員・設備・運営基準の一部を都道府県または市町村の条例で定めることとされた。

また近年、この地方分権問題は、地方の自主性を尊重することと取り組みを進めるうえで、民主党政権から自由民主党政権へと政権交代がなされたことで、組織体制及び推進体制が変化しており、より官邸主導による法案の整備が進められ、地方主権戦略会議が地方分権改革推進本部となり首相が本部長を務めるようになっている。

地方分権改革は、2014（平成26）年に公布・施行されたまち・ひと・しごと創生法及び地域再生法[*3]の一部を改正する法律とあわせて、意欲のある地方による「提案募集方式」や「手挙げ方式」の重視を前面に位置づける展開となっている。

社会保障制度改革国民会議では、社会保障制度改革推進法に基づき、2013（平成25）年8月5日に報告書をとりまとめた。報告書では社会保障改革の方向として、高齢者世代を給付の対象とした「1970年代モデル」から、すべての世代を対象とし、すべての世代が支え合う全世代型の「21世紀（2025年）日本モデル」に転換すべきという提言がまとめられた。そこには、❶すべての世代を対象とし、すべての世代が相互に支え合う仕組み、❷女性、若者、高齢者、障害者などすべての人々が働き続けられる社会、❸すべての世代の

＊3　地域再生法
地域再生法（2005（平成17）年4月公布・施行）は、地方の少子高齢化の進展への対応及び雇用創出の推進を目的にした法律である。地方の自主性を尊重しつつ国の積極的役割を位置づけている点で国を基本とする政治主導の法律であるが、地方分権改革の総括により、「まち・ひと・しごと創生法」へとつながっている。新たな動きとしては、地域再生計画とのセットで行うことや農業の六次産業化を推進するための農地転用許可の特例措置などがあげられる。

夢や希望につながる子ども・子育て支援の充実、❹低所得者・不安定雇用の労働者への対応、❺地域づくりとしての医療・介護・福祉・子育て、❻国と地方が協働して支える社会保障制度改革、❼成熟社会の構築へのチャレンジが提示されている。

関連する法令の見直しとして、2003（平成15）年に公布された次世代育成支援対策推進法の延長*4と新たな認定（特例認定）制度がなされた。介護保険法においては2015（同27）年度からの介護保険事業計画を地域包括ケア計画として位置づけて地域支援事業の再編を行い、要支援者への介護予防給付の見直しがなされた。その改正内容は、要支援1・2の予防給付者の訪問介護と通所介護を地域支援事業に組み込んだことと、一般介護予防事業を地域支援事業に取り込んだこと、在宅医療・介護連携推進事業、認知症施策推進事業及び生活支援体制整備事業を包括的支援事業に取り込んだことがポイントになっている。また、2013（同25）年12月に公布された生活困窮者自立支援法（2015（同27）年4月1日施行）は、福祉事務所を設置する自治体が実施主体となって、必須事業としての自立相談支援事業、住居確保給付金の支給をすること、そして任意事業としての就労準備支援事業、一時生活支援事業、家計相談支援事業、生活困窮世帯の子どもの学習支援事業を図ることになっている。

*4 次世代育成支援対策推進法は、2015（平成27）年3月31日までの時限立法であったが、2014（同26）年の改正により2025（同37）年3月31日まで10年間延長となった。

(2) 国と地方公共団体との関係の変化

地方分権一括法により1999（平成11）年度をもって廃止となった機関委任事務は、自治事務と法定受託事務へと再編され、都道府県レベルの権限にかかわるものと市町村レベルの権限にかかわるものに区分されることになった*5。具体的には、法定受託事務は、第一号と第二号に区分され、第一号は国が行うべきものを都道府県及び市町村が受託して行うもの（国政選挙関係事務や旅券発行事務など）、第二号は市町村が都道府県から委託され代行するもの（都道府県議会選挙や知事選挙に関する事務など）を指す。また法定受託事務以外は自治事務とされ、都道府県自治事務と市町村自治事務に区分される（詳細は第1章参照）。ただし、自治事務が財源つき自治事務となっているわけではないことが、福祉サービスにおける分権の実態をわかりにくくしている。この点はイギリスのコミュニティケア改革において提起された包括補助金の地方自治体への提供が最終的に政府側の権限に押さえられ、地方自治体への権限委譲とはならなかった経緯と類似している。それだけ財源を地方自治体へ渡すことには抵抗があるといえる。

ただ、分権の問題との関係でいえば、地方自治法では、国・都道府県・市

*5 この詳細については澤井勝「地域福祉と自治体行政」大森彌編著『地域福祉と自治体行政』ぎょうせい　2002年1－13頁参照。

町村はあくまでも対等な関係であると定められており、国の都道府県及び市町村に対する関与、または都道府県の市町村に対する関与についてはできるだけ排除されるべきこととして扱われている。とくに自治事務についての関与は、助言・勧告、資料の提出の要求、是正の要求、協議の4類型に限定されており、同意、許可・認可・承認、指示、代執行などは関与の方法として認められていない[*6]。

また、介護保険法と地方自治法改正は2000（平成12）年4月の同時期に施行され、自治事務としての介護保険制度は、地方分権を展開するうえで象徴的な役割を担うこととなった。また、サービスを利用する人々の権利を守ることを重視するために、介護保険制度と同時にスタートした成年後見制度は、分権時代の福祉サービスを推進する地方公共団体の福祉行政における両輪として位置づけられる。

(3) 地方分権と財源

地方分権化は、日々の生活に課題を抱えて生きる住民をサポートする地方公共団体の取り組みにとって、基本であり前提となるものであるが、その具体的な推進を図るのは簡単ではない。何といっても権限の委譲は、予算の配分やサービスのコントロールにかかわる問題を含んでいるため、無条件で中央官庁が認めることは少ない。

生活上の諸問題をかかえる住民に対するサービスの提供について整理すると、所得再分配の考え方をとりながら、サービスを必要とする人々には公平な利用機会を保障し、同時に応能負担原則をベースに応益負担を求める、という考え方が措置から契約への転換にともなって登場してきた。この考え方は[1]、すでに1980年代はじめの第二臨調[*7]において、受益と負担問題が提起されている。たとえば、「選択と負担のシステムを地方行政に明確に位置づけ、地方の個性や独自性に基づく行政サービスについては、基本的に地域住民の選択と負担によって行われることとすべき」という指摘がなされている。そして注目されるのは、「地域の独自性に基づくサービスについては、地域住民の選択と負担によって行われる限り、自治体間にある程度の格差があっても当然と考えるべき」という指摘である。また、第二臨調の答申の一部である「地方財政制度のあり方」の中で、「使用料・手数料等の公共料金は受益と負担の直結が容易であり、住民に対する負担の公平を期するためにも、その見直しを図るべきである」とされ、「補助金制度の整理合理化」に関して、補助金が地方行財政の自主性を損なうものであり、「行財政の減量化や効率化」及び「地域における受益と負担の明確化」が指摘されていた。

[*6] この問題に関しては、地方分権改革検討会議及び全国市長会が2008（平成20）年4月9日付けで報告している『「義務付け・枠付け（自治事務）」及び「関与（自治事務・法定受託事務）」の廃止に関する追跡調査結果』を分権改革推進委員会に提出しており、介護保険事業、障害者自立支援事業等を含めて見直しを求める意向を地方自治体サイドから提起している。これに対する省庁からの回答が極めて消極的であることに問題が指摘されているのが現段階の状況といえる（会議配付資料1）。

[*7] 第二臨調
正式名「第二次臨時行政調査会」。

序章　福祉行財政と福祉計画を学ぶ前に

したがって、現在、あらゆる政策の展開において強調されている「受益と負担」のキーワードは、すでに1982（昭和57）年の第二臨調第三部会答申から用いられていたのである。地方分権の推進は、今日、国家財政の破綻が危惧される中で、地方公共団体の財源問題と地方交付税交付金のあり方を含めて、地方公共団体の福祉行財政の全体的な見直しに結びついている。それは、地域社会の変貌と住民の福祉ニーズへの対応の中で一段と鮮明な課題となっている。

(4) 社会福祉士の職域と福祉行政

社会福祉士の職域拡大の問題は、社会福祉士の職能団体である日本社会福祉士会や大学・短大及び専門学校等の社会福祉士養成施設にとっても重要な課題となっている。とくに社会福祉士資格を有する行政職員は少なく、結果的に社会福祉行政の現場を担う社会福祉専門職が不足しているため、専門職の確保が地方公共団体の職員採用上の課題となっている。

現実の問題として、生活保護業務を担当するケースワーカーとして配属されても、申請者との面接や受給者の定期訪問、その他の業務に関しては、専門的な知識や実習などを経験したことのない職員が担当することが一般的である（通常は一般公務員として採用されるので、福祉系の教育を受けている職員は少ない）。また、人事異動で早く他の部署に配置換えになることを希望する職員が一番多い職場（それだけ業務的には負担が大きいと受け止められている）が福祉系の部署であるとされることが多い。その背景には、社会福祉教育を受けて業務についていないために対応が困難となる状況が存在することがあげられる。

児童相談所の職員もまた同様であり、学校との対応や児童虐待への対応の中で、家庭訪問等の活動を通じた対処の不備が指摘されることも多い。これも社会福祉教育の経験が少ないことと関連する。

また、いわゆる地域移行（障害のある人々について施設から地域生活への移行を促す政策）が進む中で、福祉行政における社会福祉専門職の必要性が高まっている。むろん採用試験が一般公務員と同様なことが多いため、また専門職として採用すると人事異動に際して他の部署への配置が困難となるため、現状では地方公共団体の福祉専門職は限定的な採用枠となっている。

一方で、生活保護行政の見直しの中で、フランスなどの取り組みを受けて、きめ細かな就労支援の必要性が指摘されており、生活保護受給者に対する就労意欲の喚起を促すプログラムをNPOへの業務委託することなどが検討されている。

これらの課題を含め、以下の5つの具体的対策を必要としている。
① 震災への対応や震災後の仮設住宅生活者へのサポート、あるいは原発事故等による避難生活者への健康・就労・住居、あるいは子どものケア等を含めた支援に専門職の配置、及び専門職との連携の必要性が増加すること。
② 司法福祉分野では、刑期を終えた受刑者の社会適応への支援や少年院を退所した若者の支援等が重要課題となっているが、高齢者の万引きや知的障害者の犯罪の増加（犯罪被害者となるケースも多い）が見られ、対応する専門職が必要となっていること。
③ いじめや子どもの自殺への対応が、こころのケアを重視するスクールカウンセラーよりも、学校、民生委員・児童委員あるいは警察等の関係機関等の連携を含めたスクールソーシャルワーカーの活動に対する重要性が高まっていること。
④ 孤独死の発生に対する予防的な取り組みを担う地域包括支援センターや日常生活圏域における地域包括ケアシステムにかかわるコミュニティソーシャルワークを担う社会福祉専門職の確保を図ること。
⑤ 生活保護制度の自立支援プログラムについてNPO等との連携（NPOへの委託推進）を図ること。

以上のように、まさに地域生活における生活リスクをマネジメントする行政職員の確保が課題となっている。この意味で、社会福祉士の職域拡大は、社会福祉の行政課題の広がりの中で捉えなくてはならない。

2．福祉財政と社会福祉

(1) 社会保障を支える福祉財政の位置づけ

福祉財政は、社会保障の給付と負担のあり方を規定する。まずしっかり押さえなくてはならないのは、国と地方公共団体が、租税や社会保険料を通して財源をどのように調達して社会保障給付費に結びつけるのかである。そのためには、社会保障の実態から、❶国の一般会計と社会保障関係費及び社会保障給付費、❷地方財政の構造と民生費、❸利用者負担・自己負担や民間財源等の検討、❹社会保障の財源調達課題について学習することが必要である。

2015（平成27）年度の社会保障給付費の予算額は約117兆円であり、本来、これを賄うことが期待されている歳入は約45兆円に満たない。社会保障給付費予算の約7割は高齢者の医療・介護・年金費用で占められており、高齢世

代を支え、次世代を担うことになる子育て・子ども関連の予算額は6兆円以下というのが現実である。高齢化の進行による年金や介護保険及び医療費の増加に加え、近年では生活保護費の増加が著しい。これらの給付費を賄う財源は、主に社会保険料負担と租税負担、さらには赤字国債発行による資金の投入である。

社会保障の制度と財源はいわば車の両輪であり、財源基盤の裏づけがなければ制度の安定や福祉サービスの充実は望めない。わが国の財務状況を見ると、社会保障制度の見直しが図られているものの、国と地方を合わせた長期債務残高が約1,000兆円という巨大な負債となっている。2011（平成23）年度より「社会保障と税の一体改革」が提起され、財源は、主に消費税の増税によって調達し、社会保障給付費と財政再建資金の一部として活用することがポイントとなっている。

社会保障関係費は、一般会計最大の歳出項目であり、今後も国民所得の増加（率）を上回って増大することが予測されている。こうした公債発行（借金）に依存する財政は、社会保障に対する国の機能あるいは責務の遂行において大きなリスク要因となっている。

(2) 社会保障の財源を考える

社会福祉に対する国民のニーズが拡大・多様化していった背景には、国民皆年金・皆保険の制定と社会福祉への民間非営利組織の参入があげられる。一方、社会保障の拡充と財源確保を可能にしえた要因は、経済成長による生活水準の向上と分配可能な国民所得の増加、及びこれにともなう一定の租税収入にあったからである。とくに、年金及び医療の各保険制度が導入され、広く浸透・普及する過程で社会保険料の比重が増加していった。国民は租税負担に加え社会保険料負担が求められ、さらに医療と社会福祉の各サービスにおいて（医療費の）自己負担や（福祉サービスの）利用者負担が課されるシステムが形成された。この結果、負担と給付の関係が明確になることで、社会保険における受給者・利用者の権利性が強められたといえる。2000（平成12）年に導入された介護保険制度も同様の性質をもっていることがわかる。

社会保障の給付には現物給付と現金給付があり、これを併せたものが社会保障給付費となる。その実態を把握するには、財政の内容を「制度別」と「機能別」に分けて検討することになる。制度面から見ると、財政は政府部門の経済活動を表すものであり、歳入は、原則的に所得税、消費税及び法人税の各税収による。それぞれ個人所得、消費（資産の購入を含む）及び企業利益が課税の対象となる。一方、歳出は、社会保障や公共事業、文教・科学振興

等への支出を指しており、一定の財政資金から各公共財・サービスが提供される。

また、財政を機能面から見ると3つの機能を有する。その第1は「所得再分配機能」であり、たとえば、生活保護等の社会保障制度を通して失業者や低所得者に再分配する。第2は「資源配分機能」であり、警察や消防、医療や介護、教育等について、地域事情を考慮し各種の公共財・サービスを配分する。第3の「経済安定成長機能」は、デフレやインフレを調整・是正するもので、所得税の累進課税と法人税の自動調整機能による、消費や投資の刺激と抑制作用を用いて経済活動をコントロールする（詳細は第3章参照）。

これらが社会保障の財源として機能することによって、社会保障政策の選択が可能となるのである。

3．福祉計画の策定

(1) 計画とリスク（災害＜安全／安心＞と予防・対応・復興）

リスクマネジメントは、想定外のことをいかに想定内に取り込むことができるかがポイントとなる。リスクといえば自己決定と自己責任を思いつくが、ここでリスクを取り上げる意図は、個人レベルのリスクに焦点をあてることではない。人々に共通するリスクであり、地域社会が抱えるリスクとして構成メンバーである住民が必要とする解決方法を確立するうえで捉えなくてはならない社会的リスクである。

福祉計画を検討する際に必要なことは、計画の策定過程で対応しなくてはならない生活課題を読み取ることである。直接的には、障害のある人々や高齢者をはじめとして、保健・医療・福祉のサービスの利用を必要とする人々に必要な対策を立てることである。

ところで、ニーズ把握をするとサービスの供給計画は容易にできると思っている人々が多いが、実際にはそれほど簡単ではない。この考え方が通用するためには、ニーズ把握が的確であり、供給するサービスが受け入れられることが前提であり、かつ適度な需給調整が可能であるという条件を満たしている必要がある。

また、ニーズはどこまで的確に把握できるかといえば、心もとないものがある。アンケート調査にしても回答者がどのように判断して回答するか、適切な質問であったかどうか等で異なる結果となる。また供給されるサービスに対する利用者の信頼が重要であり、質が保障されていなければならない。

したがって、事業者の経営状態やサービス評価などの情報が的確に利用者に伝えられなくてはならない。こうした課題を克服するうえで、実質的に、計画策定そのものには一見関係がないように見える計画への市民参加やサービスの第三者評価、及び市民をはじめとする計画遂行のモニタリング等への参加が必要となるのである。

(2) 計画と参加・モニタリング

福祉計画に限らず、かつては行政のみで策定していた都市計画をはじめとする各種の計画に、近年では住民が参加することが基本となっている。最近は、PDCAサイクルの導入が一般化しており、参加の場面が評価＝モニタリングを含むものとなっている。

福祉サービスの評価とモニタリングにおいて一つのトレンドとなっているのが、サービスの対費用効果（コストパフォーマンス）を考慮した民営化の議論である。必要なサービス量のコストを抑え、かつ効果的に提供するうえで、民間福祉サービスの開発と利用の推進は避けられない課題である。そこには、さまざまな立場でのかかわり方がある。すなわち、❶行政担当者（首長）として、❷事業のプロポーザル（企画提案）にエントリーする民間事業者として、❸エンドユーザー（市民）としてのかかわり方である。

❷の民間事業者には、一般社団法人やNPO法人のような非営利組織、社会福祉法人、あるいは営利企業が含まれる。具体例として、各種の施設事務管理における指定管理者制度やまちづくりにかかわるコレクティブハウジング事業、コミュニティレストラン事業のようなものがある。

公共サービスは行政（公務員）が行わなければならないという伝統的な思考・通念から、近年では基本的に、民にできることは民で行うという理念が共有されてきており、その成果も指摘されている。たとえば、2000（平成12）年以降の営利法人による認可保育所の運営の規制緩和にともなう公立保育所の廃止・民営化の流れの中で指摘されたように、私営保育所の方が延長保育等の特別保育の実施率が高いなど利用世帯の多様なニーズに応えていること、一方、公営保育所は、多様なニーズへの対応が不十分で、かつ、保育士の年齢が高いこともあって人件費コストが高く、費用対効果という面で問題があることが報告されている（厚生労働省「次世代育成支援施策の在り方に関する研究会」（2003年））。

ただ、問題点も指摘されている。行政事務の効率化を目的とする結果、民間の安上がりな人件費目当てに連動して、❶行政が、受託業者に日常の業務の実施を丸投げすることで、適正かつ確実な実施を担保するための適切な監

督を怠る、❷契約で定められたサービスを履行するうえで必要な委託料が計上されないため、受託業者がサービスの手抜きをしようとする、❸行政が受託業者を対等なパートナーとして扱わずに行政の下請け的に対応して受託事業者のやる気をそぐ等である。

こうした議論の中で、英国が導入している行政と民間のパートナーシップに関する❶PFI「民間資金等の活用による公共施設等の整備等の促進に関する法律」(1999（平成11）年)、❷指定管理者制度（「地方自治法改正」2003（同15）年)、❸市場化テスト（「競争の導入による公共サービスの改革に関する法律」2006（同18）年）などをモデルとして、民営化の取り組みが継続的に展開されている。

なお、阪神淡路大震災、新潟中越地震、そして東日本大震災の体験から一段と災害リスクへの対応が求められるようになり、災害弱者への対応を重視した福祉避難所の配置計画や震災や津波を想定した避難訓練及び災害教育の必要性が強調されている。これらは、関連する福祉計画において位置づけを明確にする必要がある。

(3) 事例から学ぶ視点

事例から学び、事例にこだわる（重視する）必要性は明白である。先進的な取り組みがなされている所には各地から視察が入り、交流による新たな情報がもたらされ、さらなるイノベーションが期待できる。近年は、IT技術の発達により簡単に先進地区の情報が広がり、かつ画像を含めて詳細なデータが入手可能となっている。情報化が進み、どのような辺鄙な地域の活動でもホームページや取材記事のブログあるいはPDF化された学会誌等のアクセスが容易となっており、さまざまなデータが多様な媒体を通じて利用できるようになった。

ただし、気をつけなければならないのは、発信する側によって情報量や内容の編集が行われているために、実際の姿と情報内容で判断する側の理解に乖離が生ずる。こうした課題が指摘されるにもかかわらず、事例の重要性は、社会福祉の中でウエイトを高めている。社会福祉実践は常に政策をリードしてきた歴史をもっており、多くの実践が政策へのコンセプトや組み立てにつながってきた。社会福祉事業は、いつも民間社会福祉事業からスタートし、その成果を評価する過程で政策化され、理論化されてきた歴史をもつ。とりわけ計画分野においては、ダイレクトに実践の成果を反映させ、普遍化する要素に富んでいる。さらに、市民レベルの情報の共有化と国際的な動向の把握に関するスピードが速くなった昨今は、硬直的な制度の弊害や現実への対

応の遅れに対する批判は鋭くなっている。それは、現実を変えていくエネルギーを内包しているソーシャルワークへの期待につながっていく。つまり、市民の計画策定、評価あるいは実践へのかかわりが、広くモニタリングと連動し、次のステップに導くことが期待されるからである。

本書においては、老人福祉計画／介護保険事業計画、障害者計画／障害福祉計画、子ども・子育て支援事業計画、地域福祉計画／地域福祉活動計画の実際と事例を取り上げながら計画のプロセスと展開及び評価を通じて、計画相互の関連性や統一性を検討することができるように配慮している。

*　　*　　*　　*

社会福祉における地方分権化の到達水準は、その地域の実情に相応しい地域包括ケアシステムの取り組みが実現されていることに表れる。加えて、サービス利用者及び市民の安心と安全が保障されていることが基本となる。そこでは、公的セクターと民間セクターの連携が図られ、たとえば介護保険サービスをはじめとする各種サービスが営利・非営利の民間事業によって効果的に供給されることが重要である。

サービスの民間委託問題では指定管理者制度によるサービス供給も動きはじめているが、サービスのアウトソーシングもまた、分権化にとって重要である。身近な事例でいえば、行政がこれまで担ってきた除雪や清掃あるいは公園管理等のサービス事業を町内会に委託することも市民参加＝分権化の新たな姿として位置づけることができる。また、地域包括ケアについては、北海道江差町の社会福祉法人江差福祉会[*8]や北海道美瑛町の社会福祉法人美瑛慈光会のように社会福祉法人が包括的なまちづくりの要を担う事例もある。また、行政と社会福祉協議会が一体となって在宅生活支援に取り組む過疎地域の事例に見られるような新しいシステムへのチャレンジがはじまっている。

社会福祉の地方分権化にかかわるものとして、「定住自立圏構想」（総務省）が提起されている（図序－1）。これは、医療と雇用を守る地方分権の中核を構成するものと位置づけられており、都道府県の境界にこだわることなく人口5万人程度をカバーするべくエリアの自治体を協定によってセットにし、中心市を基盤にしてサービス体系を構築するものである。これは単にサービスの提供システムとしてではなく、あくまで団体自治と住民自治のバランスのとれた展開をガバナンスとして求められている点を押さえなくてはならない。

分権の階梯は、ガバナンスの連続性をどのように実現するのかを検討することなしには新たな展望は開かれないのである。コミュニティレベルでの自主的、創造的な取り組みが分権化の実質を形成することは間違いなく、コミュ

*8
江差福祉会は、知的障害児更生施設を中心に事業を拡大している社会福祉法人であり、認知症対応のグループホームを含めた地域ケアに関する総合的な事業を展開しており、自治体のサービスを補完し、地域の雇用を支えていることで知られる。とくに災害備蓄用パン（あすなろパン）の製造に関しては、他の社会福祉法人と連携して展開している。

図序－1　定住自立圏のイメージ

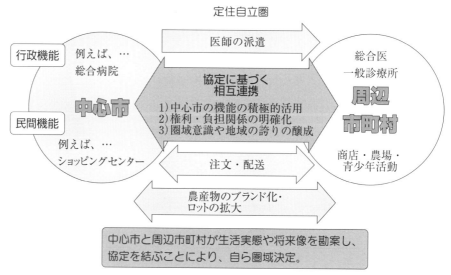

資料　総務省ホームページ「定住自立圏構想」
　　　http://www.soumu.go.jp/main_sosiki/kenkyu/teizyu/（2016年2月1日閲覧）

ニティレベルのガバナンスもまた実現されなくてはならないことを住民も自覚することが重要であろう。

【引用文献】
1）星野信也「社会福祉の地方分権化」『季刊社会保障研究』第23巻第4号　国立社会保障・人口問題研究所　1988年　398－410頁

【参考文献】
・平岡公一・杉野昭博・所道彦・鎮目真人『社会福祉学』有斐閣　2011年
・岸恵美子『ルポ　ゴミ屋敷に棲む人々―孤立死を呼ぶ「セルフ・ネグレクト」の実態―』幻冬舎　2012年
・厚生労働省編『平成24年版　厚生労働白書―社会保障を考える―』2012年
・森岡清美『「無縁社会」に高齢期を生きる』佼成出版社　2012年
・永田祐『ローカルガバナンスと参加―イギリスにおける市民主体の地域再生―』中央法規出版　2011年
・大森彌編著『地域福祉と自治体行政』（地域福祉を拓く　第4巻）ぎょうせい　2002年
・須田木綿子『対人サービスの民営化―行政－営利－非営利の境界線―』東信堂　2011年
・武川正吾『政策志向の社会学―福祉国家と市民社会―』有斐閣　2012年

第1章 福祉行財政の仕組み

● 本章のねらい

　ここでは、福祉行財政や福祉計画を学ぶために必要な基礎的事項を学習する。まず、第1節では福祉行政の仕組みを学ぶ。最初に法に基づく福祉行政における国の役割や責任、それを実現するための組織の概要を学び、次に、地方公共団体の種類や事務の内容等を理解する。

　第2節では福祉行政の役割と公私関係を学ぶ。最初に福祉行政における国と地方公共団体の役割分担や両者の関係を学び、次に、福祉サービスの利用方法やその変化と関連づけながら福祉行政の役割の種類、近年の規制緩和の中で、福祉行政にかかわって起きているさまざまな変化を学ぶ。

　第3節では法の仕組みを学ぶ。三権分立主義の基本と、その仕組みがときには福祉施策の充実を促す機能を果たしていることや、立法機関において法律が制定される過程、さらに法の施行のために制定される政令、省令等を学び、法制度の基礎的知識を学習する。

● プロローグ

　かつてヨーロッパで起こった市民革命は、国家からの自由を求めた市民によって進められた。その結果、国は市民生活にできるだけ介入せず、治安維持や国防など最低限の役割しかもたないという、夜警国家思想が生まれた。市民は「自由権」を手に入れたことで、自由に移動し、職業を選択し、自由な経済活動を行い経済が活性化したのである。

　しかし、そこでは弱い立場にある労働者は劣悪な環境の中で働かされ、貧富の差が固定化し、資本家と労働者の対立が生じることとなる。そのような状況を改善するために登場したのが、積極的に市民生活や経済活動にかかわり、社会的弱者を支援する役割が国にあるとする「社会権」の考え方である。市民に自由を保障しても、それによって平等や生活の安定が保障されるわけではなく、その保障のためには、積極的に国が市民生活にかかわる必要があるということである。

　本章で学ぶ福祉行政の仕組みは、この社会権を具体化する仕組みであり、その姿は、社会的、時代的要請によって絶えず変化を続けている。その背景

を考えながら、福祉行政の仕組みを把握することが重要である。

1．国と地方公共団体の役割と行政組織

(1) 福祉行政における国の役割（憲法第25条、各福祉法による責任）

　近代国家の運営は法に基づいて行われており、特定の個人や団体等が法を無視して恣意的に国家を運営することは認められない。法治国家であるわが国の基本法は日本国憲法であり、すべての法は日本国憲法の理念に基づいて制定、運用されなければならない。

　社会福祉に関する規定は、日本国憲法第25条にあり、第１項で「すべて国民は、健康で文化的な最低限度の生活を営む権利を有する」と謳い、そのために、第２項で「国は、すべての生活部面について、社会福祉、社会保障及び公衆衛生の向上及び増進に努めなければならない」と定めている。

　この規定は、いわば理念として国民の生活に対する国の責務を定めたものであり、具体的にその理念を実現する方法は各分野の法で規定されている。たとえば、児童福祉法は第２条（児童育成の責任）で、「国及び地方公共団体は、児童の保護者とともに、児童を心身ともに健やかに育成する責任を負う」と定め、母子及び父子並びに寡婦福祉法は第３条（国及び地方公共団体の責務）第１項で、「国及び地方公共団体は、母子家庭等及び寡婦の福祉を増進する責務を有する」と定めている。

　これらはいずれも当該分野における国の責務を規定しているが、同時に、共通に見られる規定内容として、いずれも「国及び地方公共団体」として、国だけでなく地方公共団体も併記していることに気づくであろう。このように国と地方公共団体が併記されている理由は、日本国憲法第25条の理念を実現するうえで、第２項の「国」という記述には地方公共団体も含むと解されているからである。ただし、生活保護制度や各種手当のように、一義的に国が責任をもつ施策の場合、地方公共団体の位置づけはこれらの法とは異なり、国と並列には位置づけられていない。

　いずれにしても、国であれ地方公共団体であれ、行政は法に基づいて行われることから、その仕組みや権限を考える場合には、関係する法を正確に理解する必要がある。また、前述の児童福祉法や母子及び父子並びに寡婦福祉法もそうであるが、一般に、各法の冒頭に出てくる条文で規定されている国や地方公共団体の責務は、抽象的、理念的なものであり、それを受けて、「ど

ういう人に対してどのような支援をどのような方法でするか」といった具体的な内容は、いずれも法の後段で規定されている。

(2) 厚生労働省の役割と組織

　行政は、三権分立という近代国家の統治の仕組みの中で、立法、司法と並ぶ国の統治作用（仕組み）の一つである。法治国家の理念に照らしていえば、「国家目的の実現を目指して、法に基づいて国及び地方公共団体が行う諸活動」といえる。この活動を行うため、国には国家行政組織法に基づいて必要な省庁が設けられており、さらに各省庁は、それぞれ○○省（庁）設置法を根拠に行政活動を行っている。このうち、社会福祉行政の中心となるのは厚生労働省であり、厚生労働省設置法によって運営されている。

　厚生労働省設置法第3条（任務）によると、「厚生労働省は、国民生活の保障及び向上を図り、並びに経済の発展に寄与するため、社会福祉、社会保障及び公衆衛生の向上及び増進並びに労働条件その他の労働者の働く環境の整備及び職業の確保を図ることを任務とする」とされている。

　この任務を果たすため、厚生労働省は、図1－1のような組織構成をとっている。このうち、社会福祉サービスや介護サービスに直接かかわる部局には、社会・援護局、社会・援護局障害保健福祉部、老健局、雇用均等・児童家庭局がある。これら部局の他に、厚生労働省は、施設や研究機関等を運営するとともに、重要な施策を審議する機関としてさまざまな審議会を設けている。

　2001（平成13）年の中央省庁等改革にともなって審議会の統廃合が行われ、社会福祉関係の幅広い課題を扱うために社会保障審議会が設置された。ただし、社会保障審議会ですべての課題の審議を行うわけではなく、必要に応じて、部会（児童部会、障害者部会等）、分科会（介護給付費分科会、年金資金運用分科会等）、さらに、部会の中に専門委員会（児童部会社会的養護専門委員会、福祉部会生活保護制度の在り方に関する専門委員会等）が設けられている。

　中央省庁では、厚生労働省だけではなく、多くの省庁が社会福祉にかかわりをもっている。たとえば内閣府は、障害者基本法、高齢社会対策基本法、少子化社会対策基本法等、各省庁にかかわる横断的性格の法を所管している。他の省庁についても表1－1で例示するように、関連するさまざまな施策を行っている。

図1−1 厚生労働省組織図

資料 厚生労働省（平成27年度現在）

表1-1 各省庁（厚生労働省を除く）の社会福祉関連施策（例示）

省　庁	施策（例示）
内閣府	避難行動要支援者の支援策
国土交通省	公共交通や公共建築物のバリアフリー化、高齢者住宅の整備、障害に配慮した住宅改築の推進
法務省	成年後見制度、障害者等に対する差別の解消、障害をもつ受刑者に対する適切な対応
文部科学省	障害児（特別支援）教育の推進、困窮者に対する就学支援、生涯学習の推進
経済産業省	福祉機器の開発研究、子どもの事故防止に配慮した製品開発、高齢者等の買い物弱者の支援
総務省	行政情報のバリアフリー化、選挙における障害者等への配慮
財務省	障害者に対する税制優遇
消費者庁	高齢者・障害者の消費被害の防止、商品による子どもの不慮の事故防止
警察庁	障害者に配意した警察活動、高齢者・障害者の交通事故防止、虐待防止法にともなう福祉機関への協力

筆者作成

(3) 地方自治の理念

　わが国の基本法である日本国憲法（以下「憲法」）は、第8章で地方自治について規定している。もともと、地方自治という言葉には、国がつくる大きな権力をもつ中央政府に対抗するという意味が含まれているが、このように憲法の一つに章を設けていることからも、憲法が地方自治を重視し、国と地方自治体の関係を上下や出先といった関係ではなく、対等、平等の関係と位置づけていることがわかる。
　ただし、現実には長い間上下関係が続いていたが、地方分権のための幾度かの制度改正を経て、徐々に両者は対等の関係に近づきつつある。では、ここで改めて、憲法の規定と地方自治の関係を整理しておこう。
　憲法第92条（地方自治の基本原則）は、「地方公共団体の組織及び運営に関する事項は、地方自治の本旨に基いて、法律でこれを定める」と規定しており、この規定を受けて地方自治法が制定されている。
　憲法第93条（地方公共団体の機関、その直接選挙）は、第1項で「地方公共団体には、法律の定めるところにより、その議事機関として議会を設置する」、第2項で「地方公共団体の長、その議会の議員及び法律の定めるその

他の吏員は、その地方公共団体の住民が、直接これを選挙する」と定めている。この規定は、主権者である住民の意志と責任に基づいてその地方の政治や行政が行われるとする「住民自治」の理念を具体化している。

憲法第94条（地方公共団体の権能）は、「地方公共団体は、その財産を管理し、事務を処理し、及び行政を執行する権能を有し、法律の範囲内で条例を制定することができる」と定めている。この規定は、国に対して地方公共団体は独立しているという「団体自治」の理念を具体化している。

(4) 地方公共団体の種類

先に見たように、憲法第8章の名称は「地方自治」であり、私たちも、都道府県や市町村のことを地方自治体あるいは自治体と呼ぶことが多い。しかし、憲法の条文では、地方公共団体の名称が使われており、地方自治法でも都道府県や市町村等は、地方自治体ではなく地方公共団体と呼んでいる。したがって、ここでも地方公共団体と表記する。

地方自治法は、「地方公共団体は、普通地方公共団体及び特別地方公共団体とする」（第1条の3第1項）としている。そのうえで、同第2項で、「普通地方公共団体は、都道府県及び市町村とする」と規定し、同第3項では、「特別地方公共団体は、特別区、地方公共団体の組合及び財産区とする」と定めている。

地方公共団体というと、誰もが思い浮かべるのが前者の普通地方公共団体、つまり都道府県と市町村であるが、実際にはそれらとは異なる地方公共団体として特別地方公共団体がある。

第3項では特別地方公共団体は3種類あげられている。最初の「特別区」とは、東京の区、すなわち、一般に「東京23区」と呼ばれている区のことである。同じ区の名称でも、大阪市や横浜市などの指定都市にある区は、地方自治法が規定している特別区ではない。特別地方公共団体である特別区が、単独で市とほぼ同じ権限をもつのに対し、指定都市の区は市の中の行政上の区分に過ぎない。たとえば、東京23区の区長や区議会議員は他の市町村と同様に選挙で選ばれるのに対し、指定都市の区長は市職員（公務員）である。このように、特別区は、まさしく特別な区として位置づけられている。

次の「地方公共団体の組合」には、一部事務組合、広域連合の2種類がある（地方自治法第284条）。一部事務組合は、事務の一部を共同で処理するために普通地方公共団体及び特別区が設けることができる組織である。広域連合も同様に事務を共同処理するために設けられるが、一部事務組合が市町村自らが権限をもつ事務か、国や都道府県から市町村が権限委譲を受けた事務

を共同処理するのに対し、総合的、計画的な事務処理を目的に設けられる広域連合の場合、各市町村から独立して、国及び都道府県からの権限移譲を受けることも可能である。一部事務組合や広域連合は、たとえば小規模の市町村が共同で特別養護老人ホームを設置運営するというように活用されてきたが、市町村合併によってそれまで構成していた市町村が一つになった場合、この仕組みを活用する必要はなくなる。

この他に、「財産区」は、市町村の一部が山林や温泉、公民館などの財産を有している場合に、その所有する組織のことをいい、財産の管理や処分等の権能をもつ法人となる。

(5) 市町村の種類

市・町・村は一定の基準によって分けられている。市の要件には、原則として人口5万人以上、中心市街地の戸数が全戸数の6割以上等の基準があるが（地方自治法第8条）、平成の大合併を促進するために、合併によって人口が3万人を超えれば市の要件を満たすとしたことから、人口が5万人に満たない市が誕生している。また、市の人口が減少したからといって町や村に変更する義務はないので、かつて炭坑で栄えた市のように、現在は人口が1万人を切っているような市もある。

一方、市の中には、人口規模が大きい大都市があることから、その規模や実状に応じた大都市の特例制度が設けられている。具体的には、ほぼ都道府県と同様の事務を都道府県に代わって行う指定都市（人口50万人以上）、都道府県の事務の一部を都道府県に代わって行う中核市（人口20万人以上）がある。なお、2015（平成27）年3月31日までは特例市（人口20万人以上）があったが、特例市制度の廃止とともに中核市の指定に係る人口要件が30万以上から20万以上に引き下げられ中核市制度に統合された。

(6) 地方公共団体の事務

長い間、国が多くの権限や財源を握り、地方公共団体の機能の発揮が制限されてきたが、2000（平成12）年施行の「地方分権の推進を図るための関係法律の整備等に関する法律」（地方分権一括法）やその後の改革によって、徐々に国と地方公共団体の関係が変化しつつある。

地方分権一括法以前にあった機関委任事務は、国が地方自治体に対して包括的な指揮命令権をもっていたために、地方自治確立の阻害要因となっていたが、地方分権一括法によって廃止され、現在、地方公共団体の事務は自治事務と法定受託事務の二つに整理されている。

法定受託事務には、国の事務を都道府県や市町村（特別区を含む。以下同）に委託する第1号法定受託事務と、都道府県の事務を市町村に委託する第2号法定受託事務がある。

　そして、このいずれにも該当しない事務が、自治事務である。法定受託事務には、生活保護や社会福祉法人の認可にかかわる事務、手当の支給に関する事務などがあるが、それら以外は自治事務に分類されるということである。たとえば介護保険や保育所の利用に関する事務はいずれも自治事務である。制度自体は国が法で決めている事務であっても、また、その制度に国の財源が投入されていても、当該事務の内容が市町村の本来の役割と考えられるような事務は市町村の自治事務とされており、生活保護を除けば、直接サービスの提供にかかわる事務はほとんどが自治事務である。

2．福祉サービスにおける行政の役割と公私の関係

(1) 国と地方公共団体の関係

　国と地方公共団体の役割の違いは地方自治法に規定されている。

　地方自治法第1条の2第1項は、「地方公共団体は、住民の福祉の増進を図ることを基本として、地域における行政を自主的かつ総合的に実施する役割を広く担うものとする」と規定している。この規定は2000（平成12）年に施行された地方分権一括法により新設されたものであるが、ここでいう「住民の福祉」とは、社会福祉の関係法に基づく福祉施策というような具体的なものではなく、日々の生活の幸せや安心といった抽象的かつ幅広い概念として使われている。この規定によって、あらためて地方公共団体が住民生活に対する責任をもつ主体であることが明確にされたのである。

　一方、同法第1条の2第2項で、次のような事務が国の事務とされている。
① 国際社会における国家の存立にかかわる事務
② 全国的に統一して定めることが望ましい国民の諸活動に関する事務
③ 地方自治に関する基本的な準則に関する事務
④ 全国的な規模でもしくは全国的な視点に立って行わなければならない施策及び事業の実施その他の国が本来果たすべき役割

　このように、国は外交や防衛、通貨や税制の管理、大規模施設の整備や自治体の支援等の事務を行う一方、住民の身近な事務は地方公共団体の役割とされている。

　普通地方公共団体には都道府県と市町村があるが、このうち、都道府県の

事務は、市町村の行う事務の中で、「広域にわたるもの、市町村に関する連絡調整に関するもの及びその規模又は性質において一般の市町村が処理することが適当でないと認められるものを処理する」(地方自治法第2条第5項)とされており、それ以外の事務はすべて市町村の事務ということになる。

(2) 福祉サービスにおける行政の役割

福祉サービスにおける行政の役割を、福祉サービスの提供や利用者とのかかわりの視点で整理すると、次の4つに大別できる。

第1に、国や地方公共団体自らがサービスを提供したり手当を支給する「直接的な供給主体」の役割である。金銭給付は当然であるが、国立施設や公立施設などの運営を通したサービスの直接的な提供も一部では行われている。かつては、都道府県や市町村が設置する社会福祉施設が数多く見られたが、近年の新設施設のほとんどが社会福祉法人等の民間立であり、また、従来の公立施設を民間委託する例も多く見られる。

第2に、必要なサービスや支援が行われるように「条件を整備する役割」である。法でサービス提供を謳い、そのための予算を組んでも、実際にそのサービスを国民が利用するためには、それぞれの地域で必要な量のサービスが提供される仕組みが用意されていなければならない。そのために、補助金や報酬の支払い、税制の優遇などが行われている。また、介護保険事業計画のような整備計画の策定・公表も、事業者に参入のための検討材料を提供しているという点では、条件整備の一環である。さらに、人材の養成や研修も行政に求められる条件整備の役割である。

第3に、サービス事業者の運営内容やサービスの実施状況を「監視、監督する役割」である。たとえば、社会福祉法人に対しては、認可を通して事業開始前に法人の内容を、事業開始後は定期的な監査を通じてサービス内容や法人運営をチェックしている。さらに、都道府県社会福祉協議会が設置する運営適正化委員会からの情報提供などによってもサービスをチェックできる。福祉サービスでは、利用者は弱い立場にあることから、行政の積極的な関与によって適切な事業運営やサービスを確保することが大切である。

第4に、「サービスの向上を援助する役割」である。社会福祉法第78条(福祉サービスの質の向上のための措置等)では、社会福祉事業経営者が行う福祉サービスの質の向上のための措置の援助という国の積極的な役割を規定している。前述の「監視、監督する役割」が、事後的なかかわりであるとすれば、この役割は、一歩進んだ、より積極的な役割ということができる。

(3) 福祉サービスの利用方法

　福祉サービスの利用方式は、時代とともに変化しているが、具体的に利用方式を分類する法律上の正式な呼称や定義があるわけではない。各分野ごとの法律の中で、サービス提供に関する市町村の責任や利用手順等が規定されており、それらを整理すると一定の共通性が見られるということである。

　実際に、各分野の福祉関係法に規定されているサービス利用手順をサービス利用の決定権の所在に着目して分類すると、「措置方式」と「選択利用方式」に分かれ、この他にも子ども・子育て支援新制度によって導入された方式がある。

措置方式

　第二次大戦後の日本では、多くの福祉サービスが措置による利用方式でスタートした。法律の条文で、ある条件に該当する要援護者に対して、「市町村は、○○の措置をとらなければならない」と規定されていることから、一般に措置方式（制度）と呼ばれている。この場合、措置をする主体は市町村（または都道府県）であり、事務の分類では行政処分に該当する。利用者の立場から見ると、その処分の決定内容に不満であっても、措置（という行政の決定）に従うか、そうでなければ利用そのものを諦めるしかないという仕組みである。もちろん、不服を申し立てることは可能であり、また実際の運用にあたっては担当職員が希望を聞くことはあるが、それは担当者の配慮で行われるに過ぎない。

　措置制度は、戦後すぐのように福祉サービスの量が圧倒的に不足していた時代には、限られた資源を優先度が高い順に配分するという点で有効であった。また、当時は国民の中に福祉サービス自体が浸透しておらず、積極的に福祉サービスを利用するという意識も低かったことを考えれば、措置方式は時代の要請によって採用された仕組みと考えることができる。

契約利用方式

　福祉サービスが整備されるとともに、国民の中に福祉サービスの利用意識がある程度定着し、福祉サービスが特別なものではなく普遍的なサービスとして認識されるようになると、「利用者に選択権が無い」「福祉サービスの利用者と事業者との法律上の権利義務関係が曖昧」、その結果「事業者にサービス向上意欲が生まれない」といった措置方式のさまざまな課題が指摘されるようになった。

　その結果、2000（平成12）年にはじまった介護保険制度や、同年の関係法の改正によって2003（同15）年度からはじまった障害分野の支援費制度では、

契約利用方式が採用された。これらの制度は、サービスの利用要件を満たしていれば（たとえば介護保険制度でいえば、要介護認定を受けていること）、あとは、本人や家族の選択によってサービスを利用できる制度である。支援費制度は、その後、障害者自立支援法（現：障害者の日常生活及び社会生活を総合的に支援するための法律（障害者総合支援法））によって制度の名称等は変わったが、基本的に本人や家族が選択することができるという点は変わっていない。

子ども・子育て支援新制度によって導入された利用方式

2015（平成27）年4月にはじまった子ども・子育て支援新制度において、就学前の教育・保育施設に導入された利用手続きである。

具体的には、❶保護者は市町村に対し保育の必要性の認定申請を行う、❷市町村は保育の必要性を認定したうえで認定証を交付する、❸保護者は希望する施設名などを記した利用希望を市町村に提出する、❹市町村は保護者の希望や施設の利用状況に基づいて利用調整を行う、❺利用可能な施設に要請をして確実な利用を担保する、という方式になる（なお、上記の❶と❸は同時に手続きが可能となっている）。

そのうえで、利用する施設が「私立保育所」の場合は、保護者と市町村が契約を結ぶことになり、保護者は利用料を市町村に支払い、当該の私立保育所には市町村から委託費が支払われる。一方、利用する施設が「認定こども園」「公立保育所」「地域型保育」のいずれかの場合は、利用契約は保護者と当該の施設・事業者が直接結ぶことになり、利用料も保護者がそれらの事業者に直接支払うこととなる。

この方式では、利用する事業者の種類によって保護者が契約主体になる場合とならない場合があるが、いずれの場合でも、保護者は希望施設を表明でき、その後に市町村の利用調整や施設への要請などの支援を受けながら利用に至るという特徴がある。

(4) 福祉サービスの給付形態

現金給付と現物給付

福祉サービスの給付方法は、現金給付と現物給付に分けられる。現金給付は、文字通り現金を給付することをいい、生活保護費（医療扶助及び介護扶助は除く）や各種社会手当などが該当する。現金給付は、いったん受け取れば、その現金を何に使うかは本人の自由であることから、生活保護費が浪費される例や手当が本来の趣旨とは異なる使われ方をする例も少なくない。

現物給付は、給付内容が品物の給付や特定のサービスの提供に限られてい

る。介護保険サービスや各種の入所施設サービス、在宅サービス、福祉用具の給付等、多くの福祉サービス、介護サービスが現物給付で行われている。

代理受領方式

　従来から医療保険制度で行われている仕組みであるが、介護保険制度や障害者総合支援法による給付でも代理受領方式が採用されている。

　介護保険を例にとると、事業者に支払われる報酬のうち、1割が利用者負担（一定以上の収入のある者は2割）、9割が保険者負担である。代理受領方式とは、利用者は事業者に1割を支払い、残りの9割を事業者が保険者から直接受け取る仕組みである。理論的には、料金を一旦利用者が全額支払い、あとで保険者から9割分の給付を受けるという方法も考えられるが、現実にそのような方法をとると、利用者、事業者ともに手間が増えることもあり、事業者が利用者本人に代わって保険者に請求し、精算することによって費用を受け取る代理受領方式が採用されている。

バウチャー方式

　現金給付と現物給付の中間的な方法としてバウチャー（voucher）という仕組がある。これは、ある条件に該当したサービス利用希望者に対し、そのサービスの利用にだけ使えるクーポンを給付し、利用者はそのクーポンを使って事業者を自由に選んでサービスを利用する仕組みである。事業者はサービス提供によって利用者から受領したクーポンの数に応じて、費用を事業提供責任主体（市町村や保険者）から受け取る（精算する）仕組みである。アメリカの教育制度で導入されている実績があり、わが国でも介護保険制度の創設時に検討されたが、弊害も考えられることから導入が見送られた。

(5)　福祉における「私」の拡大と行政の役割

　わが国の社会福祉事業の主たる提供主体は社会福祉法人である。これは1951（昭和26）年に社会福祉事業法（現：社会福祉法）によって社会福祉法人制度が誕生して以降、これまで変わることはなく、社会福祉法第24条（経営の原則）においても、「社会福祉法人は、社会福祉事業の主たる担い手としてふさわしい事業を確実、効果的かつ適正に行うため」というようにその性格が位置づけられている。

　しかし、地方公共団体か社会福祉法人のみであった社会福祉事業の担い手は近年多様化が進んでいる。第2種社会福祉事業は実施主体に制限が無く、事業の実施要件を満たせば、法人の種類は問われない。近年の規制改革（緩和）の影響もあり、また、介護保険制度や障害福祉サービスの充実、さらに、都市部を中心とした保育所の絶対的不足の解消といった政策課題に対応して、

社会福祉事業や介護保険事業の実施主体の多様化が進んでいる。

さらに、近年、次に紹介するような指定管理者制度やPFIなどの民間事業者の参入を促す制度が導入されている。

指定管理者制度

指定管理者制度は、地方自治法の改正により2003（平成15）年9月にはじまった公の施設の管理、運営を多様な団体に包括的に代行させる制度である。従来、公の福祉施設等の管理運営を代行する組織は、地方公共団体の外郭団体や社会福祉法人等の公益性の強い団体に限定されていた。しかし、この指定管理者制度では、営利企業や特定非営利活動法人、あるいは、法人格を持たない団体も含めて指定を受ければ運営を担うことができるようになった。

PFI

PFI（Private Finance Initiative）とは、公共施設の建設や運営、維持管理等を、民間事業者の経営のノウハウや資金などの能力を積極的に活用して行う新しい施策の方法をいう。1999（平成11）年9月に施行された「民間資金等の活用による公共施設等の整備等の促進に関する法律」（PFI法）に基づき実施されている。

3．社会福祉の法制度

(1) 三権分立と福祉行政

憲法による三権分立

法律上、国民と国民の関係は対等であるが、国家と国民の関係は対等ではなく、国家は国民に対して強制する力（権力）をもっており、絶対的優位な立場に立っている。仮に、この国家権力が特定の個人や組織に濫用されると、国民の基本的人権が侵される危険性が生じる。そのため、国家権力を一機関に集中させずに分けたうえで、お互いに牽制させる仕組みとして権力分立という考え方が生まれた。

現在では、この考え方に基づいて、ほとんどの国が三権分立の仕組みを採用している。権力分立には、議会における二院制や国と地方の権力の分担等もあるが、ここでは立法、行政、司法というわが国の三権分立の仕組みを概観する。

三権分立の規定について憲法に、「三権分立の仕組みを採用する」という条文があるわけではない。実際の章立てや条文の内容によって三権分立が具体化されている。

憲法の章構成のうち三権分立を表しているのは、「第4章　国会（第41条〜第64条）」「第5章　内閣（第65条〜第75条）」「第6章　司法（第76条〜82条）」の章である。それぞれがもつ権力の根拠は次のように明記されている。

① 立法　第41条（国会の地位）
　「国会は、国権の最高機関であつて、国の唯一の立法機関である」
② 行政　第65条（行政権）
　「行政権は、内閣に属する」
③ 司法　第76条（司法権の帰属、特別裁判所の禁止及び裁判官の独立）
　「すべて司法権は、最高裁判所及び法律の定めるところにより設置する下級裁判所に属する」

このように、三権には、それぞれ権力の源泉となる根拠が憲法で規定されているが、中でも国会は「国権の最高機関」とされている。これは、法治国家である日本は、法があってはじめて、それを執行する行政やその適否を判断する司法が機能するからであり、いってみれば、法が無ければ、国権は動き出さない（出せない）ということである。

なお、三権のお互いの独立性を確保するため、たとえば、日本国憲法第50条（議員の不逮捕特権）が国会の司法に対する独立性を、第78条（裁判官の身分の保障）が行政に対する司法の独立性等を規定している。

三権分立による牽制機能と福祉行政の発展

前述したように、三権分立は、特定の権力の濫用や誤った運営を防ぐために採用されており、三権を単純に分割してそれぞれがバラバラに動くことを期待しているわけではない。相互に作用し合うことで、国民にとってよりよい国家運営が行われることが望ましい。

社会福祉行政に限って国民と国家権力の関係を見ると、国家権力の濫用によって国民の基本的人権が侵害されるというよりも、必要な国家権力の行使が適切に行われないために国民の基本的な権利が実現されないという意味での権力の濫用や判断の誤り、不作為等が問われることが多い。

この権力の濫用が問われた例として、朝日訴訟がある。朝日訴訟は、1957（昭和32）年、当時国立岡山療養所で暮らしていた朝日茂氏が生活保護の基準について争った行政訴訟である。詳細は省略するが、一審では朝日氏が勝訴、二審では敗訴（請求の棄却）、そして上告審の途中で朝日氏が死亡したため、遺族が訴訟を引き継いだが、生活保護の受給権は相続できないとの最高裁の判断で終わったものである。

この朝日訴訟は、国民の最低限度の生活の維持に対する国の責任に関して根元的な問題を提起したが、三権分立の観点から見ると、次の2つの点で注

目される。

　第1に、この訴訟によって生活保護基準の増額が図られたことである。つまり、司法の判断結果にかかわらず、裁判を提起することで、マスコミが取り上げ、支援者による運動が世論を盛り上げ、生活保護のあり方に関心が高まり、政府としては基準を改善をせざるを得なかったということである。司法という仕組みの活用によって行政を動かした事例ともいえる。

　第2に、権利の具体化は行政に委ねられているとした点である。最高裁は判決文の「念のため」という記述の中で、朝日氏側の、厚生大臣（現：厚生労働大臣）の定めた生活保護の基準は憲法25条に違反する、という主張に対して、憲法第25条第1項は国政運営上の国の責務を宣言しただけであり、直接個々の国民に具体的権利を与えているわけではないという考えを示した。そのうえで、健康で文化的な最低限度の生活の判断は、生活保護法の委任を受けた厚生大臣の裁量に委ねられるとした。生活保護の基準額は、生活保護行政の最高責任者である厚生大臣（現：厚生労働大臣）が判断しており、立法機関（国会）によって策定される法そのものに明記されているわけではない。つまり、わが国は法治国家であり、国民に義務や罰を課す場合はもとより、権利を与える場合でも法の根拠を必要とするが、実際に、その権利の中身（生活保護の基準額）を確定するのは、法ではなく行政であるということをあらためて明確にしたわけである。

(2) 法と運用

法の成立と施行

　法は国会での成立が必要であるが、成立と同時に効力をもつわけではない。たとえば、介護保険法が国会で成立したのは1997（平成9）年12月であるが、介護保険制度に基づいて実際にサービスの利用がスタートしたのは2000（同12）年4月である。このように、法律が定めた内容が実際に動き出したり、罰則が適用されるようになることを「法の施行」という。通常、法の成立から施行までは一定の期間がおかれるが、それは国民に法の内容を周知したり、新たな制度の導入や改正をする場合、そのための一定の準備期間が必要だからである。

　介護保険法でいえば、実際に制度が機能するためには、保険者である市町村が介護保険事業計画を策定し、要介護認定をするための委員会を設け、介護支援専門員を養成し…　というように、さまざまな準備が必要である。したがって、特に介護保険のように大がかりな制度の創設や改善では、成立から施行まで一定期間を設け、段階的に施行することがある。

法と命令

行政の役割や機能を把握するためには、法の内容を理解するだけでは不十分であり、それに付随する政令や省令等も理解する必要がある。

① 政令

政令とは、内閣が定める行政立法である。本来、内閣は立法機関ではないが、法に準じた効力をもつ政令を制定することができる。ただし、政令は、法の委任があってはじめて制定することができ、その内容は法の枠組みを超えてはならない。たとえば、社会福祉法第28条では、社会福祉法人の登記について「社会福祉法人は、政令の定めるところにより、その設立、従たる事務所の新設（中略）の各場合に登記をしなければならない」とある。これに対応する政令として「組合等登記令」があるが、これは、社会福祉法人のためだけに設けられたわけではなく、内閣府が制定することからもわかるように、他の分野のさまざまな法人の手続きにも対応している。

② 省令

省令とは、国の各省がそれぞれで定める行政立法である。たとえば、厚生労働省は立法機関ではないが、厚生労働省令という法に準じた効力をもつ省令を制定することができる。ただし、省令は、法の委任があってはじめて制定することができ、その内容は法及び関連する政令の枠組みを超えてはならない。

たとえば、社会福祉法は社会福祉法人の申請について第31条で、「社会福祉法人を設立しようとする者は、定款をもつて少なくとも次に掲げる事項を定め、厚生労働省令で定める手続に従い、当該定款について所轄庁の認可を受けなければならない」と規定しており、これを受けて、厚生労働省によって社会福祉法施行規則（という厚生労働省令）が制定されている。

③ 告示

告示は、決めたことを広く関係者に公表するために行われる。たとえば、社会福祉法第89条は、厚生労働大臣に社会福祉事業従事者を確保するための指針を定める義務を課しているが、これを受けて厚生労働大臣が指針を定めており、その内容を公表する時には「告示」という方法がとられる。

行政運営と通知・要綱

法及び政令、省令によって行政の役割や機能、運営方法等が決まるが、実際には、これらに加えて中央省庁が発出する通知・要綱が一定の効力をもっている。通知とは、国の各省庁が地方公共団体に対して発出する事務連絡であるが、かつては「通知行政」という言葉があったように、本来、法律のような拘束力や強制力が無いはずの通知が、法と同じような効力をもっていた。

しかし、地方分権一括法以降、通知はあくまでも参考であるということが明確にされたが、今現在においても、法の解釈や運用において、通知が実質的な効力をもっている場合も少なくない。

条 例

　国は法を制定するが、同様に都道府県や市町村は議会の議決により条例を制定することができる。条例は、当該地方公共団体の区域のみ有効である。また、条例は、法の趣旨に反しない範囲で制定しなければならない。たとえば、社会福祉法第14条で、都道府県及び市が「条例で、福祉に関する事務所を設置しなければならない」と義務を課されていることを受けて、いわば法に強制されてつくる条例と、法による強制ではなく、地方公共団体が独自の施策を推進するためにつくる条例がある。後者の場合、法が禁じていたり、法の趣旨に反する内容の条例の制定は認められないということである。

【参考文献】
・福祉小六法編集委員会編『福祉小六法』みらい　2016年

第2章 福祉行政の組織と専門職

● 本章のねらい

　わが国の福祉行政の実施体制は、戦後、社会福祉事業法を基軸に構築され、半世紀以上にわたって維持されてきた。今日の福祉行政の専門機関もその大半が当時の枠組みの中で創設され、現在に至っている。しかし、1990年代後半の地方分権改革の進展、さらには社会福祉基礎構造改革など社会福祉法制の抜本的な改革を受け、これらの専門機関の位置づけは近年、大きく変容している。

　本章で福祉行政の組織と専門職を学ぶに際しても、福祉サービスの提供方式や国と地方自治体の関係、行政部門と民間部門との関係など近年の社会福祉法制の改革を念頭に置きながら、今日の福祉行政の専門組織やそこに配属される専門職に期待される役割を理解して欲しい。

● プロローグ

　筆者は大学卒業後、ある都道府県庁に一般行政職として採用された。組織の慣例の通り、入庁後最初の3年間は本庁で過ごし、4年目からは遠隔地の出先機関へ異動することになった。異動した当初こそ本庁との違いに戸惑うこともあったが、すぐに出先機関の醍醐味を知ることになった。

　本庁時代は、県全域に目を配って政策の企画や立案、推進をするのが主な仕事であり、国や市町村の職員とのやり取りが大半を占めた。ところが、行政の最前線で地域住民とかかわる出先機関では、連日、地域住民の訪問や電話を受けることになった。彼らはさまざまな思いや感情をもち、ときにはそれを激しくぶつけてくることもあった。しかし、相手の話に辛抱強く耳を傾けていると、地域住民がどのような生活課題を抱え、どのような思いでいるのかを肌で感じ取ることができた。

　また、地域住民と向きあう機会が増えたことで、地方公務員という職業をより強く意識するようになり、行政活動の本質を考え直すきっかけにもなった。あるとき、高齢の男性からサービスの利用に関する問い合わせの電話があった。彼は手足が不自由であり、字を書くことも外出することもままならなかった。「申請主義」はあくまでも本人の自発的な申請を前提とするが、彼が書類を作成し、提出できるとは思えなかった。思い悩んだ挙げ句、筆者

は、上司に許可をとったうえで本人の自宅に出向き、書類を代筆した（本人に書類の各欄を説明し、一つひとつ意向を確認しながら行ったことはいうまでもない）。

行政の目的は、法や制度を守ることではなく、それらを通じて地域住民の暮らしを守ることにある。その視点に立って先ほどのエピソードを読めば、行政が申請主義を建前にして「待ちの姿勢」に終始することなく、自ら潜在的なニーズを掘り起こして手を差し伸べる「アウトリーチ」がいかに重要かを理解することは容易ではないだろうか。

1. 福祉行政の実施体制

福祉行政は、政策の企画立案や総合調整を行う機能と、直接住民に相談援助などの個別的なサービスを提供する機能とに大別することができる。都道府県を見ると、前者の機能は高齢者福祉課や地域福祉課などの「本庁機関」が担い、後者の機能は本庁とは別に設置される福祉事務所や児童相談所などの「出先機関」が担っている。これらの出先機関は近年、市町村の相談体制を強化する法制度改革の進展にともない、市町村を後方支援するために高い専門性を保持する組織として位置づけられるようになった。これに対し、指定都市や中核市を除く市町村の場合、福祉行政の専門機関は福祉事務所以外、ほとんど設置されていない（図2-1）。

福祉行政の専門機関が地方公共団体によって設置される出先機関である以上、そこで働く職員は当然に当該地方公共団体に所属する地方公務員である。ただし、地域包括支援センターは後述する通り、地方公共団体から委託された民間事業者が設置する場合があるため、福祉行政の専門機関で働く職員のすべてが地方公務員というわけではない。

福祉行政の出先機関は、児童相談所や婦人相談所、身体障害者更生相談所など、名称に「相談所」とつくものが多く、実際に相談や情報提供を行っている。しかし、福祉行政の出先機関が実施する業務は、相談をはじめとする非権力的行為だけでなく、特定の国民の権利義務を決定する権力的な行為もある。たとえば、児童養護施設や児童自立支援施設への入所を措置する権限は、都道府県知事から児童相談所長に委任されているし、婦人保護施設への収容保護に関する権限を有するのは、婦人相談所長である。これらの行為は、相手方（住民）の意思にかかわらず、一方的判断によって相手の権利義務を決定するものであり、行政庁だからこそ認められるのである。

第2章　福祉行政の組織と専門職

図2-1　社会福祉の実施体制の概要

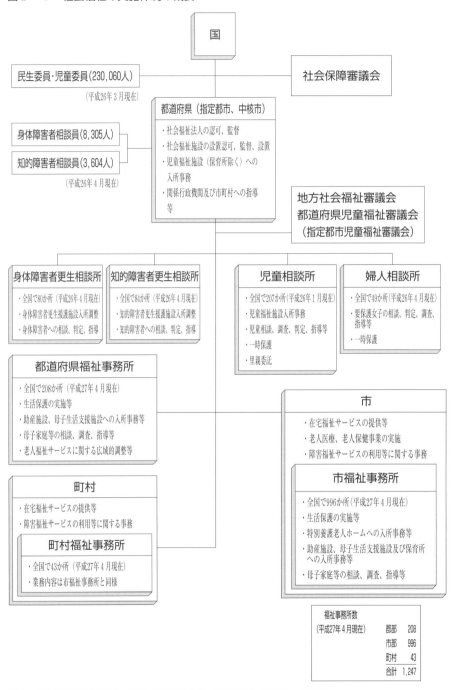

出典　厚生労働省編『平成27年版　厚生労働白書（資料編）』192頁を一部修正

以下、これらのことをふまえ、地方公共団体が設置する福祉行政機関について解説する。

2．福祉事務所

(1) 概要

社会福祉法（以下「法」）第14条で規定する「福祉に関する事務所」は、福祉各法に定める援護または育成の措置に関する事務を総合的に行う福祉行政機関であり、住民と直接に接触をもつ第一線の現業機関である。福祉事務所は、この「福祉に関する事務所」の一般的な呼び方であるが、その名称は、設置する地方公共団体が条例で決定することになっており、福祉事務所のほか、「社会福祉事務所」「福祉センター」等の名称がつけられている。また、保健と福祉の連携を確保するため、保健所や保健センターと統合し、「保健福祉事務所」や「保健福祉センター」と称する例も見られる。

都道府県及び市（特別区を含む）は、福祉事務所を設置しなければならないのに対し（法第14条第1項）、町村は、福祉事務所を設置することができるとされている（同条第3項）。

都道府県が設置する福祉事務所は、都道府県内の区域のうち、市部を除いた町村部（郡部）のみを管轄する。ただし、都道府県内に福祉事務所を設置している町村があれば、その町村域は町村の福祉事務所の管轄となるため、都道府県福祉事務所の管轄からは外れることになる。すなわち、都道府県福祉事務所は、福祉事務所が設置されていない町村部のみを管轄とするわけだが、一つの福祉事務所で全域を網羅することが難しいため、都道府県内の区域を分割して複数の福祉事務所を設置している。

一方、市の場合は一つの福祉事務所が市全域を管轄することが多いが、人口が多い市の中には市域を分割し、その地区ごとに福祉事務所を設置しているところもある。福祉事務所は2015（平成27）年4月現在、都道府県に208、市に996、町村に43の計1,247設置されている[1]。

福祉事務所の設置について、かつての社会福祉事業法（現：社会福祉法）では、おおむね人口10万人程度に1か所の設置を想定していたが、2000（平成12）年度よりこの規定は撤廃されており、現在、このような人口基準は設けられていない。

(2) 業務

福祉事務所の業務は、都道府県福祉事務所と市町村福祉事務所とで異なる。都道府県福祉事務所は、従来、福祉六法に関する事務を行っていたが、1990（平成2）年の福祉関係八法改正の一環として老人福祉法及び身体障害者福祉法が改正され、両法による施設入所措置事務等が1993（同5年）年度より都道府県から町村へ委譲された。また、2000（同12）年の社会福祉の増進のための社会福祉事業法等の一部を改正する等の法律により、知的障害者福祉法による施設入所措置事務等も、2003（同15）年度より都道府県から市町村に委譲された。したがって、現在の都道府県福祉事務所の事務は、生活保護法、児童福祉法、母子及び父子並びに寡婦福祉法の三法に定める援護または育成の措置に関する事務のうち、都道府県が処理することとされているものである（法第14条第5項）[*1]。

一方、市町村福祉事務所は、福祉六法に定める援護、育成または更生の措置に関する事務のうち、市町村が処理することとされている事務を行う（同条第6項）。

町村が福祉事務所を設置するか否かは、その町村の判断に委ねられていることは先に述べた。しかし、福祉事務所を設置していない町村に住む地域住民は、たとえば、老人福祉法に基づく特別養護老人ホームへの入所については町村の役場へ、母子及び父子並びに寡婦福祉法に基づく母子生活支援施設への入所については都道府県福祉事務所へ申し込みに行くというように申請窓口が異なるため、福祉サービスへのアクセスの観点からみると好ましいことではない。このため、最近は一部の地域において、町村福祉事務所を設置し、福祉サービスを一元的に提供しようとする傾向が顕著になっている[*2]。

(3) 組織及び職員

福祉事務所には、所の長（所長）、指導監督を行う所員（査察指導員）、現業を行う所員（現業員）、事務を行う所員（事務員）が配置されなければならない（法第15条第1項）。このうち、所長は査察指導員を兼ねることができる。査察指導員はスーパーバイザー、現業員はケースワーカーという通称が用いられることが多いが、これら2つの職種は社会福祉主事[*3]でなければならない（同条第6項）。しかし、平成21年福祉事務所現況調査によると、社会福祉主事資格の取得率は、査察指導員が69.7％、現業員が67.5％にとどまっており、いずれも3割以上の職員が社会福祉主事の任用資格を保持しないまま、福祉事務所の業務に従事しているのが現状である（表2-1）。

*1 これら三法が定める事務のすべてを都道府県福祉事務所が処理するわけではない。たとえば、児童福祉法に基づく保育所への入所事務は、福祉事務所の設置の有無にかかわらず、市町村が行っている（児童福祉法第24条第1項）。また、都道府県福祉事務所は老人福祉法や身体障害者福祉法、知的障害者福祉法に関する事務について、郡部における連絡調整や助言等を行っており、まったく関係しないわけではない。

*2 島根県ではすべての町村に町村福祉事務所が設置されているほか、鳥取県でも全県的に町村福祉事務所の設置が進んでいる。

*3 社会福祉主事
福祉事務所で援護または育成の措置に関する事務を行うことを職務とする者（社会福祉法第18条）。社会福祉主事になるための任用資格は、人格が高潔で思慮が円熟し、社会福祉の増進に熱意がある20歳以上の者であり、かつ、①大学等で厚生労働大臣が指定する34科目のうち3科目以上を修めて卒業した者、②養成機関または講習会の課程を修了した者、③社会福祉士、④社会福祉事業従事者試験に合格した者、⑤これらと同等以上の能力を有する者、以上いずれかに該当する者である。

表2－1　資格（社会福祉主事、社会福祉士、精神保健福祉士）の取得状況

区　分		社会福祉主事		社会福祉士		精神保健福祉士	
		査察指導員	現業員	査察指導員	現業員	査察指導員	現業員
総　数	資格取得者数（人）	(2,343) 2,246	(12,020) 13,090	104	(628) 946	13	201
	取得率（％）	(77.3) 69.7	(61.4) 67.5	3.2	(3.2) 4.9	0.4	1.0
生活保護担当	資格取得者数（人）	1,937	(8,519) 10,299	80	(318) 641	7	66
	取得率（％）	74.6	(74.9) 74.2	3.1	(2.8) 4.6	0.3	0.5

注）　上段（　）内は平成16年10月1日の数値。
資料　厚生労働省「平成21年 福祉事務所現況調査の概要」

　現業員は、「援護、育成又は更生の措置を要する者等の家庭を訪問し、又は訪問しないで、これらの者に面接し、本人の資産、環境等を調査し、保護その他の措置の必要の有無及びその種類を判断し、本人に対し生活指導を行う等の事務をつかさどる」（同条第4項）とされている。福祉事務所の所員の定数は、地域の実情に合わせて各地方公共団体が条例で定めることとされているが、現業員だけは、被保護世帯数80世帯につき1人（市町村）、または65世帯に1人（都道府県）を標準として定めるよう明記されている（法第16条、表2－2）。しかし、2009（平成21）年度を見ると、全国の現業員の数（1万3,811人）は標準数に比べて1,679人が不足している。また、福祉事務所単位でみると、全1,242か所のうち、414の福祉事務所で現業員の数が標準数に不足していた[2]。

　福祉事務所の現業員は、一人でいくつもの仕事を抱えている。たとえば生活保護担当であれば、福祉事務所へ相談に来た人への対応や申請書類の確認、資力調査、保護費の計算、被保護者の自宅訪問などであるが、これらの仕事の大半を単独で行うため、一人で問題を抱え込み、悩みやすい。だからこそ、

表2－2　現業員の定数

設置主体の区分	現業員標準定数	標準定数に追加すべき定数
都道府県	被保護世帯が390以下の場合　6	65を増すごとに　1
市（特別区）	被保護世帯が240以下の場合　3	80を増すごとに　1
町村	被保護世帯が160以下の場合　2	80を増すごとに　1

資料　社会福祉法より作成

現業員の配置を増やして一人当たりの負担を減らし、適正な仕事量を保つことが必要なのであり、それはまた福祉事務所の業務が円滑に遂行されるためにも不可欠なことである。

　福祉事務所には、これらの社会福祉法が規定する職員のほか、他の社会福祉関係法に規定される職員も配置されている。例として、老人福祉指導主事がある。老人福祉指導主事は社会福祉主事であり、現業員に対し、老人福祉に関する業務について指導監督を行ったり、養護老人ホームへの入所の措置など専門的知識及び技術を必要とする業務を行ったりする。市及び福祉事務所を設置する町村は、福祉事務所に老人福祉指導主事をおかなければならない（老人福祉法第6条）。都道府県の場合、福祉事務所への老人福祉指導主事の配置は任意である（同法第7条）。

　また、身体障害者福祉司及び知的障害者福祉司は、主に都道府県が設置する身体障害者更生相談所及び知的障害者更生相談所に配置される職員であるが、市町村は、これらの職員を福祉事務所に配置することができる（身体障害者福祉法第11条の2第2項、知的障害者福祉法第13条第2項）。どちらも福祉事務所の所員に対して技術的指導を行ったり、専門的な知識及び技術を必要とする業務を行ったりする。

　母子及び父子並びに寡婦福祉法は、福祉事務所を管理する地方公共団体の長に対し、母子・父子自立支援員を委嘱することを義務づけている（第8条第1項）。母子・父子自立支援員は、配偶者のない者や寡婦に対して相談に応じ、自立に必要な情報提供及び指導、職業能力の向上や求職活動に関する支援を行う（同条第2項）。条文上、福祉事務所に配属されることが明記されているわけではないが、実際は福祉事務所に配置されることが多い。

　この他、家庭児童の福祉に関する相談や指導業務の充実強化を図るため、各地方公共団体の条例に基づいて福祉事務所内に家庭児童相談室が任意で設置されているが、そこでは社会福祉主事とともに家庭相談員が相談業務に従事している。家庭相談員は原則として非常勤であり、所内における相談、指導で解決される事例を主に取り扱うが、必要に応じて家庭訪問や学校訪問も行っている。

3．児童相談所

(1) 概要

児童相談所[3)4)]は、児童福祉行政の中核的専門機関であり、子どもに関する問

題について家庭等からの相談に応じ、調査、診断、判定のうえ、個々の子どもや家庭にとって最も効果的な援助を行うことを業務としている。

都道府県及び指定都市に設置が義務づけられているほか（児童福祉法（以下「法」）第12条、第59条の4第1項）、2004（平成16）年の同法の改正により、2006（同18）年4月から中核市程度の人口規模を有する市を念頭に、政令で指定する市（児童相談所設置市）も設置することができるようになった（法第59条の4第1項）。2015（同27）年4月1日現在、横須賀市、金沢市の2市が児童相談所設置市に指定されている（法施行令第45条の2）。

2015（平成27）年4月1日現在、児童相談所は全国に208か所設置されているが[5]、「児童相談所運営指針」は、人口50万に最低1か所程度の児童相談所が必要としており、この基準には満たない状況にある。また、児童相談所には、必要に応じて児童を一時保護する施設を設けなければならないとされており（法第12条の4）、この規定に基づき、全国に135か所の一時保護所が設置されている。

(2) 業務

従来、児童相談所はあらゆる児童家庭相談に対応することとされてきたが、急増する児童虐待への対応が求められる一方、身近な子育て相談のニーズも増大しており、緊急性や専門性が異なるこれらの多様な相談をすべて児童相談所が受け止めるには限界がある。こうした状況をふまえ、2004（平成16）年の法の改正により、2005（同17）年4月から、❶児童家庭相談に応じることを市町村の業務として法律上明確にし、住民に身近な市町村において、虐待の未然防止・早期発見を中心に積極的な取組みを求めつつ、❷都道府県等（児童相談所）の役割を、専門的な知識及び技術を必要とする事例への対応や市町村の後方支援に重点化することにより、地域における児童家庭相談体制の充実を図ることとされた。

今日、児童相談所に期待されるべき業務としては、❶児童家庭相談の一義的な窓口である市町村を援助すること、❷専門的な知識や技術を必要とする相談に応じ、児童や家庭に関して必要な調査、ならびに医学的、心理学的、教育学的、社会学的及び精神保健上の判定を行い、その判定に基づいて必要な指導を行うこと、❸必要に応じて子どもを家庭から離して一時的に保護すること、❹子どもを児童福祉施設や指定医療機関に入所させたり、里親に委託させたりすること、❺親権喪失宣告の請求等の民法上の権限に大別される。

児童相談所というと、一般的には児童虐待の対応機関という印象が強いが、非行少年に対する手続きにおいても重要な役割を担っている。たとえば、触

法少年*4及び14歳未満の虞犯少年*5について、法に基づく措置をとるのか、家庭裁判所に送致するのかを判断する（少年法第3条）。また、家庭裁判所が調査または審判の結果、児童福祉法に基づく措置を相当と認めるときは児童相談所長に送致される（少年法第18条第1項、第23条第1項）。送致を受けた児童相談所長は、児童の処遇を決定する（法第26条）。

(3) 組織及び職員

　都道府県知事、指定都市の長及び児童相談所設置市の長は、児童相談所のうちの一つを中央児童相談所に指定することができる（法施行規則第4条第1項、第50条の2）。中央児童相談所は、当該地方公共団体が設置する児童相談所の中心的な機関として、他の児童相談所の実情について把握し、また、連絡調整、技術的援助、情報提供、措置の調整等必要な援助を行う（同条第2項、第50条の2）。

　児童相談所におくべき職種は、その規模に応じて異なる。具体的には、人口150万人以上の地方公共団体の中央児童相談所はA級、150万人以下の中央児童相談所はB級、その他の児童相談所はC級とする。そして、C級の児童相談所には、所長や各部門（総務部門や相談・指導部門、一時保護部門等）の長のほか、教育・訓練・指導担当児童福祉司*6、児童福祉司、相談員、精神科医、児童心理司、心理療法担当職員などが配置される。B級の場合、これらの職員に加えて小児科医や保健師が配置される。A級の場合は、さらに次長や理学療法士等、臨床検査技師が加わる。また、一時保護所には、児童指導員や保育士、看護師、栄養士、調理員が配置される。以下では、これらの職種のうち、児童相談所の中核的所員である児童福祉司及び児童心理司を取り上げ説明する。

児童福祉司

　児童福祉司は、児童相談所に必ず配置される職員であり、その業務は、虐待等児童の福祉に関する相談に応じ、社会調査・社会診断を行い、専門的技術に基づいて援助・指導するソーシャルワーカーである。児童福祉司の任用要件は、❶都道府県知事指定の学校等を卒業し、または講習会の課程を修了した者、❷大学において心理学、教育学、社会学を専修する学科を卒業した後、1年以上の相談業務に従事した者、❸医師、❹社会福祉士、❺社会福祉主事として2年以上児童福祉事業に従事した者などである（法第13条）。

　児童福祉司は本来、虐待事例へ対応するにあたっては、子どもの自立支援や親子の支援を継続的に行うべきであるが、相談事例数の大幅な増加や困難事例の増加などにより、初期対応に終始しているのが現状である。こうした

*4　触法少年
14歳未満で刑罰法令に触れる行為を行った少年（少年法第3条第1項第2号）。

*5　虞犯少年
次に掲げる事由があって、その性格または環境に照して、将来、罪を犯し、または刑罰法令に触れる行為をする虞（おそれ）のある少年（20歳未満）。❶保護者の正当な監督に服しない性癖のあること、❷正当な理由がなく家屋に寄りつかないこと、❸犯罪性のある人もしくは不道徳な人と交際し、またはいかがわしい場所に出入すること、❹自己または他人の徳性を害する行為をする性癖のあること（少年法第3条第1項第3号）。

*6　教育・訓練・指導担当児童福祉司
児童福祉司及びその他相談担当職員に対し、専門的見地から職務遂行に必要な技術について教育・訓練・指導を行うスーパーバイザー。

状況をふまえ、法施行令の改正により児童福祉司の配置基準の改善が図られ、人口おおむね4万から7万に1名配置されることとなったが（法施行令第3条）、現場においては、依然として児童福祉司が不足しているとの声が多く、さらなる増員が求められている。

児童心理司

児童心理司は、児童相談所において、心理学の専門的知識に基づき、心理学的な診断・援助を行う職員である。従来は心理判定員と呼ばれていたが、児童相談所運営指針の改正にともない、2005（平成17）年より児童心理司の名称が用いられるようになった。

児童心理司については、児童福祉司と異なり、配置基準が明確になっていなかったが、「今後の児童家庭相談体制のあり方に関する研究会」の報告書において、児童福祉司3人に対し児童心理司が2人以上を目安とし、さらには1対1をめざすという配置基準が定められた。

児童心理司は、判定業務に加え、一時保護中の子どもの心理療法、心理面からの援助方針の策定、子どもを分離保護した後の親に対する指導などにも積極的にかかわることが求められており、さらなる配置の充実が必要である。

4．婦人相談所

(1) 概要

婦人相談所[6]は、売春防止法（以下「法」）に基づき、売春を行うおそれのある女子の保護更生のため、相談、調査、専門的な判定、指導、及び一時保護を行う行政機関である。都道府県に設置が義務づけられているほか（法第34条第1項）、指定都市にも設置することができるとされており（同条第2項）、2014（平成26）年4月現在、全国に49の婦人相談所が設置されている[7]。名称は設置する自治体が条例で定めており、婦人相談所のほか、女性相談所や女性相談センターなどの名称が用いられている。婦人保護施設[*7]が併設されている場合が多い。

2001（平成13）年に「配偶者からの暴力の防止及び被害者の保護に関する法律（現：配偶者からの暴力の防止及び被害者の保護等に関する法律）」（以下「DV防止法」）に基づき配偶者暴力相談支援センターとしてDV被害者の支援機能が付与された。さらに、2004（同16）年12月の「人身取引対策行動計画」に基づき、人身取引被害者の保護も行っている。

＊7　婦人保護施設
法第36条に基づく社会福祉施設。性行または環境に照して売春を行うおそれのある「要保護女子」を収容保護するために設置される。都道府県の任意設置である。

(2) 業務

　先述の通り、婦人相談所は法に基づき設置された機関であるが、社会情勢の変化にともなってその役割も変容している。相談内容の中心は、売春から経済的な問題や家族問題へと移り、さらに2001（平成13）年4月にDV防止法が成立したこともあり、近年は家庭内暴力に関する相談や援助の件数が増えている（図2-2）。

　また、婦人相談所には一時保護施設が設置されるが（法第34条第5項）、婦人相談所が実施する一時保護は、婦人保護施設や母子生活支援施設への入所措置がとられるまでに行われるほか、短期間の生活指導や自立に向けた援助が有効と認められる場合等に行われる。なお、DV防止法の改正により、2002（平成14）年度から配偶者からの暴力被害者及び同伴家族の一時保護も行うこととされた。さらにその後、人身取引被害者、恋人からの暴力の被害者、支援を行うことが特に必要な妊産婦も一時的保護の対象に加えられることになり、婦人相談所が担う業務は拡大している（DV防止法第3条第4項）。

　婦人相談所内に設置される一時保護所は、衣食その他日常生活に必要なものを給付するとともに、性行、生活態度、心身の健康状態等の観察を通じて必要な指導を行う。一時保護所を退所した後もさらなる支援が必要な場合、婦人保護施設への入所が決定されることがあるが、この婦人保護施設への入所の措置も、婦人相談所が有する権限の一つである。この他、退所後の行き先として、母子生活支援施設への入所や地域生活への移行などが考えられる

図2-2　婦人相談所一時保護所（委託を含む）並びに婦人保護施設及び母子生活支援施設への入所理由（平成25年度）

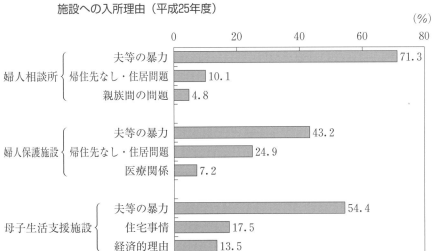

出典　内閣府『平成27年版　男女共同参画白書』2015年　70頁

が、いずれの場合においても、婦人相談所は、要保護女子や被害者への支援が途切れることのないよう配慮することが必要となる。

(3) 組織及び職員

婦人相談所には、所長のほか、判定をつかさどる職員、相談及び調査をつかさどる職員等をおかなければならないが（婦人相談所に関する政令第2条第1項）、このうち相談及び調査をつかさどる職員は、社会福祉主事でなければならない（同条第3項）。「婦人相談所設置要綱」はより詳細に規定しており、所長のほか、相談指導員、判定員、医師、事務員、一時保護所職員が必要としている。また、厚生労働省の通知「『配偶者から暴力の防止及び被害者の保護に関する法律』の施行に対応した婦人保護事業の実施について」は、心身に大きな被害を受けている暴力被害者への心理的な援助を適切に行うため、心理療法担当職員を配置することを強く促している。

この他に配置される職員として、婦人相談員がある。婦人相談員は、法第35条に基づき、都道府県知事または市長から委嘱され、要保護女子等の発見、相談、指導等を行う。都道府県は必置なのに対し、市町村は任意である。法律上、婦人相談所に配属されることが明記されているわけではないが、実際は婦人相談所にも多くの婦人相談員が配置されている[*8]。勤務形態は法律上、非常勤となっているが、常勤化されている場合もある。また、DV防止法により婦人相談員は、被害者の相談に応じ、必要な指導を行うことができることとされている（第4条）。

5．身体障害者更生相談所・知的障害者更生相談所

(1) 概要

都道府県は、市町村等に対する専門的な技術的援助及び助言、情報提供、市町村間の連絡調整、各種判定、相談等の専門的機能を維持するため、身体障害者更生相談所及び知的障害者更生相談所[8)9)]を設置しなければならない（身体障害者福祉法第11条第1項、知的障害者福祉法第12条第1項）。また、指定都市は任意で設置できることになっており、ほとんどの政令指定都市が設置している。身体障害者更生相談所には身体障害者福祉司、知的障害者更生相談所には知的障害者福祉司が配置されなければならない。

[*8] 厚生労働省資料「平成25年度婦人保護事業実施状況報告の概要」によると、平成26年4月1日現在、47都道府県に配置されている婦人相談員462名のうち、231名が婦人相談所に配置されている。

(2) 業務

　身体障害者更生相談所の業務は、❶身体障害者に関する専門的な知識及び技術を必要とする相談及び指導、❷身体障害者の医学的、心理学的及び職能的判定、補装具の処方や適合判定、❸市町村が行う更生援護の実施に関し、市町村に対する専門的な技術的援助や助言、情報提供、市町村相互間の連絡調整、市町村職員に対する研修等、❹地域におけるリハビリテーションの推進である。これらの身体障害者福祉法が規定する業務以外では、たとえば、介護給付費等の支給の要否の決定等や補装具費の支給に際し、市町村からの意見照会があった場合に応じるなど、障害者総合支援法に基づく業務がある（障害者総合支援法第22条第2項、第76条第3項）。

　知的障害者更生相談所の業務は、❶知的障害者に関する専門的な知識及び技術を必要とする相談及び指導、❷知的障害者の医学的、心理学的及び職能的判定、❸市町村が行う更生援護の実施に関し、市町村に対する専門的な技術的援助及び助言、情報提供、市町村相互間の連絡調整、市町村職員に対する研修等、❹地域生活支援の推進に関する業務である。これらの知的障害者福祉法が規定する業務以外では、たとえば、介護給付費等の支給の要否の決定等支給に際し、市町村からの意見照会があった場合に応じるなど、障害者総合支援法に基づく業務がある（障害者総合支援法第22条第2項）。

(3) 組織及び職員

　身体障害者更生相談所及び知的障害者更生相談所に配置される職員として、所長、事務職員のほか、医師、心理判定員、職能判定員、ケースワーカー、保健師または看護師、理学療法士、作業療法士等の専門的職員が標準とされる。さらに、身体障害者更生相談所には、義肢装具士、言語聴覚士も配置される。

　先述の通り、身体障害者更生相談所には身体障害者福祉司、知的障害者更生相談所には知的障害者福祉司の配置が義務づけられているが、その任用要件は、❶身体障害者／知的障害者の福祉に関する事業に2年以上従事した経験をもつ社会福祉主事、❷大学で指定科目を修めて卒業した者、❸医師、❹社会福祉士等である（身体障害者福祉法第12条、知的障害者福祉法第14条）。また、ケースワーカーは、相談及び生活歴その他の調査を行うものとされ、その要件は、❶身体障害者福祉司／知的障害者福祉司、❷社会福祉士、❸社会福祉主事等である。

6．精神保健福祉センター

(1) 概要

精神保健福祉センター[10]は、精神保健及び精神障害者福祉に関する法律（以下法）に基づき、精神保健及び精神障害者の福祉に関する総合的技術センターとして、地域精神保健福祉に関する活動を推進するうえで中核となる行政機関である。都道府県及び指定都市は必ず設置しなければならない。名称を「精神医療センター」としているところもある。

精神保健福祉センターの目標は、地域住民の精神的健康の保持増進、精神障害の予防、適切な精神医療の推進から社会復帰の促進、自立と社会経済活動への参加の促進のための援助に至るまで、多岐にわたる。これらの目標を達成するため、精神保健福祉センターは、保健所及び市町村が行う精神保健福祉業務が効果的に展開されるよう、積極的に技術指導及び技術援助を行うほか、その他の医療、福祉、労働、教育、産業等の精神保健福祉関係諸機関と緊密に連携を図ることが必要である。

(2) 業務

精神保健福祉センターの主な業務は、❶精神保健福祉主管部局や関係諸機関に対する提案、意見具申、❷保健所、市町村及び関係諸機関に対する技術指導及び技術援助、❸精神保健福祉業務に従事する職員等に対する教育研修、❹一般住民に対する普及啓発、保健所や市町村が行う普及啓発活動への協力、❺調査研究及び資料提供、❻相談及び指導のうち、複雑または困難なものへの対応、❼家族会や患者会、社会復帰事業団体など地域住民による組織的活動の支援、保健所、市町村ならびに地区単位での組織の活動への協力、❽精神医療審査会[*9]の審査に関する事務、❾精神障害者保健福祉手帳の判定である。これらの精神保健福祉法が規定する業務以外では、たとえば、介護給付費等の支給の要否の決定等支給に際し、市町村からの意見照会があった場合に応じるなど、障害者総合支援法に基づく業務がある（障害者総合支援法第22条第2項）。

(3) 組織及び職員

精神保健福祉センターの組織は、原則として総務部門、地域精神保健福祉部門、教育研修部門、調査研究部門、精神保健福祉相談部門、精神医療審査

*9　**精神医療審査会**
精神障害者の人権に配慮しつつ、その適正な医療及び保護を確保するため、都道府県及び指定都市に設置される専門的かつ独立的な審査機関。法第12条に規定されており、精神科病院に入院している精神障害者の処遇等を審査する。

会事務部門及び精神障害者通院医療費公費負担・精神障害者保健福祉手帳判定部門等をもって構成する。

職員の構成については、所長のほか、精神科の診療に十分な経験を有する医師、精神保健福祉士、臨床心理技術者、保健師、看護師、作業療法士等が標準とされる。このうち、所長は、精神保健福祉に造詣の深い医師が望ましいとされ、また、職員の中に精神保健福祉相談員を配置するよう努めることが求められる。

精神保健福祉相談員は、精神保健及び精神障害者の福祉に関する相談に応じたり、精神障害者及びその家族等を訪問して必要な指導を行ったりする専門的な職員である。都道府県及び市町村は、精神保健福祉センター及び保健所等に配置することができる（法第48条第1項）。精神保健福祉相談員の任用要件は、❶精神保健福祉士、❷大学で社会福祉に関する科目または心理学の課程を修めて卒業し、精神保健及び精神障害者の福祉に関する知識と経験を有する者、❸医師、❹厚生労働大臣が指定した講習会を修了し、精神保健及び精神障害者の福祉に関する経験を有する者等である（同条第2項、法施行令第12条）。

7．地域包括支援センター

(1) 概要

地域包括支援センター[11]は、地域住民の心身の健康の保持及び生活の安定のために必要な援助を行うことにより、地域住民の保健医療の向上及び福祉の増進を包括的に支援することを目的として、包括的支援事業等を地域において一体的に実施する役割を担う中核的機関である（介護保険法（以下「法」）第115条の46第1項）。2005（平成17）年の法の改正により創設され、翌2006（同18年）年4月より設置されている。

地域包括支援センターの中心的な業務である包括的支援事業は、❶地域包括支援センターの運営[*10]、❷在宅医療・介護連携の推進、❸認知症対策の推進、❹生活支援サービスの体制整備の4つの事業で構成され、地域支援事業[*11]の一部に位置づけられている。

市町村が直接設置できるほか、包括的支援事業の実施の委託を受けた者も設置することができる。委託を受けることができるのは、老人介護支援センター（在宅介護支援センター）の設置者、一部事務組合または広域連合を組織する市町村、医療法人、社会福祉法人、一般社団法人、一般財団法人、NPO

*10
主な業務として、介護予防ケアマネジメント業務、総合相談・支援業務、権利擁護業務、包括的・継続的ケアマネジメント支援業務、地域ケア会議の推進を行う。

*11 地域支援事業
被保険者が要介護状態等となることを予防するとともに、要介護状態等となった場合においても、可能な限り、地域において自立した日常生活を営むことができるよう支援するため、実施される（法第115条の45）。❶介護予防・日常生活支援総合事業、❷包括的支援事業、❸任意事業からなる。

法人等である（法施行規則第140条の67）。ただし、委託は、包括的支援事業のすべてにつき一括して行わなければならず（法第115条の47第2項）、包括的支援事業を分割して別々の団体に委託することはできない。

市町村が設置・運営するものを「直営型」、委託するものを「委託型」という。とりわけ後者において、設置や運営に特定の居宅介護支援事業所が強くかかわっている場合などでは、特定の事業者が提供するサービスに偏った内容の介護予防ケアプランが作成されるなど、公平性を欠いた運営が行われる危険性もある。このようなことから、地域包括支援センターの中立性を確保するために市町村ごとに「地域包括支援センター運営協議会」が一つ設置される。運営協議会は、地域包括支援センターの運営の公平・中立性を確保し、円滑かつ適正な運営を継続できるよう、事業活動をチェックする役割が与えられている。具体的には、❶地域包括支援センターの担当圏域の設定や、地域包括支援センターの設置、変更、廃止の承認など、地域包括支援センターの設置に関する事項がある。この他、❷地域包括支援センターの運営・評価に関する事項、❸地域における他機関ネットワークの形成に関する事項、❹地域包括支援センターの職員のローテーション・人材確保に関する事項を処理する。運営協議会の構成委員は、サービス事業者や被保険者の代表、関係団体等の代表者、学識経験者等であり、市町村長が選定する。

(2) 業務

地域包括支援センターには必須事業として、先に説明した包括的支援事業とともに、指定介護予防支援事業がある。指定介護予防支援事業は、要支援者が介護予防サービス等の適切な利用等を行うことができるよう、予防給付に関するケアマネジメント業務を行うものである。

これらの必須事業とは別に、市町村が地域包括支援センターに委託することが可能な任意事業として、地域支援事業の任意事業*12（法第115条の45第3項）及び厚生労働省が定める事業*13（法施行規則第140条の64）がある。

なお、市町村長は、高齢者虐待に際して、地域包括支援センター等の職員に立入調査をさせることができる旨が規定されるなど、高齢者虐待への対応においても重要な役割を担っている。

いずれにしても、地域包括支援センターは、これらの事業の実施を通し、地域住民が住み慣れた地域で安心して過ごすことができるよう、地域の利用者やサービス事業者、関係団体、民生委員、ボランティアやNPO、自治会、一般住民などからなるネットワークを構築するとともに、こうしたネットワークを活用しながら、個々の地域住民に対し、介護サービスをはじめとす

*12 地域支援事業の任意事業
❶介護給付等費用適正化事業、❷家族介護支援事業、❸その他の事業（成年後見制度利用支援事業、福祉用具・住宅改修支援事業、地域自立生活支援事業）（介護保険法第115条の45第3項）。

*13 厚生労働省が定める事業
❶特定高齢者把握事業、❷介護予防普及啓発事業、❸地域介護予防活動支援事業、❹介護予防特定高齢者施策評価事業及び介護予防一般高齢者施策評価事業の一部（法施行規則第140条の64）。

第2章　福祉行政の組織と専門職

る各種サービスが切れ目なく提供されるようコーディネートを行うことにより、地域包括ケアを実現することが期待されている。地域包括ケアシステムの推進を重視した2011（平成23）年の介護保険法の改正では、地域包括支援センターの設置者は介護サービス事業者や医療機関、民生委員等との連携に努めなければならない旨の規定が追加された（法第115条の46第7項）。さらに、2014（同26）年の法改正では、包括的支援事業として、地域包括支援センターの運営の中に地域ケア会議の充実が追加されるとともに、在宅医療・介護連携の推進、認知症施策の推進、生活支援サービスの体制整備に関する事業が加えられ、地域包括ケアシステムの中核的な機関としてさらなる機能強化が行われた。

　ところで、地域包括支援センターの設置が外部に委託されている場合であっても、地域包括ケアシステムの構築に対する最終的な責任を負うのは依然として基礎自治体である。このため、基礎自治体は、先述の地域包括支援センター運営協議会を通じ、地域包括支援センターが地域包括ケアシステムの構築という観点から適切に運営されているかどうかを確認し、必要に応じて支援していくことが重要となる。

(3) 組織及び職員

　地域包括支援センターの職員体制は保健師、主任介護支援専門員[14]（主任ケアマネジャー）、社会福祉士等の3つの専門職またはこれらに準ずる者である[15]。職員の人数は、担当区域における第一号被保険者の数がおおむね3,000人以上6,000人未満ごとに、保健師、社会福祉士及び主任介護支援専門員（これらに準ずる者を含む）それぞれ各1人をおくものとされている。ただし、第一号被保険者の数が3,000人に満たない場合には、条件が緩和される（法施行規則第140条の66第1号）。

　また、介護予防ケアマネジメント事業については保健師が、総合相談・支援事業及び権利擁護事業については社会福祉士が、包括的・継続的ケアマネジメント事業については主任介護支援専門員が主として担当することになるが、いずれの業務も担当職種のみで行うのではなく、3職種が互いの専門知識や技能を生かしながら相互に連携・協働し、チームアプローチによって運営することが求められる。

*14　主任介護支援専門員
一定の資格要件と保健・医療・福祉の分野で合計5年以上の実務経験を有し（資格要件に満たない場合は10年以上）、都道府県知事が厚生労働省令で定めるところにより行う介護支援専門員実務研修受講試験に合格し、かつ、都道府県知事が厚生労働省令で定めるところにより行う介護支援専門員実務研修の課程を修了した後、登録することができる。介護保険法によって秘密保持義務や信用失墜行為の禁止などが規定されている。

*15　社会福祉士に準ずる者
福祉事務所の現業員等の業務経験が5年以上、または介護支援専門員の業務経験が3年以上あり、かつ、高齢者の保健福祉に関する相談援助業務に3年以上従事した経験を有する者。

【引用文献】
1）厚生労働省ホームページ「福祉事務所」
　http：//www.mhlw.go.jp/seisakunitsuite/bunya/hukushi_kaigo/seikatsuhogo/fukusijimusyo/（2016年2月1日閲覧）
2）厚生労働省「平成21年　福祉事務所現況調査の概要」
　http：//www.mhlw.go.jp/toukei/list/dl/75-16a.pdf（2016年2月1日閲覧）
3）厚生省「児童相談所運営指針」（平成2年3月5日児発第133号）
4）厚生労働省「今後の児童家庭相談体制のあり方に関する研究会報告書」（平成18年4月28日）
5）厚生労働省ホームページ「平成27年度全国児童相談所一覧」
　http：//www.mhlw.go.jp/bunya/kodomo/dv30/zisouichiran.html（2016年2月1日閲覧）
6）「婦人相談所設置要綱」（昭和38年3月19日厚生省発社第35号）
7）厚生労働省編『平成27年版　厚生労働白書』（資料編）186頁
8）厚生労働省「身体障害者更生相談所の設置及び運営について」（平成15年3月25日障発第0325001号）
9）厚生労働省「知的障害者更生相談所の設置及び運営について」（平成15年3月25日障発第0325002号）
10）厚生省「精神保健福祉センター運営要領」（平成8年1月19日健医発第57号）
11）厚生労働省「地域包括支援センターの設置運営について」（平成18年10月18日老計発第1018001号、老振発第1018001号、老老発第1018001号）

【参考文献】
・原田尚彦『行政法要論（全訂第7版補訂第2版）』学陽書房　2012年
・西尾勝『行政の活動』有斐閣　2000年

福祉財政

● 本章のねらい

　本章の目的は、社会保障の負担と給付の実態、課題及び改革の方向を財政学の観点から整理・検討することにある。具体的には次の4つのテーマを取り上げ、主に少子高齢社会における社会保障の財源問題を中心に考察を進める。
　第1は、財政の基本的機能を概観して、国の一般会計の内容(歳入と歳出の構造)を確認する。第2は、社会保障関係費と社会保障給付費の相違及び動向、第3は、地方財政の構造と民生費の内容・動向をそれぞれ把握する。第4は、社会保障給付費における公的財源、利用者(自己)負担及び民間財源等の内容を確認したうえで、社会保障の財源に関する現代の課題(トピックス)を整理する。

● プロローグ

　国立社会保障・人口問題研究所の資料によれば、2012(平成24)年度の社会保障給付費(決算)は108兆5,568億円となっている。その給付費はとくに高齢化が進行する中で増加しており、これにともなって公共部門の役割も大きくなりつつある。
　社会保障は、年金、医療及び介護といった社会保険のほかに、生活保護や障害者福祉・児童福祉等の社会福祉を指している。これらの給付費の主な財源は、各制度に応じて社会保険料や租税収入によって賄われる。また、こうした財源は、社会保険制度と地域福祉の取り組み(介護・福祉施設の整備を含む)等に応じて、国から各地方に再分配される仕組みになっている。
　しかし、わが国の経済は、1990年代初頭のいわゆる「バブル経済の崩壊」以降、一時的な変動を除いて長期的に停滞しており、財源の安定確保が困難になりつつある。これは財政赤字と公債残高を拡大させ、社会・経済状態に応じた財政の弾力的運用を制約する要因にもなっている。
　この結果、多数の市町村において国民健康保険財政の赤字が慢性化することとなり、公的年金についても将来的に支払い可能な年金資金(積立金)が減少する傾向にある。さらに、地域の福祉と施設運営は財政的に余裕がなく、利用者のニーズに必ずしも十分に対応できない状況にある。
　社会保障の制度と財源はいわば車の両輪であり、財源基盤の裏づけがなけ

れば制度の安定や福祉サービスの充実は困難である。これまで社会保険料と租税を含め、財源調達のあり方が検討・改定されてきたが、「社会保障制度の維持・安定」に資する抜本的な改革は行われていない。

世論調査等によれば、「国民に負担を求める前に、政治や行政のムダ・非効率を無くす必要がある」といったことが指摘される。しかし、ムダや非効率といわれる政治や行政が明確にされたうえで、実際に改善されたとしても、これによって確保しうる財源はおよそ110兆円の社会保障給付費にはほとんど寄与しえないであろう。

わが国では、社会保障制度の見直しとともに財政再建が重要課題になっている。その背景は、国と地方を合わせた長期債務残高が約1,100兆円となっていることにある。すなわち、政治・行政改革により歳出の一部が削減されたとしても、歳入の安定確保が先送りされるとすれば、財政再建を進めることはできない。

こうした中で「社会保障と税の一体改革」が提唱され、2012（平成24）年に関連法案が成立した。基本的な内容は、消費税の増税（消費税率の引き上げ）によって財源を調達して、これを社会保障給付費と財政再建資金の一部として活用しようとすることにある。

一般に「社会保障の安定・充実」は好意的に評価される一方、「国民負担の増加」は批判的に捉えられる。しかし、わが国の高齢化や国の財政、及び福祉と財政の実情からすれば、「国民負担の増加」なしでは「社会保障の安定・充実」は困難といえる。このため現代では、これらの関係をふまえた改革をいかに進めるかが厳しく問われている。

1．財政の機能と国家財政

(1) 財政の機能

財政は公共部門（国と地方公共団体）の経済活動を表しており、その具体像の一端は歳入と歳出の内容に見ることができる。国の歳入の基本は所得税、消費税及び法人税の各税収によるものであり、それぞれ個人所得、消費（資産の購入を含む）及び企業利益が課税の対象となる。歳出は、社会保障や公共事業、文教・科学振興及び防衛等の公共財・サービスへの支出を指している（これらの詳細については後述する）。

国は、公共財・サービスの便益（利益）が広い範囲に及び、基本的に全国

共通の運営・管理が望ましい政策を担当する。地方公共団体（都道府県、市町村）は、本来、それらの便益が各地域内に制限され、あるいは住民生活に密着する政策を担当する。

国の財政においては、税収等の財源を集約的に扱い、それを各政策分野に配分する一般会計が中心になっているが、これ以外にも社会保険の年金と医療及び道路整備や食糧管理を対象とする特別会計がある。地方財政においても、各自治体の税収や福祉・教育、土木等の支出を扱う普通会計のほかに、国民健康保険や介護保険等の収支を管理する特別会計、病院や下水道及び地下鉄・バス等の事業収支を管理する企業会計がある。

財政は3つの機能をもっており、その第1が「所得再分配機能」である。市場経済は雇用機会や稼得能力による所得格差を調整・是正することができないため、一定の公的対応が必要になる[*1]。一般にこの場合には、所得税によって高所得者に対して重い税負担（累進課税）が課され、その税収が生活保護制度等を通して失業者や低所得者に再分配される。また、資産や遺産に対する課税の収入も、所得再分配の財源になりうる。

第2は「資源配分機能」である。たとえば国防、警察及び消防については、利潤拡大を目的とする民間企業に委ねることは適切とはいえない。医療や介護、教育、さらに道路等の整備についても、社会全体の量的・質的向上と地域間の平等化の観点から、公的対応が必要となる。公共部門は、これらの必要性や重要性の高い分野ないし地域に対して、資金を含め各種の公共財・サービスを提供している。

第3の「経済安定成長機能」は、需要の減少にともなうデフレ、またはその拡大にともなうインフレを調整・是正しようとするものである。これは、所得税の累進課税と法人税といった歳入面での自動調整機能により可能となる。たとえばデフレの場合には、通常は個人所得や企業利益の低下により税負担が軽減されるため、可処分所得や税引き後利益の減少が抑えられる。こうしたメカニズムを通して消費と投資が刺激され、景気の回復が期待される。需要が拡大した際には、以上とは逆に税負担の増加によって消費と投資が抑制され、これを通してインフレの回避が期待される。また、歳出面では、失業保険給付や生活保護といった制度が、景気変動の際の自動調整機能を備えることができる。

さらに財政は、裁量的支出政策により景気を安定化させる機能をもちうる。一般にデフレの際には、公共事業等の支出拡大、あるいは所得税や法人税の減税を通して、需要を刺激する政策が採られる。インフレの際には、公共事業の削減や増税により消費と投資を抑制して、物価上昇を抑えることが可能

[*1] 公的対応の方法としては、政府の介入（資金の調達と支出を含む）、規制及び管理があげられる。

となる。

(2) 国家財政の構造

　国は、以上の機能ないし目的を遂行するうえで租税等によって財源を調達して、それをさまざまな分野に支出する。その具体像を把握するために、図3－1において2015（平成27）年度の一般会計予算を見ておこう。一般会計予算は、経済・社会に対する国の基本的考え方（あるいは姿勢）を表すものである[*2]。

　一般会計の歳出と歳入それぞれの総額は96兆3,420億円である。歳出については、社会保障関係費が31兆5,297億円（歳出総額に占める割合は32.7％）、国債費が23兆4,507億円（同24.3％）、及び地方交付税交付金等が15兆5,357億円（同16.1％）となっており、これら3つの経費で全体のおよそ73.1％を占める。

　歳出の中で、国債費や地方交付税交付金を除いたものが政策的経費といわれ、社会保障や文教及び科学振興、公共事業等を指している。国債費（債務償還費と利払費）は、いわゆる国の借金の返済であり、地方交付税交付金は、各自治体の財源の偏在（財政力格差）の調整を目的とした地方財政調整制度の一つである。

　社会保障関係費の内訳は、年金保険給付費が11兆1,116億円、医療保険給付費が9兆3,680億円、介護保険給付費が2兆6,311億円であり、また生活保護費が2兆9,042億円、社会福祉費が4兆8,591億円、保健衛生対策費が4,876億円、雇用労災対策費が1,681億円となっている。この中で、年金、医療及び介護の各保険給付費の合計は23兆1,107億円であり、社会保障関係費（31兆5,297億円）の73.3％を占めている。

　歳入については、租税及び印紙収入が54兆5,250億円（歳入総額に占める割合は56.6％）であり、公債金収入が36兆8,630億円（同38.3％）となっている。公債金（借金）による財源の調達は、償還・利払いの段階で政策的経費にかかわる資金を制約することになるため、「財政の硬直化」につながる。とりわけ、社会保障関係費が増大する中で、公債金に依存する財政は、社会保障にかかわる国の機能（役割）を低下させる要因にもなりうる。

　こうした問題に対応するうえで、社会保障と租税・財政の改革を同時並行的に進める必要性が指摘され、「社会保障と税の一体改革」が実行されることとなった（2014（平成26）年に基本方針が閣議決定）。最大の特徴は、消費税の増税により社会保障財源（とくに、子ども・子育て、医療・介護及び年金関係）の安定確保と財政健全化を図ろうとすることにある[*3]。これにつ

[*2] これに対して、一般会計の「決算」は、各年度における国家財政の最終的（事後的）な姿であるが、ここでは予算について見ていく。

[*3] 政府・与党社会保障改革本部決定資料「社会保障・税一体改革素案」（平成24年1月）、内閣官房社会保障改革担当室資料「社会保障と税の一体改革」（平成27年5月）等より。

図3−1　平成27年度一般会計予算の概要

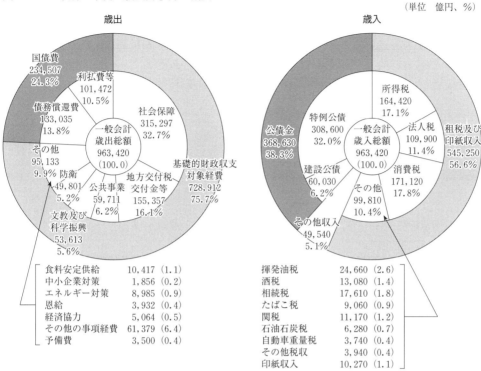

出典　財務省「日本の財政関係資料」（平成27年3月）1−2頁

いては、「4. 福祉の財源」においてあらためて取り上げる。

2．社会保障関係費と社会保障給付費

　社会保障関係費は、上に見たように社会保障に対する国の支出を指しており、主な財源は租税及び印紙収入と公債（国債）発行収入によるものである。これに対して社会保障給付費は、そうした支出だけではなく、社会保障にかかわるすべての公的支出を指しており、その財源には保険料収入と自治体の収入（地方税と地方債発行収入等）も含まれる。

　社会保障給付費は、ILO（International Labour Organization：国際労働機関）が定めた基準に基づき、社会保険や社会福祉等の社会保障制度を通じて1年間に国民に給付される金銭（現金給付）またはサービス（現物給付）の合計額を指している。

　ILOは、社会保障の基準を以下の3つに定めており、それらを満たすものが社会保障制度と定義される。第1は、次のリスクやニーズのいずれかに対する給付を目的とすることにある。すなわち、❶高齢、❷遺族、❸障害、❹

労働災害、❺保健医療、❻家族、❼失業、❽住宅、❾生活保護その他である（こうした区分は、「機能別分類」ともいわれる）。

第2は、法律によって制度が定められ、これによりサービスの提供者及び受給者に特定の権利が付与されていることにある。

第3は、法律に規定された公的、準公的もしくは独立の機関（組織）により管理されていることにある。これには、法的に責務の遂行を委任された民間の機関（組織）が含まれる。

以上の基準に従えば、社会保障給付費としては、社会保険（雇用保険や労働者災害補償保険を含む）、社会福祉、公的扶助及び公衆衛生サービス等の給付費が含まれる。また、児童福祉や老人福祉において、地方公共団体の自主財源から賄われる費用が上記の基準に沿う場合には、社会保障給付費に含めることが望ましいとされる[*4]。

次に、社会保障給付費の内容を部門別に見た場合には、「年金」、「医療」及び「福祉その他」に分類され、その中で「年金」には、厚生年金、国民年金等の公的年金、恩給及び労災保険の年金給付が含まれる。

「医療」には、医療保険と後期高齢者医療の給付、生活保護の医療扶助、労災保険の医療給付、結核、精神その他の公費負担による医療が含まれる。

「福祉その他」には、社会福祉サービスや介護対策に係る費用、生活保護の医療扶助以外の各種扶助、児童手当等の各種手当、医療保険の傷病手当、労災保険の休業補償給付、及び雇用保険の失業給付が含まれる。なお、介護対策には、介護保険給付と生活保護の介護扶助、及び介護休業給付が含まれる。

図3－2は、社会保障給付費の推移を示したものである。2015（平成27）年度の社会保障給付費の総額は、予算ベースで116兆8,000億円となっている（2012（同24）年度の決算ベースで見れば108兆5,568億円であり、これについては表3－1で取り上げる）。

社会保障給付費は、1970年代前半以降、大きく増加しており、これは主に年金の物価スライド制や老人医療費（自己負担）の無料化策の導入、及び社会福祉施設の整備によるものである。こうした制度・政策的要因のほかに、何よりも高齢化の進行が、社会保障給付費を増加させる主因になっている。

なお、社会保障給付費の対国民所得比（図3－2のB／A）を見る場合には、経済の動向を把握する必要がある。わが国の経済は、1990年代の初頭以降、長期的に停滞しており、たとえば、1956（昭和31）～73（同48）年における実質GDP成長率の平均値は9.1%、1974（同49）～90（平成2）年の同値は3.8%であったが、1991（同3）～2010（同22）年においては、それが

---

*4 ただし、国内の統計資料には制約があり、詳細な実態把握が困難とされるため、これは基本的に社会保障給付費には含まれていない。

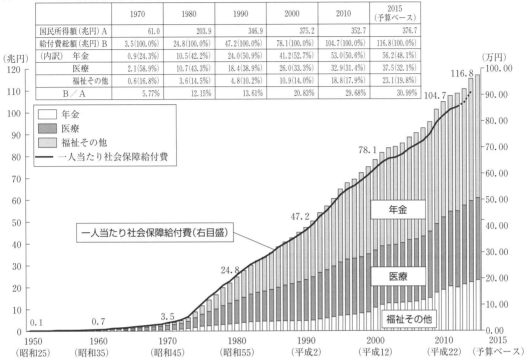

図3－2　社会保障給付費の推移

(注)図中の数値は、1950、1960、1970、1980、1990、2000及び2010並びに2015年度（予算ベース）の社会保障給付費（兆円）である。

資料　国立社会保障・人口問題研究所「平成24年度社会保障費用統計」、2013年度、2014年度、2015年度(予算ベース)は厚生労働省推計、2015年度の国民所得額は「平成27年度の経済見通しと経済財政運営の基本的態度(平成27年2月12日閣議決定)」

出典　厚生労働省ホームページ「社会保障給付費の推移」
　　　http://www.mhlw.go.jp/file/06-Seisakujouhou-12600000-Seisakutoukatsukan/kyufuhisuii2015.pdf(2015年9月18日閲覧)

0.8％となっている[*5]。こうした中でも社会保障給付費は増加を続け、国民所得に占める割合（図3－2のB／A）は、1970（昭和45）年度の決算ベースでは5.77％であったが、2000（平成12）年度には20％をこえ、2015（同27）年度の予算ベースでは30.99％となっている。

　表3－1は、2012（平成24）年度における社会保障給付費（決算）の部門別の内容、構成割合及び対国民所得比を示したものである。内容を整理すると、「年金」が53兆9,861億円（構成割合は49.7％）、「医療」が34兆6,230億円（同31.9％）、「福祉その他」が19兆9,476億円（同18.4％）となっている。

　社会保障給付費の対国民所得比は30.92％を占め、その中でも年金の割合が最も高く15.38％になっている。国民1人当たりの給付費は85万1,300円であり、1世帯当たりでは219万2,000円とされる。

　次の表3－2は、社会保障給付費を前述のILO基準による9つの機能別分類（❶高齢～❾生活保護その他）に分けて金額的に大きい順番に並べたもの

*5
内閣府資料「国民所得統計」等より。

表3－1　平成24年度の社会保障給付費

項目別内訳	金額（億円）	構成割合（％）	対国民所得比（％）
年　金	539,861	49.7	15.38
医　療	346,230	31.9	9.86
福祉その他	199,476	18.4	5.68
介護対策（再掲）	83,965	7.7	2.39
合　計	1,085,568	100.0	30.92

注）それぞれの合計額は1千万円単位の四捨五入の関係で一致していない。
出典　国立社会保障・人口問題研究所「平成24年度社会保障費用統計」2014年

表3－2　機能別分類で見た社会保障給付費

区　分	金額（億円）	構成比（％）
高　齢	532,091	49.0
保健医療	330,546	30.4
遺　族	67,822	6.2
家　族	55,001	5.1
障　害	37,257	3.4
生活保護その他	31,462	2.9
失　業	16,348	1.5
労働災害	9,305	0.9
住　宅	5,735	0.5
合　計	1,085,568	100.0

注）それぞれの合計額は1千万円単位の四捨五入の関係で一致していない。
資料　国立社会保障・人口問題研究所「平成24年度社会保障費用統計」

である。

　最大の項目は「高齢」であり、次いで「保健医療」となっており、これら上位2つの総額は全体の79.4％を占める。この場合の「高齢」は、「退職によって労働市場から引退した人」を対象としており、その給付費は、老齢年金、退職共済年金、介護保険給付及び社会福祉の老人福祉サービスを指している（高齢者の医療費と医療扶助は、それぞれ「保健医療」と「生活保護その他」に含まれる）。

　以上、社会保障関係費と社会保障給付費の内容及び動向を見てきた。これ

第3章　福祉財政

らについては、地方公共団体も制度的・財政的に重要な役割を担っている。これをふまえ以下では、地方財政の構造と民生費の内容等を見ていこう。

3．地方財政

(1) 地方財政の構造

　地方公共団体は、地域の福祉と教育、道路・公園の整備及び警察や消防等といった住民生活に密着しうる公共財・サービスを提供している。本来、そのための財源としては、地方税収入が望ましいとされるが、各地域の経済・社会状況によって財政力格差が生じており、産業基盤の弱い一部の地域では財源問題が深刻化している。

　このため、地方税収入の少ない自治体に対しては、地方交付税や国庫支出金を通して、国からの資金移転が行われている。その財源は、国の歳入とりわけ租税収入（図3－1参照）であり、主に負担力の高い地域（東京等の首都圏）を中心に徴収される。

　地方交付税は、国税の一定割合が使途の指定されない財政資金として各自治体に配分されるものである。また、通常は使途が限定される補助金等の国庫支出金も、地域間の財政力格差を調整しうる機能をもっている[*6]。

　こうして、国から地方公共団体に対する資金移転は、経済が停滞して財政基盤が弱い地域、さらに高齢化が進み社会保障関係の諸費用が増加する地域にとって、なくてはならない財政システムとなっている。

　次に、都道府県と市町村を含め、地方公共団体全体の財政構造を2014（平成26）年度の予算から見ておこう。図3－3は、その地方財政計画であり、また国の財政（一般会計）と比較したものである。

　国の一般会計（歳入・歳出）の総額は95.9兆円であり、地方のそれは83.4兆円となっている。地方財政計画の歳入の中で、地方税が35兆円（歳入に占める割合はおよそ42％）、地方交付税が17.0兆円（同20.4％）、国庫支出金が12.4兆円（同14.9％）である。地方交付税と国庫支出金の合計が歳入に占める割合は35.3％であり、地方の歳出（後述する民生費を含む）を賄ううえで重要な財源になっている。

　なお、歳入の中で10.6兆円が地方債の発行によるものであり、公債依存度（歳入に占める割合）は12.7％となっている（国の公債依存度は43％）。また、歳出の中で14.7兆円が公債費（債務償還費と利払費）であり、歳出に占める割合はおよそ17.6％となる。

[*6] 国と地方公共団体間においては、地方交付税や国庫支出金の他にも、医療保険や介護保険の各制度を通して複雑な資金移転（地域間の所得再分配）が行われている。これらの詳しい内容については、渋谷博史『21世紀日本の福祉国家財政』学文社2012、渋谷博史・安部雅仁・櫻井潤編『地域と福祉と財政』学文社2006を参照。なお、地方譲与税も国から地方公共団体への資金移転としての性質をもっているが、地方財源に占める割合は2～3％程度である。

図3-3 国の予算と地方財政計画

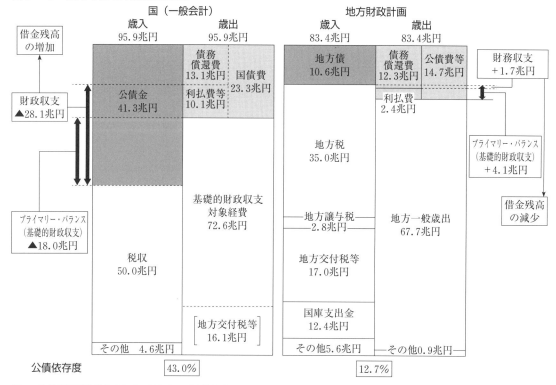

注) 単位未満四捨五入のため、計において合致しない。
出典 可部哲生編『図説 日本の財政 平成26年度版』東洋経済新報社 2014年 278頁

　　財政の健全性を見る指標の一つとして、プライマリー・バランスがあげられる（図3-3参照）。これは、「基礎的財政収支」を指しており、"公債発行収入を除いた歳入"と"債務償還・利払費を除いた歳出"についての財政収支である。
　　2014（平成26）年度においては、国のプライマリー・バランスが赤字（▲18兆円）、地方財政計画のそれは黒字（＋4.1兆円）となっている。すなわち、国の財政は健全性に関して大きな課題が残されており、これが「社会保障と税の一体改革」の一つの背景にもなっている。

(2) 地方公共団体の歳出と民生費

　　次に、歳出の内容と民生費の動向を見ておこう。表3-3は、2013（平成25）年度における歳出の決算（合計は97兆4,120億円）と目的別の内訳を示したものである。
　　目的別歳出の中では、民生費が最も大きく23兆4,633億円（構成比は24.1％）となっている。次いで、教育費の16兆878億円（同16.5％）、公債費の13兆

表3-3 目的別に見た歳出決算

区　分	決算額(億円)	構成比(％)
総務費	100,006	10.3
民生費	234,633	24.1
衛生費	59,855	6.1
労働費	6,209	0.6
農林水産業費	35,009	3.6
商工費	59,157	6.1
土木費	121,252	12.4
消防費	19,931	2.0
警察費	30,964	3.2
教育費	160,878	16.5
公債費	131,271	13.5
その他	14,925	1.6
歳出合計	974,120	100.0

出典　総務省編『平成27年版 地方財政白書』2015年　15頁

1,271億円（同13.5％）、土木費の12兆1,252億円（同12.4％）等の順となる。

　近年の主な特徴としては、民生費の構成比が社会保障関係費の増加を背景に上昇しており、公債費のそれは地域経済の長期不況（したがって地方税収入の停滞）の中でも大きく変動していないことにある。また、土木費の構成比は、1990年代後半以降、公共事業の削減にともなって減少する傾向にある。

　図3-4は、民生費の内訳と2003（平成15）年度以降の推移を示したものである。民生費は、2003（平成15）年度には14兆5,402億円、2013（同25）年度には23兆4,633億円となっており、この10年間において約1.61倍に増加している。

　2013（平成25）年度の民生費を目的別に見た場合、金額の多い順に児童福祉費、老人福祉費、社会福祉費、生活保護費及び災害救助費となる。民生費に占めるそれらの割合は、2003（同15）年度以降おおよそ一定になっているが、2011（同23）年度以降、東日本大震災への対応の関係で災害救助費の割合が増えている。

　なお、民生費の費用は都道府県と市町村によって負担されており、その金額と割合は図3-5のようになっている。2013（平成25）年度の民生費（23兆4,633億円：純計）の内、都道府県の負担が7兆5,218億円、市町村のそれが18兆8,276億円であり、市町村の負担が都道府県の約2.5倍になっている。

図3-4 民生費の目的別歳出の推移（決算額と構成割合）

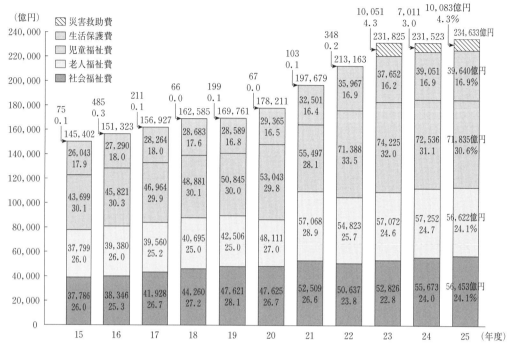

出典　総務省編『平成27年版　地方財政白書』2015年　51頁

図3-5 民生費に関する都道府県と市町村の負担割合（平成25年度決算）

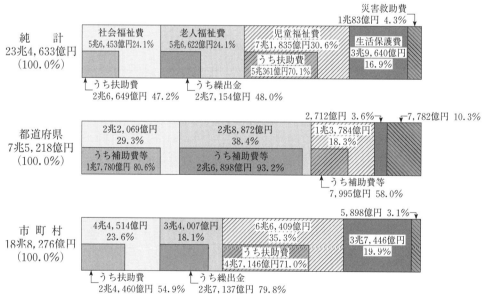

出典　総務省編『平成27年版　地方財政白書』2015年　51頁

主な理由は、児童手当の支給事務と社会福祉施設の設置・運営事務の中心が市町村になっていることや、生活保護に関する事務所のほとんどが市町村に設置されているためである。

民生費の中で、都道府県においては老人福祉費の割合が38.4％と最も高く、次いで社会福祉費の29.3％、児童福祉費の18.3％等となっている。市町村においては、児童福祉費の割合が35.3％で最も高く、次いで社会福祉費の23.6％、生活保護費の19.9％等となっている。

1999（平成11）年に公布された「地方分権の推進を図るための関係法律の整備等に関する法律」（地方分権一括法）により、国と地方の関係は原則的に対等とされた。また、2003（同15）年以降、地方の財政主権の確立を目的とする「三位一体の改革」が進められることとなった。これは、国庫補助金の削減や廃止、地方交付税の見直し、及び税財源の地方移譲を一体的に行ったうえで、地方の自主性を高めながら行財政の効率化を図ろうとするものである。

こうして地方行財政の機能と成果の向上が期待されたが、多くの自治体は歳入（とくに地方税収入）が不足する中で自主的な財政運営が困難になっている。このため、地域の経済、社会及び福祉の維持・安定を図るうえで、いかに財源を確保するかが重要課題となっている。

以上、地方財政の概要をふまえながら、民生費の内容と近年の動向を見てきた。社会保障関係費と民生費を含め、社会保障給付費には多額の資金が投入されているが、これは主に社会保険料と租税（公費）によるものである。

以下では、こうした2つの財源と利用者（自己）負担等がどのように調達されているかを整理したうえで、福祉の財源に関する現代のテーマを見ていこう。

4．福祉の財源

(1) 社会保険料と租税

わが国の社会福祉が国家の制度として導入・確立された時期は、第2次大戦後の混乱期にあるとされる。たとえば、1946（昭和21）年に旧生活保護法（現行法は1950（同25）年）、1947（同22）年に児童福祉法、1949（同24）年に身体障害者福祉法がそれぞれ制定された。また、1950年代後半以降の高度経済成長の中で、1960（昭和35）年に精神薄弱者福祉法（現：知的障害者福祉法）、1963（同38）年に老人福祉法、1964（同39）年に母子福祉法（現：

母子及び父子並びに寡婦福祉法）が制定された。

　これらの運営・提供体制の基本は、措置制度によるものである。措置制度のもとでの福祉サービス（現物給付、現金給付）は、利用者の意思やニーズよりも、一般に行政側の判断により決定される。

　本来、これらの財源として租税収入の一部が用いられていたが、1960年代初頭以降、社会保障に要する財源が増加する中で、その調達方法が大きく変わることとなった。主な背景は、第1に年金と医療の皆保険制度が1961（昭和36）年に導入され、これが普及・浸透する過程で社会保険料が重要な財源となり、第2に社会福祉に対する国民のニーズが拡大・多様化したことにある。そして第3に経済成長にともなって租税収入（分配可能な国民所得）が増加したことにあった。

　こうして、社会保障の整備・拡充が進められる中で、社会保険料と租税（公費）が財源の基本として位置づけられ、さらに医療と社会福祉の各サービスにおいて自己負担や利用者負担が求められることとなった[*7]。この結果、負担と給付の関係が次第に明確になり、とくに社会保険における受給者・利用者の権利性が強められた。なお、2000（平成12）年に導入された介護保険制度も、これらと同様の性質をもっている。

　次に、財源の面から社会保障のあり方を整理して、現代の課題を検討しよう。表3-4は、2012（平成24）年度における社会保障財源の決算（合計は127兆555億円：管理費等を含む）の内訳と構成割合を示したものである。こ

[*7] 社会保障の整備・拡充については、社会福祉分野への民間非営利組織の参入も含まれる。

表3-4　平成24年度の社会保障財源

内　訳	金額(億円)	構成割合(%)
社会保険料	614,156	48.3
被保険者拠出	322,200	25.4
事業主拠出	291,956	23.0
公費負担	425,469	33.5
国	302,761	23.8
地方	122,707	9.7
他の収入	230,931	18.2
資産収入	159,968	12.6
その他	70,963	5.6
合　計	1,270,555	100.0

注）公費負担の合計額は、国と地方の1千万円以下の四捨五入の関係で一致していない。また社会保険料の構成割合の合計は、被保険者拠出と事業主拠出の小数点第2位以下の四捨五入の関係で一致していない。
出典　国立社会保障・人口問題研究所資料「平成24年度　社会保障給付費」2014年

れらの内訳を見ると、社会保険料が61兆4,156億円（構成割合は48.3%）、公費負担が42兆5,469億円（同33.5%）、他の収入が23兆931億円（同18.2%）となっている。社会保険料と公費負担の合計額で見た場合、その構成割合は81.8%を占める。

この中で社会保険料の負担は、原則的に被保険者と事業主によって折半されることとなっている。2012（平成24）年度においては、被保険者拠出が32兆2,200億円、事業主拠出が29兆1,956億円であり、その比率は52.5%対47.5%となる。

公費負担については、国が30兆2,761億円、地方が12兆2,707億円であり、その比率は71.2%対28.8%となる。公費の面では国の負担が大きくなっており、これが社会保障制度を通して各地域に配分される資金の一部として用いられる。

他の収入の中で、資産収入には年金積立金の運用収入等が含まれ、その他は厚生年金と国民年金の積立金からの受け入れ（積立資金の取り崩し）を指している。年金積立金の運用収入は、景気動向とりわけ国債等の債券と株式の価格及び金利や為替レートによって変動するものであり、積立金の取り崩しは、将来的に支払い可能な年金資金の制約につながる。

社会保障のあり方を考えるうえでは、給付額やサービスの提供体制だけではなく、財源の調達方法に関する議論が必要である。社会保障の財源は、主に経済の動向と税制及び保険料率によって左右されるため、これをふまえた検討が現代の重要課題になっている。

(2) 利用者（自己）負担

社会福祉が主として生活困窮者対策として導入された段階では、利用者・受給者の所得が低く、費用の負担力もほとんどなかったため、福祉サービスは基本的には無料ないし低額で提供されていた。しかし、社会保障の整備・拡充が進められる過程で給付費（したがって必要財源額）が増加して、また経済成長による国民所得の増加にともなってサービスの利用者・受給者によっては所得水準が上昇した。

こうした中で、医療保険や介護保険において一定の要件に達した国民については、保険の加入と保険料負担が義務づけられ、利用額・利用量に応じた自己負担が求められることとなった。社会福祉サービスについても、障害者総合支援法に見られるように、身体、知的及び精神の3障害に利用者負担が設定されている。

利用者（自己）負担は、社会保険と社会福祉サービスの利用者・受給者に

対して一定額ないし一定割合の負担を求めるものであり、これには「応能負担」と「応益負担」の2つの方法がある。応能負担は支払い能力に応じた負担であり、応益負担は利用額ないし利用量に応じた負担である。ただし、わが国の利用者（自己）負担は、これら2つのいずれかの原則に基づいて設定されているわけではない。

たとえば、医療保険においては、医療費に対する定率負担となっているが、年齢や所得によって負担率が異なり、また高額療養費制度が導入されている。介護保険では、要介護度別の給付額に応じた1割の定率負担（一定所得以上の場合は2割負担）になっているとはいえ、高額介護サービス費制度が用意されている。また、障害者総合支援法においては、原則的に1割の定率負担となる一方、所得に応じた上限額ないし減免措置が設けられている。

このため、以上の制度における利用者（自己）負担は、応能負担と応益負担が混在するものとなっている。なお、食費や居住費に相当する費用（いわゆるホテルコスト）は原則的に自己負担（実費相当額）とされ、これに関しては応益負担ともいえる。しかし、所得区分による軽減措置等がとられているため、応能負担が取り入れられていると見ることができる。

社会保険や社会福祉サービスの利用者（自己）負担にはいくつかの方法があり、利用者・受給者に一定の負担を求めることは、モラル・ハザードの抑制や資源・財源の効率的利用の観点から有益といわれる。しかし、その負担方法や負担額については、各サービス利用の制限（抑制）につながらないことが重要であり、これをふまえた制度等の改正が求められる。

(3) その他の財源

社会保障の財源については、上記以外にもとくに社会福祉に関係するものとして、民間財源や準公的資金、及び社会福祉施設の整備面での公費負担がある。

民間財源としては、主に共同募金と寄付金、社会福祉法人の収益事業による資金、及び公営競技の収益や民間助成団体の補助金があげられる。また、準公的資金は、社会福祉事業に対する国税（法人税等）と地方税（住民税や固定資産税等）の非課税ないし軽減措置を指しており、間接的な公的資金としての性質をもっている。

これらの中では、共同募金と寄付金の額（比率）が高いとされる。共同募金は、社会福祉法に定められた社会福祉事業であり、原則的に毎年10月1日〜12月31日の3か月間、各市町村の自治会、学校及び企業等において行われる。こうした活動は都道府県を単位としており、集められた資金の多くが社

会福祉協議会に配分される。その使途は、国内の高齢者や障害者に対する福祉の充実及び地域福祉活動の推進となっているが、近年では、災害支援や子育て支援にもあてられている。

　寄付金は、個人もしくは法人が社会福祉協議会や社会福祉法人に対して行うものである。そうした資金は、福祉施設の運営費用のほかに、各地域の社会貢献やボランティアの活動資金、あるいは社会福祉活動に関する調査資金として用いられる。なお、寄付を行なった個人の所得に対しては、所得税法上「寄付金控除」が適用され、法人に対しては、法人税法上「損金算入」が認められる（それぞれ一定の上限が設けられている）。

　以上の他にも、社会福祉法人等が設立する施設（障害者施設、児童福祉施設及びその他の施設）の整備にかかわる助成制度として、国と自治体が一定の費用負担を行っている。これについては、原則として国が2分の1、自治体（都道府県、指定都市及び中核都市）が4分の1をそれぞれ補助金として負担することになっている（社会福祉法人等の負担は4分の1）。

(4) 現代の社会保障財源の課題

　社会保障財源のあり方を考える一つの指標として、「国民負担」があげられる。国民負担は社会保障負担（社会保険料の負担）と租税負担を合わせたものであり、その国民所得に占める割合は「国民負担率」といわれる。

　2012（平成24）年の実績を参考に国際比較した場合、わが国の40.7％の国民負担率（社会保障負担率17.4％＋租税負担率23.2％）は、アメリカの31.1％（社会保障負担率7.4％＋租税負担率23.7％）よりも高い一方、イギリスの46.7％（社会保障負担率10.7％＋租税負担率36.0％）、ドイツの52.2％（社会保障負担率22.1％＋租税負担率30.1％）及びフランスの65.7％（社会保障負担率26.3％＋租税負担率39.4％）よりも低くなっている[*8]。

　わが国では、社会保障給付費が増加する中で国民負担（率）のあり方について検討がなされ、社会保険に関しては、年金、医療及び介護の各保険料負担が引き上げられてきた。保険料収入は、表3－4で見たように最大の社会保障財源になっているが、将来的にその引き上げがどの程度まで可能かが問われている。

　租税（公費）に関しては、景気動向にともなう税収の変動が少ない税制（「税収の所得弾力性」が低い税制）[*9]による財源確保が望ましいとされ、所得税や法人税よりも消費税の見直しが焦点になっている。図3－1で見たように消費税収は、一般会計歳入の17.8％（租税及び印紙収入の31.4％）を占めており、財源調達手段の中心になりつつある。租税収入は財政の3機能[*10]ある

---

*8
わが国の2015（平成27）年度の国民負担率（見通し）は、43.3％（社会保障負担率17.8％＋租税負担率25.5％）となっている。財務省「国民負担率の国際比較」等より。

*9　税収の所得弾力性
名目国内総生産（GDP）が1％増減したとき、税収が何％増減するかを示す数値である。たとえば、名目GDPが1％増えた際に税収も1％増加すれば、弾力性の値は1になる。一般に、所得や法人利益に比べ消費は景気動向に大きく左右されないことから、所得税や法人税の所得弾力性よりも消費税のそれは小さいといわれる。たとえば、法人税の収入は、1990年代初頭のバブル経済の崩壊や2008（平成20）年のリーマン・ショック等の不況にともなって税収の変動（減少）が大きくなっている。

*10　財政の3機能
所得再分配機能、資源配分機能、経済安定成長機能

いは政策的経費にとって重要な財源であり、とくに国税（図3－1の歳入を参照）においてバランスの取れた税体系の構築が求められている。

すでに見たように社会保障財源としての租税（公費）は、国庫負担と地方負担によるものである。これが投入される基本的な理由は、第1に保険料負担（率）の抑制、第2に社会保障制度を通した所得の再分配にある。

次に、医療と介護保険等の公費負担（割合）の内容の一部を整理して、財源に関して残された課題と改革の方向を見ておきたい。

医療保険においては、国民健康保険（市町村国保）の給付費等について、国と都道府県の公費負担が50％となっている。その内容は、原則として国が32％の定率負担と9％の調整交付金（普通調整交付金7％、特別調整交付金2％）、都道府県が9％の調整交付金となる。全国健康保険協会（協会けんぽ）においては、給付費の13％と後期高齢者支援金の16.4％の国庫補助がある。また、後期高齢者医療制度においては、給付費の50％を国、都道府県及び市町村がそれぞれ4：1：1の割合で負担している。

介護保険においては、給付費の50％が公費負担によるものであり、国が25％、都道府県が12.5％、市町村が12.5％の負担となる。国庫負担の25％は、定率負担の20％と調整交付金の5％を合わせたものであり、都道府県と市町村の各負担の12.5％は、地方交付税等により措置される。また、40～64歳の第2号被保険者が負担する保険料に対しては、それぞれが加入する保険制度において一定の国庫補助がある。

生活保護費については、国が75％、地方が25％の負担となる。地方負担の25％は、市、福祉事務所設置町村及び都道府県（福祉事務所非設置町村分）によるものである。なお、生活保護の受給率は、1995（平成7）年の0.7％以降増加傾向にあり、2014（同26）年には1.7％となっている。受給世帯としては高齢者、傷病・障害者、母子及びその他に分けられ、この中でも高齢者世帯が増加している。また、不況の長期化にともなう雇用環境の悪化の中で、失業による受給者も多いとされる[*11]。

障害者総合支援法では、身体、知的及び精神等の各障害者福祉としての自立支援給付と地域生活支援事業に係る費用を、国、都道府県及び市町村が原則的に2：1：1の割合で負担することになっている。なお、上記3区分の障害者を年齢階層別に見た場合、65歳以上（とりわけ70歳以上の身体障害者）の割合が増加している。障害者福祉以外にも、児童や母子に対する各福祉サービスを含め、それらを実践する地域において財源をいかに確保するかが長期的課題として残されている。

最後に年金については、2009（平成21）年度以降、基礎年金の国庫負担割

*11 高齢化が進み、財政基盤が弱く、さらに景気回復が遅れている地域においては、医療費、介護費及び生活保護費の地方負担が重くなる。これが、地域の福祉と財政にとって大きな課題になっている。

合が(それまでの3分の1から)2分の1に引き上げられることになっていた。しかし、恒久的財源の確保ができなかったため、財政投融資特別会計からの繰入金等が活用された。近年では、基礎年金財源の全額を消費税収から充当することが検討課題になっている。

　本章の目的は財政の視点から社会保障の内容を整理して、現代の課題を探るものである。その課題は、社会保障の安定・充実と財政硬直化の抑制（あるいは長期債務残高の削減）を図るうえで、いかに財源を確保するかにある。「社会保障と税の一体改革」が唱えられる背景はこうした事情にあり、基本目標は「社会保障財源の安定確保」と「財政の健全化」である。これに関連して、社会保障財源の中でも租税とりわけ消費税の増税（税率の段階的引き上げ）が選択された背景を整理しておきたい。

　社会保険料に関しては、その賦課ベースの基本は所得であり、負担者・負担世代の中心は(年金受給者の高齢者・高齢世代ではなく)給与等の稼得者・勤労世代である。また、所得税の課税ベースは所得、とりわけ給与所得であるため、これも主な負担者は勤労・現役世代となる。

　したがって、少子高齢化が進行する中で社会保険料が引き上げられた際には、その負担は勤労世代に偏ることになろう。保険料は、所得の変動に左右されるほかに、いわゆる未納問題もつきまとう。一方、租税（公費）の比重を高めるとした場合でも、所得税では現役世代の負担が重くなり、また、所得税・法人税ともに景気動向によっては安定的な財源調達方法にはなり得ない。

　こうした中で消費税の増税が検討の対象とされ、「社会保障と税の一体改革」においても大きな焦点となっている。消費税が望ましいとされる主な理由は、第1に税収の所得弾力性が低く、景気動向に大きな影響を受けないことにあり、第2に高齢世代と現役世代間における負担（とりわけ1人あたりの負担額）の偏りを抑制しうることにある。

　消費税は1989（平成元）年に3％の税率で導入された税制であり、その税率は1997（同9）年に5％、2014（同26）年に8％[*12]に引き上げられた（2017（同29）年4月には10％に引き上げられる予定である）。消費税収の主な使途は、子ども・子育て、医療・介護及び年金（社会保障4経費）とされ、これらを中心に社会保障の安定・充実が進められることとなっている。

　「社会保障と税の一体改革」は、今後の社会保障の基本的方向としては望ましいと考えられているが、少なくとも次の3つの課題が残されている。第1は財源の使途に関するものであり、増税によって確保される財源は社会保

*12 内訳は、消費税(国税)が6.3％、地方消費税が1.7％である。

障給付費に重点的に配分され、また地域の福祉機能の安定に資することが求められる。第2は消費税率に関する課題であり、その1％の引き上げによる税収増は2兆2,000億円（現在の社会保障給付費（約110兆円）の2％）程度とされるため、これをふまえた検討が必要である。第3は租税の負担率に関する課題であり、高額所得に対する一定の累進性確保や資産課税（とくに相続税）の強化を含めた税制改正が必要となろう。

【参考文献】
・井堀利宏『ゼミナール公共経済学入門』日本経済新聞出版社　2005年
・可部哲生編著『図説　日本の財政　平成26年度版』東洋経済新報社　2014年
・小塩隆士『社会保障の経済学［第4版］』日本評論社　2013年
・厚生労働省編『平成27年版　厚生労働白書』2015年
・齊藤愼・山本栄一・一圓光彌編『福祉財政論—福祉政策の課題と将来構想—』有斐閣　2002年
・渋谷博史『21世紀日本の福祉国家財政』（21世紀の福祉国家と地域③）学文社　2012年
・渋谷博史・安部雅仁・櫻井潤編著『【増補版】地域と福祉と財政』（シリーズ福祉国家と地域1）学文社　2006年
・社会福祉士養成講座編集委員会編『福祉行財政と福祉計画（第4版)』（新・社会福祉士養成講座10）中央法規出版　2014年
・神野直彦『財政学』有斐閣　2007年
・総務省編『平成27年版　地方財政白書』2015年

第4章 福祉計画の目的と意義

● 本章のねらい

　現在では、生活保護制度等の一部の例外を除き、福祉分野の多くの領域において「福祉計画」が策定されている。地方公共団体が、当該地域の住民ニーズに応え、住民の参画と公私協働によって地域における福祉社会を実現しようとする際には、そのよりどころとなる福祉計画は大きな意義をもつ。

　社会福祉を学び、実践していくうえで、個別援助が重要であるのと同様に、住民の参画を促し、福祉活動を活性化させるといった働きかけが重要であり、福祉計画への関与はマクロレベルでの福祉の実践に寄与するものといえる。

　本章では、福祉計画の総論的な部分について理解を深めるとともに、福祉行政との関係、計画相互間の関係、国・都道府県・市区町村という政府間での計画の関係について整理する。さらには、計画に係る住民参画の必要性についても理解を深める。

● プロローグ

　1989（平成元）年、わが国においてゴールドプランが策定された。このゴールドプランは「高齢者保健福祉推進10か年戦略」として、10年間に整備すべき介護サービス等の目標を立てたものであった。しかしながら、この計画は5年後に抜本的な見直しが行われることとなる（新ゴールドプラン）。そこでは、当初目標の介護サービスの整備量が大幅に引き上げられたが、その根拠となったものが市区町村において策定された「市町村老人保健福祉計画」である。そこでの介護サービスの必要見込み量の積算結果は、ゴールドプランの目標量を遥かに超えるものであった。つまり、市町村の計画策定が国の高齢者保健福祉の政策に影響を与えたものであるといえる。

　一方で、計画策定は地方の福祉行政にも影響を与えることとなった。措置制度下、とくに1990年代以前は、住民ニーズを的確に把握すること自体が稀であったが、上記の市町村老人保健福祉計画や、意欲的な自治体における市町村障害者計画及び市町村版エンゼルプランの策定時に行われた実態意向調査において、各領域におけるサービスの必要量等が誰にとってもわかりやすい数値として表れ、かつ当時のサービス提供水準との間に大きな開きがある

ことが明らかとなったからだ。

　「ニーズと現状の開きをどう考えるのか」「これらの必要とされるサービスをいつまでにどうやって整備していくのか」。とある市で福祉行政に従事していた筆者は当時、議会でこれらの質問が多く寄せられたことを鮮明に記憶している。つまりは、議会（すなわち住民代表）にとっても、それまで必要と認識しつつも具体的な種類や量などが不鮮明であった部分に根拠を与えたものが計画であったといえる。一方の行政にとっても、これらの質問に対し説明責任を果たすとともに、サービス基盤等を整備していくうえでの根拠、ひいては財政面での裏づけを担保する根拠となるものが福祉計画であった。

　また、地域福祉計画では、それまでの行政計画とは異なり、相当の部分で住民自身によるワークショップの開催や、そこからの建設的な提案が盛り込まれ、住民主体の福祉活動の取り組みがはじまった地域も少なくない。

　今日の福祉行政において、市町村の役割は極めて大きなものがあるが、そこでの的確なニーズ把握は、国を動かす原動力ともなり、市町村と地域住民という最も近い関係にあるものが連携し、相互に協力しあうことで、地域を動かす原動力ともなる。その中心に福祉計画があるといえるのではないだろうか。

1．福祉計画とは

(1) 計画とは何か

　計画という用語自体を理解することは難しくはない。意識をしているか否か、容易に確認できる状態か否か、あるいは自律的か他律的かを問わないならば、私たちの日々の生活は多くの場合、計画的に営まれているといえる。そうであるからこそ、"無計画な・計画性のない"といった行為や考え方が稀なものとして批判的な口調で語られるわけである。

　たとえば、小学生のころ、夏休みの宿題を期間内に終わらすために、夏休みのはじめに予定を立てたことはないだろうか。あるいは友人や家族と旅行に出かける際には、まずもって予定を立てることからはじまるのではないだろうか。これらはすべて"計画"である。また、大学や職場からの帰りに複数の店舗において買い物をしてから帰宅する、といった場合にも、頭の中で道筋を描きその結果を想定しているが、これも立派な計画である。

　このように、計画とは何も会社等の組織でのみ使われるものではなく、高

度で理解が困難なものでもない。さらにいえば、「○○福祉計画」というものが存在しなかった時代（基礎自治体ではゴールドプラン以前）においても、行政の福祉部局はまったくの無計画・無秩序に業務を行っていたわけではない。あらかじめ予算を立て、着実に執行し、ときには将来を見据えた基盤整備のための投資を行ってきた。これらは計画的に行われたものである。

しかしながら、「○○福祉計画」策定以前の福祉行政に対し、"計画行政"なり"計画的な体制整備"という概念を用いることに違和感を感じるかもしれない。それは上記の福祉行政における計画的な予算の立案から執行は、"内部的"であり、"近視眼的"であり、また当時の国・都道府県に対する市町村の権限等から見て"受動的・他律的"なものであるためであろう。

今日の福祉計画というものは、次のような要件を満たしていなければならない。

① 地域住民（とくにその対象となる者）にわかりやすいものであること。
② 行政内部だけで立案されるのではなく、住民の参画のもとに策定され、公私協働のもとに執行されるものであること。
③ 当該計画の対象となる者の実態や意向、ならびに自らの地域の特性や利用可能な資源等の状況を十分に反映したものであること。
④ 対症療法的なものではなく、将来のあるべき姿を見据え、実現に向け着実にかつ多面的に推進されるべき内容をもつものであること。

この意味で福祉計画なり、計画行政というものを考えたとき、企業経営や軍事・科学等の分野に比べ、わが国の福祉は行政・民間を問わず、また、専門性の有無を問わず、つい最近まで"無計画な"状態にあったことがわかる。一方のソーシャルワークについても、個別援助面のみが先行して議論され、マクロレベルの視点を欠いた形で展開されてきたことがわかる。

ソーシャルワークを名実ともに実践していくためには、個別援助の視点に満足するだけでなく、広く社会全体に働きかけることの意味を理解することが必要である。福祉計画については、このような文脈の中でその内容やもたらす影響について理解しておくことが必要となる。

(2) 計画の目的・目標・根拠

すべての計画は、その目的・目標がある。福祉計画の実際の記述においては、目的と目標が必ずしも明確に区分されているとは言い難いが、強いて区分するならば、以下のようになる。

目標とは、ある活動や課題に取り組むときに、一定期間後に実現する状態のことを指す。めざす地点・数値・数量などに重点があり、より具体的であ

る。一方の目的とは、目標に意味なり意義なりを付加したものである。目標に比べ抽象的で長期にわたる目当てであり、内容に重点が置かれる。

次に根拠であるが、今日では、行政で策定される福祉計画の多くは法に根拠をもっている*¹。各計画の根拠の有無や記載すべき項目等は後述するが、ここで重要な視点は、法根拠の有無と計画策定の必要性を同一視しないことである。

たとえば、市町村地域福祉計画は社会福祉法第107条に規定されているが、当該法に地域福祉計画が明記されたのは2000（平成12）年の法改正時であり、先進的な自治体においては、それ以前から地域福祉に関する計画を策定していた。解決すべきニーズがあり、これを計画的に行う必要が認識されるところに計画があるのであって、法根拠があるから計画を（仕方なく）策定するのではない。

ソーシャルワーカーとして計画を捉える際には、知識としての法根拠の有無もさることながら、住民ニーズなり地域課題の有無と計画の必要性を関連づけるという視点が重要であり、ニーズ把握の結果、計画的な取り組みが必要と認識された場合には、法や条例における根拠の有無にかかわらず、その策定を訴えていく姿勢が必要である。

*¹
たとえば、市町村老人福祉計画は老人福祉法（第20条の8）に、市町村障害者計画は障害者基本法（第11条第3項）に根拠をもつ。

（3） 福祉計画の流れ―地方分権と社会福祉基礎構造改革の視点から―

前述の通り、現行の福祉計画のすべてが、関連各法に当初から明記されていたわけではない。福祉計画の今日に至る姿は、地方分権の流れとともに社会福祉基礎構造改革との関係が深いことがわかる。

敗戦直後〜1960年代

第二次世界大戦の敗戦（1945（昭和20）年）により、わが国もようやく民主主義に基づく体制づくりがはじまった。地方自治も戦前とは大きくその仕組みを変え、公選首長と地方議会のもと、新たな方向性の模索がはじまる。その際の指針となったのが、1946（同21）年に公布された日本国憲法であり、1947（同22）年に公布された地方自治法である。

しかしながら、本章に関連する福祉計画を含め、"計画行政"については、この時期の地方自治に広く見られるわけではない。成立当初の地方自治法には、後述する「基本構想」を定めるべき旨の規定はなく、また、福祉行政についても、❶福祉六法体制が整うのは1960年代半ばであり、❷福祉行政の多くが機関委任事務であり、地方公共団体の裁量権がなく、❸施設保護を中心とし、また、対象者が普遍化する以前の救貧対策を中心としたものであり、今日と比べ事後的かつ受動性が強かったため、計画策定から遂行に至る必要

第4章　福祉計画の目的と意義

性の認識が生じにくい状況にあった。このことは同時に、住民参画の点においても地域住民や議会が政策に関与しにくい状況にあったともいえる。

1970年代〜1980年代後半

　1969（昭和44）年の地方自治法改正により、市町村においては、基本構想を定めるべき旨の規定が盛り込まれた（旧第2条、現在は削除）。この規定に基づき、市町村は一斉に総合計画の策定に取り組むこととなる。総合計画とは、先の基本構想、これを体系化した基本計画、各施策の実施に係る事業計画の3層構造をとることが一般的である。また、先の規定では、総合計画のうちの基本構想については議会の議決を経ることが必要であり、地方議会の関与、ひいては地域住民の政策立案への関与が形式的にせよ定められることとなった。

　1970年代に入ると、70年代初頭のドル危機[*2]及び変動相場制[*3]への移行、1973（昭和48）年の第一次石油危機などから、翌年には経済成長率が戦後はじめてマイナスを記録し、高度経済成長が終焉を迎えることとなる。一方で、着実に増加する社会保障費にどのように対応していくかの問題が顕在化しつつあった。特段の計画性をもたずとも経済成長の余剰で社会保障費を賄うことのできた時代から、歳出を抑制し、あるいは重点化していく必要に迫られることとなる。

　さらには、戦後の混乱への対応を中心とした福祉三法体制から福祉六法へと対象が拡大するとともに、救貧・緊急対応を中心としたものから福祉ニーズが普遍化していく過渡期にあたり、加えて1950年代半ばの高度経済成長期以降の人口移動を含む社会構造の変化は、三大都市圏と他の地域、都道府県内においても地域ごとの相違を顕在化させることとなる。それまでの国家主導かつ最低限度の画一的な保障ではなく、地域の特性に応じ、地域住民のニーズに応じた対策をとることが必要との認識が生まれはじめるのは必然であったといえよう。

　1986（昭和61）年の第二臨調報告及び同年の「地方公共団体の執行機関が国の機関として行う事務の整理及び合理化に関する法律」（整理・合理化法）はいずれも以上の文脈の中で整理する必要がある[*4]。この法律によって、社会福祉施設入所等の事務が機関委任事務から団体委任事務に移行し、地方の事務として位置づけられることとなる。

　しかしながら、この時期には福祉計画そのものが法定化されたわけではなく、先の総合計画の一分野として議論されていたに過ぎない。さらには、福祉ニーズの普遍化が認識されつつあったものの、依然として施設保護がその中心であり、在宅サービスの位置づけの明確化を見ない福祉法制にあっては、

*2　ドル危機
1971年8月ニクソン米大統領が金・ドル交換の停止を発表。これはブレトン・ウッズ協定にもとづく戦後国際通貨体制を根幹から揺るがすものであった。

*3　変動相場制
通貨の固定的な変換比率がなく、需要と供給に応じて変動する為替相場のこと。1973年に日本を含む先進各国は変動相場制へと移行し、1976年のIMF暫定委員会で正式に承認された（キングストン体制）。

*4
整理・合理化法は、後述する地方分権一括法（1999（平成11）年）、第1次〜第3次一括法（2011（同23）年）との違いを整理する必要がある。

福祉サービスの多角的・多元的な展開の必要性や、行政と地域等との協働による地域社会の再構築、このための計画の必要性が広く認識されるべき状況にはなかった。

1989年〜1990年代

このような状況は、1989（平成元）年の「高齢者保健福祉推進10か年戦略」（ゴールドプラン）及び翌年の福祉関係八法改正により一変することとなる*5。

＊5　福祉関係八法改正
「老人福祉法等の一部を改正する法律（平成2年法律58号）」をいう。改正対象は、老人福祉法、身体障害者福祉法、精神薄弱者福祉法（現：知的障害者福祉法）、児童福祉法、母子及び寡婦福祉法（現：母子及び父子並びに寡婦福祉法）、社会福祉事業法、老人保健法（現：高齢者の医療の確保に関する法律）、社会福祉・医療事業団法。

ゴールドプランは、本格的な高齢社会の到来に備え、1990（平成2）〜99（同11）年の10年間に高齢者対策（とくに介護基盤）の強化を図ることを目的として策定された計画である。また、福祉関係八法改正は、在宅サービスを法定化するとともに、都道府県から市町村への権限委譲（一部）を行うなど、在宅重視・市町村重視へと大きく舵が切られることとなった。

1990年代は、後述する地域福祉計画を除き、ほぼすべての分野で福祉計画が意識されることとなる。高齢者領域では、老人福祉法（市町村老人福祉計画）、老人保健法（市町村老人保健計画）で市町村の計画策定が義務化されたのをはじめ、障害者基本法では、市町村障害者計画の策定が明記（当時は努力義務）され、児童分野では国の要綱（法ではない）に基づき、市町村児童育成計画（いわゆる市町村版エンゼルプラン）の策定を行うこととなる。

この当時は措置制度（老人保健領域を除く）に基づく時代でもあり、また、住民参画については、公募委員の参加以外に特筆すべきものが見られない状況であったとはいえ、それまでの、将来の目標値をもたず(すなわち福祉サービスの将来像、地域社会の将来像が不透明)、行政内部のみで意思決定が行われてきた状況から、住民に対する実態意向調査等を根拠として必要見込み量を算出、この必要見込み量を確保するための方策を計画に明示し、計画期間を通じた整備（進捗状況）を管理（進行管理）していく手法が定着しはじめる。また、本章のプロローグでも触れたように、ゴールドプランを受けて策定された市町村老人保健福祉計画のための実態意向調査結果が、国の目標値見直しに大きな影響を与えた事も記憶されるべき出来事であろう。

1990年代の最後の年は、戦後から一貫して続いてきた政府間関係（国・都道府県・市町村間の関係）を見直す重要な法、「地方分権の推進を図るための関係法律の整備等に関する法律」（1999（平成11）年、通称「地方分権一括法」）が成立した。475の法律（一部勅令を含む）について一部改正または廃止を定めた同法により、従来の事務区分（行政事務・団体委任事務・機関委任事務等）が、自治事務と法定受託事務に再編され、とくに機関委任事務の廃止は地方分権を進めるための大きな一歩となった。

2000年代以降

2000年代については、社会福祉基礎構造改革とともに語られるべきである。敗戦直後のわが国の社会福祉において重要な役割を果たした措置制度が時代に適合しなくなり、また、本格的な少子高齢社会を迎えるにあたり、新たなシステムが必要とされる中、1997（平成9）年には保育所入所方式が行政との契約方式へと変わる。次いで2000（同12）年4月には、社会福祉基礎構造改革の最大のものであり、地方分権の試金石ともいわれた介護保険制度がスタート、同年の社会福祉事業法等の改正[*6]、2003（同15）年の障害者支援費制度施行など、2000年代の福祉法制は、それまでとは一線を画する速さで変化を遂げてきている。また、この時期には地域福祉計画が社会福祉法に位置づけられたほか、障害者基本法や次世代育成支援対策推進法[*7]において計画策定が義務化されるなど、注目すべき動きも見られる。

福祉計画との関係において、直近の状況として注目すべきは2011（平成23）年の「地域の自主性及び自立性を高めるための改革の推進を図るための関係法律の整備に関する法律」であろう。このうちの第1次及び第2次一括法において、市町村の基本構想の策定根拠は地方自治法から削除され、福祉計画に盛り込むべき事項等も各法で一斉に改正された（表4-1）。

法の趣旨は「地方自治体の自主性を強化し、自由度の拡大を図るため、義務付け・枠付けを見直し」すること等にあるが、かつて地方自治体で福祉計画の策定に従事し、その後も各市町村の福祉計画に委員としてかかわってきた筆者としては、ある種の危惧を抱かざるを得ない。法がめざすべき方向性

*6 社会福祉事業法等の改正
「社会福祉の増進のための社会福祉事業法等の一部を改正する等の法律（平成12年法律111号）」をいう。対象は、社会福祉事業法（「社会福祉法」に改称）、身体障害者福祉法、知的障害者福祉法、児童福祉法、民生委員法、社会福祉施設職員等退職手当共済法、生活保護法の一部改正及び公益質屋法の廃止。

*7 次世代育成支援対策推進法
当該法律において策定義務であった都道府県・市町村の行動計画は、2015（平成27）年4月の「子ども・子育て支援法」施行と同時に努力義務となっている（一般事業主・特定事業主の策定業務は残る）。

表4-1　第1次・第2次一括法の計画への影響

計画名称	一括法 第1次	一括法 第2次	改正された内容（抄）
基本構想	○		基本構想策定義務が廃止
老人福祉計画		○	見込み方策等の策定が努力義務化
介護保険事業（支援）計画		○	見込み方策等の策定が努力義務化
障害福祉計画		○	見込み方策等の策定が努力義務化
次世代育成支援行動計画		○	公表義務等が努力義務化
保育計画		○	公表義務等が努力義務化
地域福祉（支援）計画		○	意見の反映、公表等の義務が努力義務化
健康増進計画		○	公表の義務規定が削除
医療計画	○		医療提供施設の整備の目標の策定が努力義務化
医療費適正化計画		○	定めるべき事項が「概ね」として大枠化

注）保育計画は、子ども・子育て支援法の施行にともなう改正により、現在は「市町村整備計画」に変更（2015（平成27）年4月より）。

を、すべての地方自治体が認識しているとはとてもいえない状態であり、地方の温度差は大きなものがある。

批判を承知で述べるならば、福祉社会の実現に向き合う姿勢や能力のない一部の地方公共団体にまで裁量権を大幅に認める当該法改正は、福祉領域の地域格差を今以上に拡大させ、これに対する都道府県や国の指揮監督が及ばない状況を放置する可能性がある。この課題に対する解決策は容易に見出しうるものではないが、あえていえば、これらの地域における住民運動等をいかに活性化し、地方主権から住民主権へと移行させるかが唯一の解決策ではないだろうか。その目安として、福祉計画策定時における住民参画が用いられることは重要であり、また、地域住民においても、いま以上にこれらの状況に注意を払う必要があるといえる。

2．福祉計画及び関連諸計画

(1) 福祉計画及び関連諸計画の種類と関係

ここでは、福祉計画及び関連諸計画の概要を"ヨコ"（市町村内・都道府県内の計画相互の関係）で整理を行う。まず、それぞれの計画の主たる対象や根拠を整理すると、表4－2の通りである。

この整理から、計画と地方自治体の権限の関係、地域の抱える実情・課題との関係がわかる。たとえば、医療計画については、都道府県は義務として策定しなければならないが、市町村では策定を要しない。これは、市町村は国民健康保険を除き、基本的に医療施策に対して権限をもつものではなく、後期高齢者医療も広域連合であるため、市町村ごとの計画策定にはなじまないことなどが理由である。また、ホームレス自立支援計画がすべての市町村・都道府県に義務づけられていないのは、ホームレスがいない地域では、これらの計画を策定する意義が見出し難いことによる。

次に、上記計画の多くは、その主たる領域を"対象者"つまりヒトで区分しており、さらには、❶年齢で区分したもの（老人・児童）と、❷状態で区分したもの（障害・健康）に整理される。これは、わが国の福祉関連の法の多くが対象を年齢あるいは状態によって細分化して施策等を展開しており、各計画もこれら各法を根拠とするためである。例外は、地域福祉（支援）計画であり、"地域"つまり面ごとにその住民すべてを対象とし、また地域そのものを対象としている（図4－1）。

なお、市町村（都道府県）で策定される諸計画の相互の関連では、"一体

第4章　福祉計画の目的と意義

表4-2　福祉計画等の名称・根拠・領域・策定の義務規定

名称		法根拠	主たる領域	策定の義務規定
市町村	都道府県			
老人福祉計画	老人福祉計画	老人福祉法	高齢者	あり
介護保険事業計画	介護保険事業支援計画	介護保険法	高齢者[注1]	あり
市町村計画	都道府県計画	医療介護総合確保促進法	高齢者[注1]	（努力義務）
―	高齢者居住安定確保計画	高齢者の居住の安定確保に関する法律	高齢者	（定めることができる）
障害者計画	障害者計画	障害者基本法	障害児・者	あり
障害福祉計画	障害福祉計画	障害者総合支援法	障害児・者	あり
子ども・子育て支援事業計画	子ども・子育て支援事業支援計画	子ども・子育て支援法	児童	あり
次世代育成支援行動計画	次世代育成支援行動計画	次世代育成支援対策推進法	児童	（努力義務）[注2]
市町村整備計画	―	児童福祉法	待機児童等	（必要がある場合のみ）
児童育成計画	児童育成計画	（要綱）	児童	―
食育推進計画	食育推進計画	食育基本法	児童	（努力義務）
地域福祉計画	地域福祉支援計画	社会福祉法	地域	（定める際の事項の規定のみ）
ホームレス自立支援計画	ホームレス自立支援計画	ホームレス自立支援法[注3]	ホームレス	（必要がある場合のみ）
健康増進計画	健康増進計画	健康増進法	―	あり（市町村は努力義務）
―	医療計画	医療法	―	あり
―	医療費適正化計画	高齢者の医療の確保に関する法律	後期高齢者	あり

注1）40歳以上65歳未満の者を含む。
注2）都道府県・市区町村は努力義務へ移行（2015（平成27）年4月）。ただし、一般事業主及び特定事業主の策定義務は残る。
注3）ホームレスの自立の支援等に関する特別措置法は、2017（平成29）年8月に失効予定（2016（同28）年2月現在）。

図4-1　法制度と地域住民との関係（イメージ）

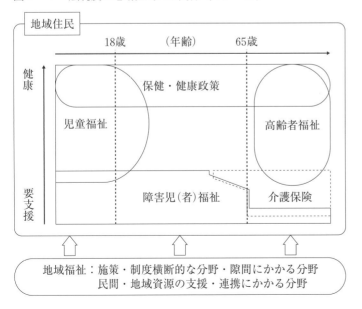

のもの""調和が保たれたもの"等の文言とともに整理しておく必要がある。これは計画相互の結びつきの強さを示すとともに、根拠となる各法の目的・対象や施策展開の目安ともなる（図4-2）。

　福祉分野の法において、「一体のもの」として策定されるべき旨を規定しているのは老人福祉計画と介護保険事業（支援）計画である。老人福祉法第20条の8第7項では、「市町村老人福祉計画は、介護保険法第117条第1項に規定する市町村介護保険事業計画と一体のものとして作成されなければならない」とあり、介護保険法第117条第6項にはこの逆の規定が設けられている。これ以外のものについては、介護領域と医療領域を除きいずれか一方の

図4-2　計画間の関係にかかる法規定の整理（イメージ）

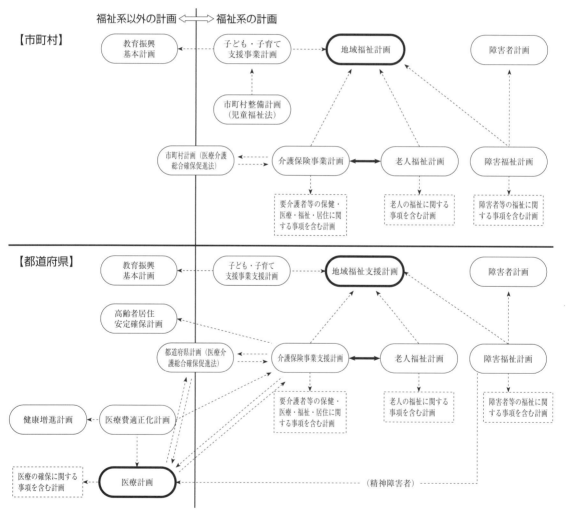

注）実線矢印は「一体のものとして」、点線矢印は「調和が保たれたものとして」「相まって」「整合性の確保が図られたものとして」策定されるものを表す。

第4章 福祉計画の目的と意義

法に「調和が保たれたもの」「相まって」等として規定されている*8。

(2) 福祉計画の政府間関係

国・都道府県・市町村の"タテ"の関係、いわゆる政府間関係については、1999（平成11）年の地方分権一括法によって転換を遂げることとなった。機関委任事務が廃止され、自治事務と法定受託事務に整理される中で、これまでの強い指導は"技術的助言"といった文言に置き換えられた。また、先に見た第1次及び第2次一括法において、従来の義務づけの規定が努力義務や例示化されるなど、流れとしては地域の主権を重視する方向にある。

しかしながら、福祉計画の策定そのものについては、都道府県・市町村は国の基本指針に即して策定する旨の規定が設けられているなど、必ずしも従来の政府間関係が否定されたわけではない*9。

福祉計画における政府間関係は、つまるところ、各領域における施策の実施主体と受益者等の関係、さらには施策展開の効率性等を含めて規定されている。「計画に盛り込むべき事項」として各法に規定されるものは、これらをふまえて、市町村・都道府県がどの分野で公的責任を果たすのかを示すものである（図4-3）。

*8
一般法と特別法の関係に似て、計画の広さや深さの違いとして理解することも可能。例として、障害福祉計画は障害者計画と調和を保たなければならないが、障害福祉計画は、障害者計画の広範な領域のうち、障害福祉サービス等のごく一部を定めているに過ぎない。

*9
現時点においては、これらはいずれも否定的な解釈（地域の自主性を阻害）をするよりも、肯定的（地域格差を生じさせない）な理解をするべきであろう。

図4-3 計画の政府間関係（イメージ）

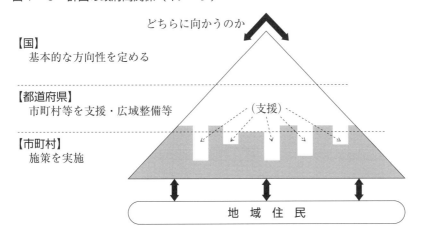

国の役割

国の役割として最も大事なものは、各法において、「基本指針」「基本方針」と規定されるように、計画の基本的な方向性を示すことにある。1990年代に「在宅生活」を、その後の障害者領域で「地域移行」を掲げた際に、市町村がいかに反応したかを見れば、基本指針のもつ意味は大きいことがわかる。

都道府県の役割

　介護保険法や社会福祉法等において、都道府県の計画には「支援」という文言が加わる（例：市町村は介護保険事業計画、都道府県は介護保険事業支援計画）。現在の福祉行政の多くは市町村が実施主体であり、都道府県の役割はこれら市町村を支援することにある。これら支援を的確に行うことで、（負の）地域格差を是正することが求められている。

　加えて、小規模市町村では対応が困難なものについての広域整備や人材の育成・質の確保といったものが都道府県の計画に盛り込まれることとなる。

市町村の役割

　地域住民に最も身近な存在として、市町村の果たす役割は極めて重要であり、制度の運営主体として具体的な施策等を掲げた計画を策定することとなる。なお、この場合において、（正の）地域格差つまり「地域特性」を生かした施策を展開することは歓迎されるべきであるが、（負の）地域格差を回避するためにも、国の基本指針に即して計画を策定することが必要である。

(3) 福祉計画の期間

　法に期間の定めがあるか否かはともかく、福祉計画はすべて「期間」を定めている。逆にいえば、期間の定めのないものは、そのめざすところをいつまでに実現するかが不透明であり、また当該計画に基づく施策等の実施を評価することが困難となるなど、計画として不適切であるといえる（表4－3）。

　また、計画はその期間に応じて長期・中期・短期に区分することもできる。福祉行政の分野では、10年を長期、5年を中期と捉えることが一般的である（例：「障害者対策に関する長期計画」（1983〜92年）など）。なお、同一の計画の中に異なる期間をもつこともある。先に見た市町村総合計画では、10年程度の将来を見据えた基本構想の下位に中期スパンの基本計画、さらにその下部に実施計画が位置するが、それぞれに見据える期間が異なっている。

　概して、理念を主たる内容とするものは長期を見据えるべきであり、事業計画の内容が強いものは短期から中期の期間を設定していると考えてよい。

　しかしながら、このことは事業計画が3年以上の先を展望しなくともよいということではない。福祉計画の実際、とくに市町村の福祉計画策定において、いわゆる長期展望の欠落した"場当たり"的な計画が散見されるのは、法の趣旨等を誤解した結果であるといわざるを得ない。

　例として、介護保険事業計画を見てみよう。介護保険法施行当初の計画は「5年を一期として3年毎に見直す」旨の規定であったが、2005（平成17）年の法改正により、「3年を一期として」策定することとなった。改正前の

表4－3　各計画の名称・法根拠・期間の定め

計画の名称	法根拠	期間の定め
老人福祉計画	老人福祉法	－
介護保険事業（支援）計画	介護保険法	3年
市町村（都道府県）計画	医療介護総合確保促進法	－
高齢者居住安定確保計画	高齢者の居住の安定確保に関する法律	－
障害者計画	障害者基本法	－
障害福祉計画	障害者総合支援法	－
子ども・子育て支援事業（支援）計画	子ども・子育て支援法	5年
次世代育成支援行動計画	次世代育成支援対策推進法	5年
市町村整備計画	児童福祉法	－
児童育成計画	（要綱）	－
食育推進計画	食育基本法	－
地域福祉（支援）計画	社会福祉法	－
ホームレス自立支援計画	ホームレス自立支援法	－
健康増進計画	健康増進法	－
医療計画	医療法	－
医療費適正化計画	高齢者の医療の確保に関する法律	－

注1）　法に定めはないが、通知により障害福祉計画は「3年」，地域福祉（支援）計画は「概ね5年を一期として3年毎に見直し」が行われる。
注2）　医療計画は、少なくとも5年ごとに評価を行い、必要がある場合は変更しなければならない（医療法第30条の6）。

　介護保険事業計画では、常に5年先を見通したうえで、保険料に直結する3年の整備見込みを立てるものであったが、改正後は4年以上先の見通し等が語られることは稀となっている。実際に計画策定委員会に臨んだ場で憂慮したこととして、事務局を務める市町村担当者から、「次期計画期間中に民間事業者等の参入が見込めず、また、実態意向調査結果からも当該3年での必要量は多くないため、次期計画期間での整備目標値は設定せず、将来の検討課題とする」旨の発言を聞くことがある。ところが、現行計画においても同様の記述がなされている（つまり前回の策定検討時にも同様の判断）など、短期～中期計画の無責任な先送りが続くといった例である。
　ソーシャルワーカーをめざすものとして、各計画がどの程度の期間をもつものであるかについて、法や通知から理解しておくことは必要であるが、それ以上に、各計画が社会のあるべき姿や地域住民等の暮らしについて、長期的にどのような目標を設定し、そのうえで当該計画期間中にどこまでの水準

を実現しようとしているかについて理解することが必要である。

⑷ 福祉計画における義務規定

　ここでいう義務規定は、大別して、❶計画そのものの策定義務、❷計画に盛り込むべき内容の義務をいう。

　計画そのものの策定義務は表4－2（89頁参照）で見た通りである。計画に盛り込むべき内容であるが、例として、介護保険事業計画や障害福祉計画では、従前は「必要量及び必要量確保のための見込み方策」がともに必須の内容であった。しかしながら、表4－1（87頁参照）に見るように、第2次一括法により「必要量確保のための見込み方策」は努力義務（盛り込むよう努める）へと改正された（必要量は従来通り必須）。同様に地域福祉計画については、策定にあたり「あらかじめ住民の意見を反映させるために必要な措置を講ずること」「その内容を公表すること」が義務づけられていたが、改正後はいずれも努力義務となっている。

　計画そのものについては、今日ではその多くが義務化されているが、このことの方向性は否定されるべきではないと考える。周知のごとく、1990年代に策定が義務づけられた老人保健福祉計画に基づき、長期にわたり計画的な整備が行われるなど周到な準備を経た後に施行された介護保険制度に対し、計画（これに基づく基盤整備）が義務化を見ないまま、つまり著しい地域格差が温存されたまま施行された障害者支援費制度の混乱は記憶に新しいとこ

図4－4　市町村障害者計画の策定率の推移

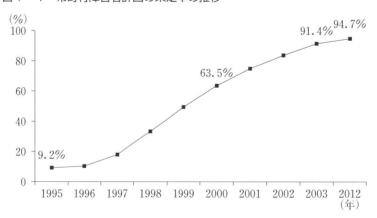

主な動き）
　1995年：ノーマライゼーション7か年戦略（国）
　2000年：社会福祉事業法等の改正（支援費制度移行が法に明記）
　2003年：障害者支援費制度施行（4月）
　2004年：障害者基本法改正（計画策定が義務化－施行は2007年4月）

資料　内閣府

ろである（図4－4）。

　残念ながら、住民に真摯に向き合う姿勢や能力の欠如した市町村が未だに存在するという実情を考えると、法による誘導は今後も必要であろう[*10]。

*10
なお、この点において、第1次一括法及び第2次一括法に基づく、義務規定の廃止や例示化に対する懸念は、本章87頁の通りである。

3．福祉計画の意義

(1) 住民参画の必要性と課題

　ここでは、福祉計画の策定から推進における住民参画を考えてみたい。

　まず、住民参画は行政、とくに市町村の策定する福祉計画に必要か、という問いに対し、不要とする答えを期待することは困難であろう。地域福祉計画はいうに及ばず、介護保険事業計画における地域ケア体制や障害児・者の地域生活、児童の健全な育成環境など、地域住民との協働なくして公的支援のみで実現が可能なものは存在しない。たとえば、重度障害者に対する支援のあり方を見ても、1日24時間の支援が行われたとしても、公的支援以外の社会参加や交流が果たせていない場合には、定員1名の閉鎖的な空間にいるのと同じであり、一方で、これら社会参加や交流のすべてに公的支援のみがかかわるべきものでもない。アクセスや環境整備を除けば、そこでの交流等は当事者及び地域住民が主体となるべきものである。また、認知症高齢者に対する包括的な支援においても、介護支援等については公的支援の比重が高いものの、日常生活のすべての分野が公的な支援で賄われることは、当該高齢者を住み慣れた空間の中で社会と隔離するだけのことである。

　このような事例を通じた個人のQOL面の問題だけでなく、少子高齢社会の進展により自助から公助に至る全領域で課題に直面している現在、自助・共助と連動しない公助のみの支援では十分な効果を得られないであろう。また、福祉計画に限らず、「連携」「協働」という言葉が聞かれる背景には、以上の課題が鮮明となっている現状を理解する必要がある。

　福祉計画における住民参画の具体的な手順については、「市町村地域福祉計画及び都道府県地域福祉支援計画策定指針の在り方について（一人ひとりの地域住民への訴え）」（平成14年1月28日、社会保障審議会福祉部会）において詳細が紹介されている。また、内閣府においても、地方障害者計画の策定体制及び推進体制の状況を公表しているが、そこでも住民・当事者参画の状況は指標として掲げられている（表4－4）。

　行政と住民との関係は、戦後の民主主義及び地方分権の進展の中で変化してきた。端的には、議会を通じた間接的参加から直接参加へ、対立型参加か

表4－4　障害者計画の策定体制及び推進体制

		都道府県(n=47)		指定都市(n=20)		市町村(n=1,631)	
計画の策定体制	関係部局による検討チームの設置	34	72.3%	15	75.0%	846	51.9%
	ニーズ調査の実施	32	68.1%	20	100.0%	1311	80.4%
	当事者等からのヒアリング	38	80.9%	14	70.0%	1011	62.0%
	計画策定過程における住民参加	40	85.1%	19	95.0%	1103	67.6%
	地方障害者施策推進協議会等の活用	47	100.0%	20	100.0%	933	57.2%
	その他	1	2.1%	2	10.0%	65	4.0%
計画の推進体制	計画の実施状況の把握	47	100.0%	19	95.0%	1356	83.1%
	計画に盛り込まれた施策等の有効性検証	37	78.7%	12	60.0%	888	54.4%
	部局横断的組織（本部・チーム等）の設置	27	57.4%	8	40.0%	404	24.8%
	障害団体との意見交換	39	83.0%	12	60.0%	993	60.9%
	その他	0	0.0%	3	15.0%	38	2.3%

資料　内閣府「地方公共団体における障害者計画の策定状況等について」（平成26年3月31日現在）

ら参画と協働へと変化してきたといえる。

　しかしながら、たとえば行政手続法において、住民参画の手続きが条文化されていないこともあり、住民参画に関する手続きは地域ごとでまちまちである。かかわりの実際についても、たとえば地縁団体の長が充て職として形式的に参加しているだけといった状態も見られる。

　住民参加の実際を見るために、比較的よく用いられるのが、米国の社会学者アーンシュタイン（S. R. Arnstein）が、米国の住民参加の形態について、とくにその行使する力に着目して実証的に分析し、8段階に分けて整理した「市民参加の梯子」（A Ladder of Citizen Participation, 1969）である。もとより、住民活動自体は多岐にわたるものであり、行政との関係のみに単純化した尺度だけで測定することや、当該住民活動の一面のみが強調されるという課題は有するものの、福祉計画なり福祉行政における住民参加の度合を計測するものとしては最適であるといえる。

　アーンシュタインの分類を福祉計画に関する住民参画の状態にあてはめると表4－5の通りとなる。

　さらには、具体的な地域活動においてもそれぞれの状態を測定することも必要である。計画の策定段階で主体的な参画が図られたとしても、具体的な活動において同様の状況が実現できなければ、計画は正に"単なる本"となってしまうことに留意する必要がある。加えて、福祉社会の実現のためには、主体的に権利を行使、活動する層以外の地域住民をどのように巻き込んでいくか、多数を占める無関心層の理解をいかに獲得していくかが、当該地域に

表4−5 市民参加の段階と状態

市民参加の段階		具体的な参加の状態
非参加	①誘導・操作 (Manipulation)	趣旨や役割の不明確な操られた参加
	②緊張の緩和 (Therapy)	ガス抜き・おかざり住民参加 (利用された参加)
名目的参加	③情報提供 (Informing)	形式的公聴会・形式的住民参加 (限定された参加)
	④相談・意見聴取 (Consulting)	与えられた役割の内容を認識したうえでの参加 (意図不明なアンケート調査・ワークショップ等)
	⑤慰撫・懐柔 (Placation)	行政主導で住民の意思決定のある参加 (決定権は行政が保留)
主体的権利としての参加	⑥協働 (Partnership)	住民と行政との協働、決定権の共有
	⑦権限委譲 (Delegated Power)	住民主体の活動
	⑧市民による統制 (Citizen Control)	住民主体の活動に行政を巻き込む (住民自治権)

出典 Arnsteinの分類をもとに筆者加筆

おける福祉活動の持続性・発展性の鍵を握ると考えられる[*11]。

(2) 福祉計画の意義と諸課題

福祉計画の意義

　福祉計画の意義は、2000（平成12）年を境にその重心が大きく移った観がある。これはいうまでもなく福祉制度の根本の転換、つまりは社会福祉基礎構造改革の影響が大であるとともに、この改革の背景となった社会構造の変化があるといえる。

　戦後から1990年代までの措置制度を主とした福祉分野における計画の意義とは、とりもなおさず基盤整備に集約されるように、公的支援としての福祉サービスをいかにして"計画的"に整備していくかを主としたものであった。地域や地域住民について語られることは、1980年代以降の社会福祉協議会による計画（現：地域福祉活動計画）以外には実質的には皆無といってよい状況であった。

　2000（平成12）年以降においてこの状況は大きく変化していく。介護保険制度の施行をはじめとする社会福祉基礎構造改革とともに、福祉の諸施策は公私連携・協働を意識したものとなり、必然的に福祉計画の意義も、単なる

*11
「愛の反対は憎しみではない。無関心である」。マザー・テレサやエリ・ヴィーゼルによって語られるところを、福祉に携わる者は理解する必要がある。

サービス整備を中心としたものから変化の兆しを見せるようになる。とくに社会福祉事業法が社会福祉法に改称・改正された際に、地域福祉計画について明記され、住民の参加の促進について盛り込むべき旨が規定されたことは、その後の福祉計画のあり方に再考を迫るものであった。

これらをふまえ、また、福祉計画策定時の各手順の必要性を考えることから福祉計画の意義を総括するならば、以下のことが考えられる。

① 地域における特性と生活課題の可視化
② 生活課題解消のための目安の明示
③ 生活課題解消に向けた公私の責任の明確化
④ 公的責任の履行の根拠を付与
⑤ 地域としての活動のあり方の根拠・財源等の根拠の付与
⑥ 公私連携・協働による効果的・効率的な活動の展開
⑦ 活動主体以外に対する理解の促進

これらを十分に認識し、形式的にではなく実質的に福祉計画を策定、推進していくことは、当該地域における住民主体の自治の実現につながるものであり、今日では整備目標値の設定と同等かそれ以上の意義として捉えるべきものである。

計画に対する意識

しかしながら、現実にはこのような意義が行政、地域住民の双方に認識されているとは言い難い。高齢者・障害者・児童分野での市町村の計画策定率の高さに比べ、地域福祉計画は2013（平成25）年度末時点で34％の市町村が未策定となっている[*12]（表4－6）。

もとより、地域福祉計画策定の有無がその地域を評価することにはならない。実例として、埼玉県東松山市は、障害者・高齢者等に対する支援において全国的にも高い水準にあるが、地域福祉計画は策定していない。筆者は数年前に東松山市を訪れ、行政の担当者にもヒアリングを行ったが、明確な根拠と自負をもって地域福祉計画の策定を行わないとのことであった。なぜならば、東松山市は障害者計画を「市民プラン」と称して策定しているからで

[*12] 図4－4の障害者計画の策定率の推移で、策定が義務化される以前の2003年時点で市町村障害者計画の策定率が91％を超えていたことと比較しても、地域福祉計画の策定率の低さが法的な義務付け等の問題ではないことがわかる。

表4－6　福祉計画の策定状況（市区町村）

	策定済	（策定率）	未策定	（基準年月）
地域福祉計画	1,149	66.0%	593	2014年3月
次世代育成支援行動計画	1,717	98.6%	25	2014年4月
障害者計画	1,631	94.7%	91	2014年3月
健康増進計画	1,426	81.8%	317	2013年1月

資料　厚生労働省・内閣府

第4章　福祉計画の目的と意義

ある。そして、その計画の内容、とくに公私のあるべき姿の規定や策定に至る検討状況、推進にあたっての地域自立支援協議会の活動など、他の自治体の障害者計画とは一線を画するものであり、その対象範囲（受け手だけでなく支援側の広さを含む）など、まさに「市民プラン」の名称にふさわしい内容で、地域福祉計画そのものを包含するものであったからである。

ここでは、地域福祉計画を例にあげたが、つまり計画は策定されることが重要なわけではなく、その中身が問われなければならないことを、ソーシャルワーカーをめざす者として認識することが必要であろう。

もっとも、東松山市のような例はまだまだ稀有なものであるばかりか、従来の個別計画（高齢者・障害者・児童等）の内容においても、依然として整備計画の域を出ていないものも少なくない。また、委員として複数の自治体の策定委員会に参加した実感として、老人福祉計画・介護保険事業計画策定委員会のほとんどが、介護サービス及び地域支援事業（とくに介護予防）の検討、極端な場合には特別養護老人ホームの整備の検討に終始し、老人福祉計画部分はほとんど顧みられない委員会があるなど、計画以前の段階にとどまる地域も少なくはない。この場合には、行政の姿勢とともに、住民の意識や姿勢についても指摘が避けられないところである。

財　源

福祉計画に基づく施策の推進にあっては、財源の安定的な確保が必要であるが、低成長下のわが国において、また人口減少局面に突入した地域社会において、この財源確保は最も悩ましい課題の一つである[*13]。

筆者がかかわった自治体を例にとれば、同じ実態意向調査において、介護サービスの充実を望むとする声と、介護保険料の上昇は望まないとする声が同等の比率で最も多い結果となり、基盤整備方針の協議においても意見の集約を見ることが困難であった経験がある。

このような場合に行政が主体的に発言し、さらには財源の裏づけをもって各計画の方向性を指し示すことができているかというと、必ずしもそうではない。経済成長の余剰を配分すればよかった時代は、各領域の主張が結果的には適正な均衡を生み出していたが、低成長下にあって財源確保に苦しむ今日では、発展期に見られた行政内部での多元主義的均衡、そのうえでの公共性に基づいた政策決定はもはや形骸化し、限られた財源を各部局が牽制しあうという停滞状態が現れている。

このために、最近では企画部局や財政部局の役割が重視され、また、過去に立案された施策のうち、いわゆる「バラマキ福祉」や時代に合わない施策の縮小・廃止の必要性が指摘されつつある。しかしながら、企画・財政部局

*13 地方財政の財源不足は1994（平成6）年度以降急激に拡大し、2003（同15）年度に約17兆円に到達、その後の地方財政計画や地方自治体の事務事業見直し等の努力もあり回復に向かうが、社会保障関係費の自然増や公債費が高い水準であり、2014（同26）年度の財源不足は約11兆円に達する。借入金残高も同年度末には200兆円（対GDP比40.0%）となり、対1991（同3）年度比2.9倍、130兆円の増となっている（総務省「地方財政の現状」より）。

にあっても、よほどの白黒が明確な施策を除き、とくにボーダー上にある既存施策を改廃することについては、担当部局の強い抵抗にあう。さらには、たとえ行政内部での調整が行われたとしても、市民生活関係の事業等の改廃は、これらの受益者（団体）の強い抵抗、ひいては議会対策等の観点から困難となるなど、総合的な判断力を十分に行使しえていない[*14]。

　読者の中には、強力な首長のリーダーシップのもとで、思い切った福祉への重点投資をすれば済む問題ではないかという指摘があると思うが、行政の役割は何も福祉だけではなく、狭義の福祉は行政の果たすべき責任の一分野に過ぎない。とくに地場産業の乏しい地域にあって、都市部に見られるような公共事業圧縮を拙速に行えば、当該地域の経済成長を一時的または永続的に失速させ、人口流出問題や、失業対策等の想定外の部分での福祉の膨張を産むなど、雇用対策や経済振興は福祉と同等かそれ以上に重要な課題である。これら地域特性を顧みない福祉優先の主張があるとすれば、長期的には無責任な主張以外の何物でもない。

　さらにいえば、行政全体の予算配分だけでなく、福祉部内においてもこの縮小型の葛藤が生じることとなる。福祉部局内で予算配分を行う場合には、児童・障害者・高齢者・生活困難者その他について議論されるが、限られた財源内では、均衡によるメリットよりも既存施策の改廃への抵抗という側面が強く出て、停滞というデメリットがより鮮明なものとなる。

　また、この予算配分においては、依存財源の影響も無視することはできない。地方税等の自主財源が十分に見込めない市町村にとっては、地方交付税はもとより、国・都道府県からの負担金・補助金の歳入の有無は事業採択に大きなウェイトを占める。平たくいえば、これらの財源の裏づけがなく、市町村単独の歳入しか見込めない事業等は採択されることが著しく困難となる。

　ちなみに、2015（平成27）年度の厚生労働省予算（当初）の骨格を見ると、児童・高齢（介護）・障害・年金・就労・保健医療といった重点項目が掲げられているが、地域福祉関連の予算はこれらの領域に分散しており認識されにくく、また、地域福祉を前面に打ち出した項目はない。加えて、法においても、介護保険法や障害者総合支援法といった給付法では、当該給付にかかる国・都道府県の負担が明記されているのに対し、その性質として当然ではあるが、社会福祉法に規定する地域福祉計画に関連する諸施策に対する費用負担の明記はない。このようなことも市町村の地域福祉計画の策定が低迷している背景であると考えられる（表4-7）。

　結果として、十分な予算措置が見込めないために目標値等を意図的に低位に設定せざるを得ない計画や、財源の裏づけのないまま実行性のない目標値

[*14] バラマキ福祉の典型は、70歳以上のすべての住民に年3,000円を支給する敬老金事業等であり、兵庫県A市では、市議会及び老人クラブ連合会の反対のため、見直しに10年の歳月を要した（現在は節目支給に大幅縮小）。また、民間団体や特定業種への補助金を見ても、発展期や奨励期には一定の意義があったものの、現在では根拠のない運営助成として、当該団体・業種の自立を阻害している例も散見される。

表4-7　平成27年度厚生労働省予算案の主要事項

主要事項		予算（億円）
第1	子どもを産み育てやすい環境づくり	40,178
第2	女性・若者・高齢者等の人材力の強化	3,441
第3	安心で質の高い医療・介護サービスの提供	169,421
第4	健康で安全な生活の確保	4,518
第5	安心して将来に希望を持って働くことのできる環境整備	628
第6	自立した生活の実現と暮らしの安心確保	31,827
第7	障害者支援の総合的な推進	15,599
第8	安心できる年金制度の確立	113,541
第9	施策横断的な課題への対応	1,631

注）　上記予算には再配分を含む。
出典　厚生労働省「平成27年度 厚生労働省予算案の主要事項」
　　http://www.mhlw.go.jp/wp/yosan/yosan/15syokanyosan/dl/shuyou-05.pdf（2016年2月1日閲覧）

　を掲げた計画、極端な場合には"住民の参画"という謳い文句のもと、本来の公的責任部分を"住民に転嫁"した計画が策定されるという事態が少なからず見受けられる。今後の地方自治なり、地方自治における福祉計画の策定・推進にあっては、課税自主権の議論（介護保険料の基準額の議論は、税ではないがその象徴的なものと考えてよい）を含め多様な視点が必要とされるのは、以上に見た背景がある。

　このような状況にあるからこそ、ソーシャルワーカーが福祉計画にかかわることは非常に重要なものとなる。マクロレベルでの企画立案・調整から、日常的な地域活動の全領域において、公正・中立の立場でかかわることができるのはソーシャルワーカーをおいてほかになく、大きな岐路に立つ現在のわが国及び地域の福祉において、いかにかかわるかが問われているといえる。
　ソーシャルワーカーの働きにより、それまで不活性であった行政または地域住民が覚醒し、その本来的に有する能力を発揮することはいくつかの先行事例でも明らかである。福祉計画がこれらの諸活動に根拠を与えるとともに、目標を明示するものとして位置することが求められているといえよう。

【参考文献】
・福士明「自治体における法務力強化とその戦略」『フロンティア180』38号　北海道町村会　2001年　10-17頁
・松藤保孝「第5期戦後地方自治制度の創設期［1946-1951年］」（我が国の地方自治の成立・発展）政策研究大学院大学　比較地方自治研究センター　2010年
・中村征樹「科学技術と市民参加：参加の実質化とその課題」『待兼山論叢』42号　大阪

大学　2008年　1-15頁
・社会福祉士養成講座編集委員会編『福祉行財政と福祉計画（第3版）』（新・社会福祉士養成講座10）中央法規出版　2012年
・高橋信幸『介護保険事業計画と福祉自治体―介護保険は市民参加で―』中央法規出版　1999年
・坂本忠次・住居広士編著『介護保険の経済と財政―新時代の介護保険のあり方―』勁草書房　2006年
・倉阪秀史「公共研究と市民参加」『千葉大学公共研究』第5巻第2号　千葉大学公共研究センター　2008年　18-29頁
・香川重遠「ロバート・ピンカーの福祉多元主義論」『社会福祉学評論』第7号　日本社会福祉学会　2007年　37-47頁
・J.K. ガルブレイス（斎藤精一郎訳）『新しい産業国家』講談社　1984年
・内閣府ホームページ「地域主権改革に関する基本文書・閣議決定・工程表等」
　http：//www.cao.go.jp/chiiki-shuken/keikakutou/keikakutou-index.html（2016年2月1日閲覧）
・厚生労働省「全国厚生労働関係部局長会議資料」（平成15年1月21日）
　http：//www.mhlw.go.jp/topics/2003/bukyoku/syougai/（2016年2月1日閲覧）
・厚生労働省「全国の市町村地域福祉計画及び都道府県地域福祉支援計画等の策定状況について」
　http：//www.mhlw.go.jp/seisakunitsuite/bunya/hukushi_kaigo/seikatsuhogo/c-fukushi/dl/131227-02.pdf（2016年2月1日閲覧）

第5章 福祉計画策定プロセスと方法

● 本章のねらい

> 本章では、社会福祉法第107条に基づく「市町村地域福祉計画」をどう策定するかという視点で、福祉計画策定のプロセス、福祉計画策定の方法の実際、福祉計画の評価について、できるだけ具体的かつ実践的に説明していきたい。
> 地域福祉計画はそれぞれの地方公共団体の主体性と住民参画のもとで策定され、進行管理され、評価され、見直しをされなければならない。そのことを通して地域福祉が推進されるのである。

● プロローグ

　私は生活保護のソーシャルワーカー（査察指導員）をしていたときに「地域福祉計画担当主査」の辞令を受けた。当時、私は現場での実践を続けることに関心があり、この辞令に戸惑いを感じた。しかし仲間のソーシャルワーカーに、「地域福祉計画を作ることもソーシャルワークであり、また計画はソーシャルワーカーがつくらなければならない」と励まされ、その視点を大切にしつつ計画策定の業務に励んできたことを鮮明に記憶している。

　計画担当となったのち、近隣市や地域福祉計画づくりの先行市町村の調査やさまざまな研究会にも参加し、知的好奇心が大いに刺激された。庁内では、地域福祉計画に関するすべての事業分析をはじめ、関係課との協議など、多忙な中でも多くの協力を得て進めることができた。審議会の公募委員はまだ珍しかったが、地域福祉審議会を常設し、公募委員も第１期審議会（1992（平成４）～1993（同５）年度）では応募者の中から５名を選出することができた。審議会は、毎回午後７時からの開催で、熱心な傍聴者も見られた。

　現在の市町村を取り巻く状況は、財政状況も厳しく、ソーシャルワーカーの増員も思うようにいかない。しかし、地域福祉推進が市町村の政策の柱に座ることは極めて重要であり、多くの住民の願いでもある。

　地域住民・地域福祉にかかわる関係者としても、地方自治の本旨に基づき、地域福祉推進のための計画を策定し、推進する方法を十分に理解していなければならない。この章がそのための参考となることを願っている。

1．福祉計画策定のプロセス

　福祉計画策定のプロセスとしては、❶庁内検討体制の確立、❷策定委員会等の設置・運営、❸資料・データの収集と分析、❹実態調査の実施、❺目標と計画骨子案の検討、❻計画案の検討、❼計画の策定、❽計画の実施と実施状況の把握、❾政策評価、❿計画の見直しの一連のプロセスからなっている。
　ここでは、市町村地域福祉計画策定のプロセスについて述べることとする。

(1) 庁内検討体制の確立

　市町村地域福祉計画は、市町村老人（保健）福祉計画、介護保険事業計画、障害者計画、障害福祉計画、子ども・子育て支援事業計画、健康増進計画等との調和が保たれたものとして、かつ、保健・福祉・医療及び関連分野（男女共同参画推進計画、生涯学習推進計画、まちづくり計画、住宅計画等）との連携を確保して策定される必要がある。
　したがって、上記の関係課などによる組織横断的な庁内検討組織を確立することが必要となる。また、このような組織横断的な庁内検討組織を運営するための、事務局体制を確立することも必要である。
　たとえば、市の福祉部などでも、地域福祉課、福祉総務課、福祉計画課等、これらを担うのにふさわしい組織が確立し、担当者が配置されていることもあるが、多くの市町村では、さまざまな実務をこなしながら、この地域福祉計画策定担当事務局となることもある。その場合でも、計画策定期間は可能な限り計画策定の事務局として専念できるような応援体制の確保が欠かせない。
　庁内検討体制であるが、各課の責任者レベルでの検討会議も必要であるが、実務を担うソーシャルワーカー、各計画の担当者、保健師、公民館主事等によるプロジェクトチーム的な検討も有効な方法である。

(2) 策定委員会等の設置・運営

　地域福祉計画の策定にあたっては、市町村の地域福祉推進部門、地域住民、学識経験者、民生委員・児童委員、社会福祉協議会や社会福祉事業関係者などの「地域福祉計画策定委員会」や「地域福祉審議会」などの計画策定組織（以下「策定委員会」）を設置することとなる。
　策定委員会の運営については後述する。

(3) 資料・データの収集と分析

　市町村地域福祉計画は、さまざまな保健・福祉計画や関連計画と整合性をもたなければならないことは前述の通りである。したがって、これら関係するすべての計画書をはじめ、市町村などに関するさまざまな資料・データの収集と分析が必要である。それぞれの市町村の現状に応じ、できるだけ多くの資料・データの収集と分析を進めていく必要がある。

　どのような資料が基本的なものとして必要となるかは後述する。

(4) 実態調査の実施

　既存のさまざまな資料・データの収集や各種委員会等による住民のニーズ把握などを通し、まず地域福祉計画を策定するうえでの基礎的な分析をすることが必要である。

　しかし、実際に地域福祉計画を策定するとなると、さまざまな保健福祉サービスで最も必要とされていることなど、政策の優先順位なども検討が必要となる。この他、実際のサービスの利用意向、住民がさまざまな活動に参加する際の参加意向なども、実際に調査を実施し、測定する必要がある。

　したがって、予備的な調査や分析をふまえ、一定の仮説を立てたうえでの実態調査を実施することが必要となる。主に量的調査を実施することとなるが、必要に応じて質的調査を組み合わせることも検討すべきである。

(5) 目標と計画骨子案の検討

　策定委員会として、事前のデータ・資料分析や実態調査などで明らかになった地域住民の特性や、さまざまな福祉ニーズなどをさらに整理・分析し、地域の特性や住民の福祉ニーズに対応した施策（サービス）の内容や目標量を検討し、計画期間中に達成すべき目標を設定する。これらの目標に即し、体系的な施策（サービス）一覧を作成し、それぞれの体系に沿った個別の事業を検討することとなる。個別の事業ごとにできる限り具体的な数値目標等を示すことも必要となる。

　この際、検討しなければならないことは、地域特性や住民のニーズに即してすべての事業についてその内容を見直すこと、新たに実施すべき事業と廃止すべき事業について整理することである。また、それぞれの事業の実施については、市町村内にいくつかの圏域（小学校区や自治会の単位など）を設定し、圏域ごとに実施・全市町村レベルで実施する等、福祉圏域構想をもつことが必要である。

(6) 計画案の検討(年次計画・予算計画等)

　上記で作成した計画骨子案について、さらに具体的な年度ごとの到達目標を設定するとともに、可能な範囲で具体的な年度ごとの必要予算を見積り、それを策定委員会の案として決定することとなる。目標とされる年次は5年間あるいは3年間とするのが通例である。計画の推進体制の確保についても示すことが必要である。

　また策定委員会でも、計画案を住民に示したのち、公聴会の開催やパブリックコメント等を募集し、それをふまえて策定委員会としての決定をするのが通例である。

(7) 計画の策定(関連計画との整合が必要)

　計画案について、他の福祉計画との整合や、関連する計画との整合を図り、さらに市町村の上位計画である基本計画・実施計画等の整合を図ったうえで、市町村として地域福祉計画の決定をする。一般的には、地域福祉計画策定委員会等の地域福祉計画についての答申・報告を市町村長が受け取ったのち、市町村の政策決定会議(庁議)などでそれを決定することとなる。

　なお、地域福祉計画については市町村議会の議決は要しない。しかし、議会に説明することは必要である。

　地域福祉計画が決定された際は、計画書を作成し、関係者に配布するとともに、市町村のホームページや広報誌でそれを住民に知らせなければならない。なお、計画書の印刷及びホームページ上の公開であるが、計画書の全文と重要な参考資料をすべて公開すべきである。この他、概要版も必要に応じて作成するとともに、こちらもホームページ上で公開すべきである。

(8) 計画の実施と実施状況の把握

　市町村の行政の各担当課、地域住民、社会福祉事業関係者、市町村内でさまざまな地域福祉活動をしている人々が、地域福祉計画の目標を実現するため、相互に連携・協働していかなければならない。

　とくに市町村は、地域福祉計画に掲げられた年次計画に即し、毎年の予算確保に最大限の努力を傾け、推進体制の確立にも努めなければならない。

　策定委員会、あるいは常設の審議会などで、毎年の地域福祉計画の実施状況を点検し、その結果(できるだけ数量的なデータ)を住民に公開することが必要である。

(9) 政策評価

　地域福祉計画は行政施策の一環としても行われるので、その一環として政策評価される。また、地域福祉計画は地域住民や社会福祉関係者の計画でもあるので、行政のみではなく、住民の視点からも政策評価が必要である。

　行政施策としての政策は、一般的にPDCAサイクルで進められることとなる。これは、P（計画：plan）、D（実行：do）、C（評価：check）、A（改善：action）の一連のサイクルをいう。

　現在、国でもすべての省庁で「政策評価」は実施されており、都道府県・市町村にも拡大しつつある。

　市町村レベルでは、まだ、すべての自治体で政策評価が実施されていない

表5－1　地域福祉計画策定手順（策定委員と住民等との共同関係）

				市町村レベル	小地域レベル	
			課題	策定委員会の役割	地域福祉推進役の役割	地域福祉推進役による住民等に対する直接的働きかけ
第一段階	地域福祉計画策定委員会	住民等自身による課題の把握	準備段階	・地域福祉計画策定の趣旨の確認と合意 ・地域福祉推進役の育成	・小地域における地域福祉推進役の選定 ・地域福祉計画策定の広報	・地域福祉計画策定の意義の共有	・地域福祉計画策定の意義の住民に対する周知
				・地域の特性と生活課題の大要を把握するための地域社会の各種データの収集と分析 ・地域のサービス関係機関・団体等の活動状況を把握	・行政や社協が保有する生活課題とサービスについての情報の策定委員会への提示 ・地域福祉推進役の会議・研修	・生活課題とサービスの分析結果のわかりやすい解説による、解決活動を起こすための必要性の理解の促し ・地域福祉推進の主体は皆、同格のパートナーであることの確認 ・各々の立場から、各々どのようなことができるかの話し合いと合意	
第二段階			手順①	・地域住民の自主的協働活動を必要とする生活課題の存在を確かめ、その実態を把握するための各種調査活動の実施	・調査活動の企画（目的・実施方法の検討・決定） ・地域住民自身による生活課題発見のため、地域住民が調査に参加する方策の検討 ・調査結果の取りまとめ・分析	・調査活動の目的と方法を理解 ・調査結果の策定委員会への報告 ・小地域における人づくり	・住民等による交流会・小地域座談会などへの参加や調査活動への参加・協力を求めることにより、住民等の意識の変革を図り、将来の活動に向けての動機づけを実施 ・こうした活動により、その地域における生活上の課題を自ら発見するよう支援
			手順②	・住民等に、調査の結果明らかになった地域における生活課題を周知し、解決活動への動機づけを行うための広報 ・教育活動の実施	・効果的な広報・教育活動の実施方法の検討	・小地域における効果的な諸広報・教育活動の企画	・文書 ・集会 ・視聴覚 ・その他

				市町村レベル		小地域レベル	
			課題	策定委員会の役割	地域福祉推進役の役割		地域福祉推進役による住民等に対する直接的働きかけ
第二段階	地域福祉計画策定委員会	地域福祉計画策定	手順(3)	・前の段階で明らかにされ、住民が解決したいと考えるようになった生活課題の中から、計画に位置付ける解決活動の課題を決定するよう援助	・計画に位置付ける生活課題の検討	・右欄の各種活動の結果を報告し、課題に位置付ける解決活動の課題を策定委員会に報告	・各種の会合で、地域社会の生活課題について検討するよう働きかけ、また援助し、意見をまとめる
			手順(4)	・取り上げられた課題に関係を持つ人達を選び出し、活動に組み入れ	・課題別に候補の団体機関・個人を選び出し、また必要な下部組織や、計画と活動のための体制案の作成	・地域福祉推進役のメンバーができるだけ役割分担して、計画策定に参加するように働きかける	・候補に上った団体・機関・個人への公式、非公式の働きかけ。 ・計画と活動のための活動体制・組織作りを援助
			手順(5)	・地域福祉計画の目標の決定	・「何を実現しようとするのか」を決定	・住民等が目的解決のためにそれぞれ何をどのように行うかを働きかける	・話合いを重ね、目的の共有を目指す ・各種の問題別の組織や機構の会合が定期的にしかも能率的に開かれるよう事務的な処理を進める ・討議に必要な資料を提供して、また専門家を招く
			手順(6)	・地域福祉計画の策定 ・地域福祉計画評価方法の決定	・実際に何を、どこが(誰が)、いつまでに、どのようにやるかを決める ・計画評価方法の検討		・上記に加えて、予想される計画策定上の障害や問題点を指摘しつつ、任務分担、時期、その他について討議を行い、解決活動を起こすよう援助 ・評価方法の周知
第三段階	地域福祉計画評価委員会	計画の実施	手順(7)	・地域福祉計画の実施	・計画実施状況の点検 ・計画の円滑な実施のための方策の検討及び実施	・右欄の結果を評価委員会に報告し、必要に応じ、決定あるいは指示を受ける	・計画実施上の問題を解決するための具体的な援助の実施 ・参加団体、機関、個人の協力を維持するよう援助の実施 ・地域社会に対する活動の意欲を維持、発展させるために実際に行われている活動や残された生活課題について発信・広報、啓発活動の実施
		評価・見直し提言	手順(8)	・地域社会の協力活動の体制がどのくらい高まったか、福祉水準がどのくらい高まったかを評価、必要な見直しを提言	・必要に応じ、効果測定のための調査を行い、評価の結果を、地域社会に知らせ、次の活動への動機づけの一助とする	・右欄の調査結果及び全般的な状況について検討がなされ、適切な評価が行われるように援助	・評価のための調査活動への参加・協力を求める

出典　厚生労働省社会保障審議会福祉部会「市町村地域福祉計画及び都道府県地域福祉支援計画策定指針の在り方について（一人ひとりの地域住民への訴え）」（平成14年1月28日）

ものの、住民の視点からの政策評価は検討すべき課題といえる。いずれにせよ、今後すべての自治体で行政としての政策評価は実施されるであろうし、住民の視点からの政策評価も広がりをもつこととなりそうである。

(10) 計画の見直し

地域福祉計画の実施状況が住民に知らされ、前述の政策評価をふまえたうえで、計画年次の最終年に計画の見直しが行われ、次期計画が策されることとなる。見直しは、これまで述べてきた(1)～(9)までのプロセスを繰り返すことになる。

なお、「市町村地域福祉計画及び都道府県地域福祉支援計画策定指針の在り方について（一人ひとりの地域住民への訴え）」（平成14年1月28日、社会保障審議会福祉部会）では、市町村地域福祉計画策定手順として表5－1のように掲げている[1]。

2．福祉計画策定の方法の実際
―ニーズ把握の方法、各種委員会の運営等―

(1) ニーズ把握の方法

ニーズ把握の方法としては、❶既存データの活用、❷委員会・住民懇談会等によるニーズ把握、❸関係団体ヒアリング等によるニーズ把握、❹実態調査によるニーズ把握などがある。

既存データの活用

前述のように市町村地域福祉計画は、市町村老人福祉計画、介護保険事業計画、障害者計画、障害福祉計画、次世代育成支援対策行動計画、子ども・子育て支援事業計画、健康増進計画等との整合性をもち、かつ、保健・福祉・医療及び生活関連分野（男女共同参画推進計画、生涯学習推進計画、まちづくり計画、住宅計画等）との連携を確保して策定される必要がある。

この他、市町村の基本構想・基本計画・実施計画とも整合を図り、社会福祉協議会が策定する地域福祉活動計画とも連携を確保しなければならない。図5－1は、「第2次吹田市地域福祉計画」（平成23年3月策定：計画期間は2011（同23）年度から2015（同27）年度）において地域福祉計画と関連計画の関係を示したものである。

既存データとして主に表5－2のようなデータ・資料が基本的なものとして収集され、分析される必要がある。それぞれの市町村の実状に応じ、でき

図5－1　地域福祉計画と関連計画の関係

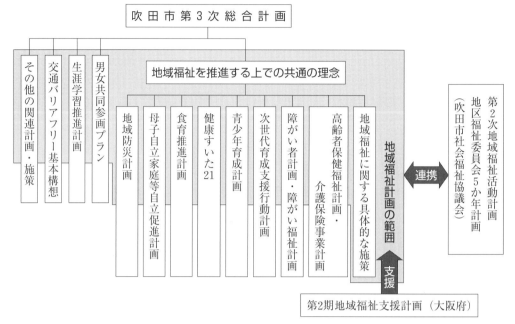

注）吹田市では、次世代育成支援行動計画に変わり、2015（平成27）年に3月に子ども・子育て支援事業計画が策定されている。

資料　吹田市『第2次吹田市地域福祉計画』2011年3月　5頁

表5－2　計画策定に必要な資料・データ（主要なものを例示）

- 市町村の基本構想・基本計画・実施計画（3か年程度）等
- 市町村老人（保健）福祉計画、介護保険事業計画、障害者計画、障害福祉計画、子ども・子育て支援事業計画、健康増進計画等
- 市町村の福祉の手引きなど保健福祉政策の現状に関する資料

※以上は現在の計画書のほか、これまでの計画書や推進状況・事業評価等も必要。

- 保健・福祉・医療及び生活関連分野の計画書（男女共同参画推進計画、生涯学習推進計画、街づくり計画、住宅計画等）
- 市町村決算カード（財政状況等について、全国一律の書式で公開している）
- 市町村統計書（人口の推移・地区別人口をはじめ、さまざまな領域の統計データを網羅したもの）
- 市町村行政（事務）報告書（市町村の毎年度のすべての事務の関する報告書、議会でも報告しているもの）
- 都道府県の医療計画、医療費適正化計画、老人（保健）福祉計画、地域福祉支援計画、障害者計画、障害福祉計画、子ども・子育て支援事業計画、健康増進計画等
- 市町村社会福祉協議会の地域福祉活動計画
- 市町村の将来推計人口等
- 市町村の住民意識調査等の調査報告書（住民意識調査・高齢者や障害者の生活実態、一人親世帯等の生活実態、子どもの生活実態などの調査報告書）等
- 市町村内のすべての社会福祉施設・事業の運営の現状に関する資料等
- 市町村内のすべての自主的な地域福祉活動の現状に関する資料等

るだけ多くの資料・データの収集と分析を進めていただきたい。

委員会・住民懇談会等によるニーズ把握

　既存のさまざまな資料・データの収集とあわせ、民生委員・児童委員協議会をはじめとした、さまざまな委員会や地区別の懇談会等が市町村などで開催されている。このような機会を通して、日常的に住民のニーズを把握するという視点がまず重要である。市町村には身体障害者相談員・知的障害者相談員も設置され、連絡会などが開催されているので、そのような機会も活用したい。

　この他、地域包括支援センターの「地域ケア会議」、障害者等の地域生活を支援する「地域自立支援協議会」、子ども・子育て支援施策の推進や進捗管理を審議する「子ども・子育て会議」等の活用も必要である。

　社会福祉協議会でも、小地域ごとの懇談会や社会福祉事業関係者、ボランティア、介護者、当事者の会等との連絡会や懇談会が開催されているので、そこでも協働しながら住民のニーズを把握し、共有しておきたい。

　この他、事務局によるシンポジウムや出前講座の開催等を行う際にも常に、住民のニーズがどこにあるのか、考え続けていかなければならない。

関係団体ヒアリング等によるニーズ把握

　関係団体等へのヒアリングは事務局が行うほか、策定委員会としても行うことも可能である。

　地域にはさまざまな当事者団体や家族会（身体・知的・精神・障害児・家族介護者等）がある。さらに、たとえば身体障害者関係の団体でも障害別に当事者団体等（視力障害・聴覚障害・内部障害・神経難病による障害など）を形成していることがよく見られる。この他、子育て支援団体や母子会などもヒアリング調査の対象とすべきである。

　地域福祉計画やさまざまな保健福祉計画を策定する際には、このような当事者団体等に対し、ヒアリング調査がよく行われる。

　これらのヒアリング調査は、当事者のニーズを把握するうえで、有効な方法である。

実態調査によるニーズ把握

　実際に地域福祉計画を策定するとなると、さまざまな保健福祉サービスで最も必要とされていることや政策の優先順位などの検討が必要となる。この他、実際のサービスの利用意向、住民がさまざまな活動に参加する際の参加意向なども、実際に調査を実施し、測定する必要がある。

　具体的な実態調査（社会調査）の進め方については、社会調査のテキストを参照していただきたいが、ここでは地域福祉計画策定に引き寄せて調査手

法の問題点について説明する。

　地域福祉計画策定のための住民意識調査を考えると、たとえば回答者の母数を1000人程度に設定したり、10分の1や20分の1を抽出するなど、無作為抽出法や系統的抽出法が一般的であろう。

　ただし、老人福祉計画・介護保険事業計画で、要介護者及び要介護者の家族調査、要介護者のうちサービス未利用者調査を実施するような、対象がはっきりしている場合は全数調査（悉皆調査）をすることも検討されなければならない。

　男女別・年齢別や障害種別・地域別などがすべて明らかになっている場合は、層化抽出法で調査を実施することも可能である。

　次に、「自計式（自記式）」か「他計式（他記式）」かについてであるが、たとえば障害レベルの重い人や、コミュニケーションに障害のある人を対象とするのであれば、実際に調査員が家庭を訪問して対象者から聞き取って記入する「他計式」とすべきであろう。また、この方法の方が、回収率が高くなるという点もメリットである。その反面、調査員の人件費等がかさむ、時間がかかる、調査員の質も一定でなければならない等の課題もある。

　これらの実態調査を設計する際にも、地域福祉計画策定委員会等の検討に付し、さまざまな意見をふまえて調査票を設計することとなる。また調査票を分析するためにも、地域別、障害別、年齢別、世帯状況をはじめ、さまざまな属性とニーズをクロス集計してできるような設計が必要である。

　この他、これらの「量的調査」に加え、さまざまな障害特性のある人を対象に、「質的調査」を併用することも想定できる。具体的には、典型的な事例を抽出し、調査員が実際に家庭訪問して個別・具体的なニーズを聞き取りにより把握する方法である。いわゆる一般的な量的調査では埋没してしまう個別・具体的なニーズを把握できるだけでなく、当事者の生の声を聞き、その置かれている生活実態を構造的に把握することができ、その結果、障害特性に即した個別援助のあり方が検討できる優れた調査手法である。その一方、調査員の質も一定の高さでなければならず、調査件数にも限界がある。

　本来、福祉計画は、このような「障害特性に応じた個別援助の集合」といった側面もあることを覚えておきたい。

(2) 策定委員会等の運営

策定委員会の設置と委員の選出

　地域福祉計画の策定にあたっては、市町村の地域福祉推進部門及びそれと関係の深い庁内の担当課に加え、地域福祉の推進役でもある地域住民、学識

経験者、民生委員・児童委員、社会福祉協議会や市町村内の地域福祉に関係する事業者代表等による「地域福祉計画策定委員会」や「地域福祉審議会」などの計画策定組織を設置することとなる。

地域福祉計画策定委員会の場合は、市町村の規則または要綱としてその設置根拠を明確化することとなる。地域福祉審議会のような「審議会」になると、一般的には市町村の条例として定める必要がある。この場合、地域福祉審議会（設置）条例は議会に提出され、議決を必要とする。

社会福祉法第107条では、市町村は地域福祉計画を「策定し、又は変更しようとするときは、あらかじめ、住民、社会福祉を目的とする事業を経営する者その他社会福祉に関する活動を行う者の意見を反映させるために必要な措置を講ずるよう努めるとともに、その内容を公表するよう努めるものとする」ことを定めている。このことからも、住民及び社会福祉関係者の参加・参画は欠くことができない。

厚生労働省の社会保障審議会福祉部会がまとめた「市町村地域福祉計画及び都道府県地域福祉支援計画策定指針の在り方について（一人ひとりの地域住民への訴え）」（平成14年1月28日）では、次のように指摘している。

> なお、ここでいう住民等は、地域福祉計画の策定について意見を述べるだけの存在ではない。計画策定に参加すると同時に自らが地域福祉の担い手であると認識することが重要である。したがって特に関係団体の参加を要請する場合は、代表者の形式的参加で事足りるとすべきではない。
> 地域福祉の担い手としては、例えば次のような者が考えられる。
> ・地域住民
> ・要支援者の団体
> ・自治会・町内会、地縁型組織等
> ・一般企業、商店街等
> ・民生委員・児童委員、福祉委員等
> ・ボランティア、ボランティア団体
> ・特定非営利活動法人（NPO法人）、住民参加型在宅サービス団体等
> ・農業協同組合、消費生活協同組合等
> ・社会福祉法人、地区（校区）社会福祉協議会等
> ・社会福祉従事者（民間事業者を含む）
> ・福祉関連民間事業者（シルバーサービス事業者等）
> ・その他の諸団体

公募による委員選出と委員会による計画の推進と評価

最近では委員の選出において、一定枠を公募方式とすることが基本となっている。これは地域福祉推進に関心のある幅広い住民を委員として選出するうえで重要な方法である。

地域福祉計画は計画策定後も、計画の推進、モニタリング、評価、計画の見直しなどが必要となることから、計画策定のつど委員会を設置・開催するよりも、常設の「地域福祉審議会」等を条例により設置し、計画策定、計画の推進、モニタリング、評価、計画の見直しの一連のサイクルについて継続的な審議ができる体制を確保することも必要である。

委員の任期

　一般的に、1年の間に前述のすべての過程を終えることは困難であるため、2年程度の検討体制の確保が求められる。したがって、委員の任期も策定委員会の場合は2年程度確保することが好ましい。常設の地域福祉審議会等の場合は、委員の任期は3年程度とすることが考えられる。委員の委嘱状は市町村長名で交付されるのが通例である。

委員会の運営

　委員会は公開審議されることが望ましいし、今や一般的でもある。この場合、一般住民の傍聴についての基本的な事項（傍聴の手続きや人数の上限など）を委員会として定めておく必要がある。会議録や資料等も公開することが原則である。ただし、公開審議する場合でも、委員会が必要と認めた際は非公開とすることや、委員会のもとに設けられた各部会の公開・非公開を別に定めることも可能である。

　委員会の開催頻度については、計画策定期間であれば、少なくとも2～3か月に1回は開催すべきであろう。この他、委員会のもとに部会（健康づくり・高齢・障害・子ども・まちづくり等、必要に応じ）を設けそれぞれの部会ごとの検討もふまえ、委員会としての審議を進めることも有効な方法である。

委員会としてのヒアリング・シンポジウム等の開催

　この他、策定委員会として関係者の意見を聞くこと（委員会としてのヒアリング調査やシンポジウム、公聴会等の開催）も、必要に応じて検討すべき方法である。

　とくに、計画骨子案等について、委員会として一定の方向性が定まった際には、地区別懇談会、シンポジウム、住民集会、公聴会等意見を聞く会の開催の検討が必要である。そののちにパブリックコメントの募集をし、その結果集まった意見について委員会で検討することとなる。

3. 福祉計画の評価

(1) マネジメント・サイクルと政策評価

　PDCAサイクルとは、もともとは事業活動における生産管理や品質管理などの管理業務を円滑に進めるための手法である。Plan（計画）→Do（実行）→Check（評価）→Action（企画立案への反映）の4段階のプロセスを繰り返すことによって、業務を継続的に改善する手法である（図5-2）。

　シューハート（W. A. Shewhart）、デミング（W. E. Deming）らにより、品質管理の手法として提唱された。

　このPDCAサイクルは、今日では企業の生産管理や品質管理だけでなく、広くマネジメント・サイクルとしてさまざまな分野で活用されている。

　国や地方公共団体において政策の立案・実施・評価・見直しなどをする際にも、このマネジメント・サイクルが活用されている。

　市町村地域福祉計画についても、市町村の政策の一環として行われるのであるから、このようなPDCAサイクルを確立すること、特に政策評価をどう進めるかといった視点が重要である。

図5-2　PDCAサイクルのイメージ

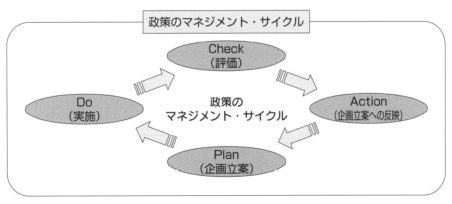

出典　総務省行政評価局「政策評価Q&A」平成27年5月版
　　　http://www.soumu.go.jp/main_content/000359598.pdf（2016年2月1日閲覧）

(2) 評価の方法

インプットとアウトプット、アウトカム評価

　政策や事業活動に投入された資源を「インプット」（例：いくら予算を注ぎ込んだか）という。政策や事業活動により直接産出されたサービス量など

を「アウトプット」（例：グループホームなどの整備数）という。

　政策や事業活動から産出されたサービスによりもたらされた成果を「アウトカム」という。地域福祉計画のアウトカムの例としては、地域住民の側から見た生活条件の向上や満足度などが重要視される。

　地域福祉計画の政策評価においても、「いつまでに、何について、どのようなことを実現するのか」というアウトカムに着目した目標をわかりやすく示す設定するとともに、どのように地域住民の生活の質が向上したかというようなアウトカム評価をすることが重要である。

定性的評価と定量的評価

　定性的評価とは政策や事業の評価（またはその一環としての業績評価）結果を文章による記述で表記する評価手法である。適用範囲が広いという長所がある一方、客観的なデータの裏づけがないという面や評価者により評価の結果にばらつきが生じやすいなどの問題もある。

　定量的評価とは、政策や事業の評価（またはその一環としての業績評価）結果を客観的な裏づけをもつ数値データ等により、表記する方法である。具体的な数値データに裏打ちされた評価として客観性が確保でき、住民への説明責任を果たすうえでも重要な評価方法である。しかし、数値化できない政策・事業も少なくないので、そのようなときには必要に応じ定性的な評価も併用することとなる。

ベンチマーク、ベンチマーキング

　もともとは測量をする際の水準点の意味である。政策や事業を評価する際のベンチマークとは、将来のあるべき目標（指標）として設定されるものである。これにより継続的かつ客観的に達成度（率）を測定し、進行管理や評価を行うことが可能となる。また、他の都道府県や市町村との比較も可能である。

　たとえば、埼玉県では、総合計画である「埼玉県5か年計画―安心・成長・自立自尊の埼玉へ―」において表5－3のような指標（ベンチマーク）を用いて政策評価をしている。

　このような具体的指標を明示することで、行政として政策の進行状況や達成状況が客観的に把握できるだけでなく、県民にもわかりやすい説明ができ、県民との情報の共有化ができるということが大きな長所である。

　この他、埼玉県では、「埼玉県5か年計画」についての「県民満足度調査」を2012（平成24）年度から毎年行っている。

医療や看護などにおける質の評価

　医療における質の評価手法として、ドナベディアンモデルがある。これは

第5章 福祉計画策定プロセスと方法

表5－3 政策評価における指標（埼玉県）

数値改善状況の凡例　↑：目標値を上回る　↗：策定時より改善　⇒：策定時から横ばい　↘：策定時より悪化

基本目標	施策	施策指標（単位）	策定時の値	最新値	目標数値	数値改善状況
安心・安全を広げる分野	安心して子育てできる環境をつくる	子育て支援の充実	保育サービスを利用可能な児童数（人）	97,473（22年度末）	116,883（26年度末）	113,000（28年度末）	↑
			保育所待機児童数（人）	1,186（23年4月1日）	1,097（27年4月1日）	550（29年4月1日）	↗
		児童虐待防止対策の充実	児童虐待相談のうち助言・指導により解決した割合（%）	60（22年度）	66（26年度）	70（28年度）	↗
	高齢者が安心してすごせる社会をつくる	高齢者が安心して暮らせる社会づくり	24時間の定期巡回・随時対応サービスを利用できる市町村数（市町村）	0（22年度末）	30（26年度末）	全市町村（28年度末）	↗
		介護人材確保対策の推進	介護人材の育成人数（人）	2,075（22年度）	2,882（26年度）	3,400（28年度）	↗
	誰もが健康に暮らせる社会をつくる	生涯を通じた健康の確保	健康寿命（年）	男性 16.6　女性 19.5（21年）	16.9　19.8（25年）	17.3　20.0（28年）	↗
			がん検診受診率（%）	胃がん男性 33.1　胃がん女性 24.8　肺がん男性 25.1　肺がん女性 20.9　大腸がん男性 29.8　大腸がん女性 24.1　子宮がん 22.3　乳がん 22.9（22年）	44.5　30.9　46.2　34.3　40.6　35.2　29.4　32.8（25年）	50.0　50.0　50.0　50.0　50.0　50.0　50.0　50.0（28年）	↗
		地域医療体制の充実	夜間や休日も小児救急患者に対応できる二次救急医療圏の割合（%）	57（22年度）	71（26年度）	100（28年度）	↗
		医師・看護師確保対策の推進	臨床研修医の採用実績（人）	－	753（26年度）	1,500（28年度）	↗
			医師数（人口10万人当たり）（人）	142.6（全国最下位）（22年）	148.2（全国最下位）（24年）	全国最下位脱出（28年）	↗
		県立病院の医療機能強化	県立病院の病床利用率（%）	79（22年度）	73（26年度）	82（28年度）	↘
		医薬品などの安全対策と献血の推進	献血者数（人）	251,361（22年度）	233,003（26年度）	270,000（28年度）	↘
	暮らしの安心・安全を確保する	防犯対策の推進と捜査活動の強化	犯罪発生件数（人口千人当たり）（件）	14.8（22年）	10.6（26年）	12.8（28年）	↑
		交通安全対策の推進	交通事故死者数（人）	198（22年）	173（26年）	120（28年）	↗
		消費者被害の防止	1年以内に消費者被害の経験があると回答した県民の割合（%）	1.45（23年度）	1.23（26年度）	1.16（28年度）	↗
		食の安全・安心の確保	彩の国ハサップガイドラインリーダーの養成者数（人）	－	10,761（26年度）	16,000（28年度）	↗
		安全な水の安定的な供給	安定水利権の割合（%）	71（22年度）	71（26年度）	100（28年度）	⇒
		住まいの安心・安全の確保	子育てを支援する住宅の認定戸数（戸）	－	4,407（26年度末）	5,000（28年度末）	↗
	危機・災害に備える	危機管理・防災体制の強化	自主防災組織のうち「自主防災リーダー」のいる組織の割合（%）	40（22年度末）	99.8（26年度末）	100（28年度末）	↗
		震災に強いまちづくり	防災拠点となる公共施設の耐震化率（%）	76.1（22年度末）	90.2（25年度末）	100（27年度末）	↗
		治水・治山対策の推進	氾濫しない河川の延長割合（%）	59.1（22年度末）	60.5（26年度末）	63.0（28年度末）	↗
			内水ハザードマップ作成市町数（市町）	7（23年度）	35（26年度末）	36（対象全市町）（28年度）	↗

出典　埼玉県ホームページ
http://www.pref.saitama.lg.jp/a0102/documents/h27_9gatsu_shihyou_ichiran.pdf（2016年2月1日閲覧）

医療のほか、看護やリハビリをはじめ、ケア一般でも幅広く使われている。

これは、医療の質の評価として、構造（structure）・過程（process）・成果（outcomes）で評価するものである。ここでもアウトカムが重視されるが、構造や過程も分析されなければならないのである。

(3) 行政の政策評価

国の政策評価

国ではすべての府省において、すでに「政策評価」が実施されている。総務省行政評価局が発行した「政策評価Q&A」（平成27年5月版）では、国の政策評価がなぜはじまったのかについて、次のように記述している[1]。

> 「従来、わが国の行政においては、法律の制定や予算の獲得等に重点が置かれ、その効果やその後の社会経済情勢の変化に基づき政策を積極的に見直すといった評価機能は軽視されがちであった」との認識の下に、政策評価制度の導入が提言されました。（行政改革会議最終報告（9年[*1]12月3日））
> これを受けて、13年1月に中央省庁等改革の1つの柱として、政策評価制度がスタートしました。
> 13年6月には、政策評価制度の実効性を高め、国民の信頼の一層の向上を図るため、行政機関が行う政策の評価に関する法律（評価法）が制定され、14年4月から施行されています。

[*1] 1997（平成9）年。

「行政機関が行う政策の評価に関する法律」は2002（平成14）年度から施行されている。その目的として第1条では「この法律は、行政機関が行う政策の評価に関する基本的事項等を定めることにより、政策の評価の客観的かつ厳格な実施を推進しその結果の政策への適切な反映を図るとともに、政策の評価に関する情報を公表し、もって効果的かつ効率的な行政の推進に資するとともに、政府の有するその諸活動について国民に説明する責務が全うされるようにすることを目的とする」と謳われている。

市町村の政策評価の課題

先述の国の政策評価の流れを受け、都道府県でもPDCAサイクルによる政策評価が実施されている[*2]。また、市町村でも次第に政策評価が定着しつつある。

国の政策評価が各府省中心となることはやむを得ないが、とくに市町村で政策評価をする場合、市町村行政内部の担当部課だけでよいのか、政策の主体者は住民であり、であるならば、政策評価も住民の視点も必要である、ということも検討されなければならない。

政策評価の方法も、アウトカム評価も見られる一方、財政面や実施状況か

[*2] 都道府県の政策評価については総務省ホームページに各都道府県政策評価へのリンクが張られている（http://www.soumu.go.jp/main_sosiki/hyouka/seisaku_n/seisaku_chihou.html）。

第5章　福祉計画策定プロセスと方法

らの評価が中心となる、いわゆるアウトプット評価とされているところも少なくない。したがって、地方公共団体、特に市町村における政策評価は、評価手法等などを含め、引き続き検討が必要といえる。

(4) 福祉計画の政策評価の実際

厚生労働省がまとめた「市町村地域福祉計画策定状況等の調査結果概要」（平成26年3月31日時点の調査結果）から、「地域福祉計画評価等のための委員会設置状況と開催頻度」を見ると、計画評価等のための委員会を設置し、評価を行っている市町村は378（32.9％）で、委員会の開催頻度は、約5割が年1回、続いて半年に1回、隔月に1回の順となっている[2]（図5-3）。

住民参加・参画のもとで地域福祉計画の評価をするという視点は、極めて重要である。しかし、実際には評価するための委員会を設置した市町村は全体の32.9％にとどまっている。これ以外の市町村においては、行政のみで地域福祉計画の政策評価がされたか、あるいは評価が実施されていない、ということになる。なお、委員会の委員構成は明らかにされていない。

このように、住民参加・主体のもとでの政策評価は、今後一層進めていくべき課題である。

ここで、参考例として、住民が参加した地域福祉計画の評価を行っている大阪府吹田市の事例を取り上げる。

図5-3　計画評価のための委員会等開催状況

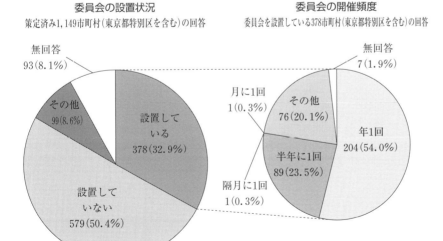

出典　厚生労働省ホームページ「市町村地域福祉計画策定状況等の調査結果概要」（平成26年3月31日時点）
　http://www.mhlw.go.jp/file/06-Seisakujouhou-12000000-Shakaiengokyoku-Shakai/0000063895.pdf（2016年2月1日閲覧）

吹田市では、2006(平成18)年度の事業実績から地域福祉計画の行政評価・市民評価を行っている。2006年（同18）度及び2007（同19）年度事業実績では、吹田市地域福祉計画の60事業を所管する市役所の各室課による3段階評価と、吹田市地域福祉計画推進委員会委員11名による3段階の市民評価を行った。

　2008（同20）年度事業実績は、評価の段階を5段階とし、市民の評価者を拡充した。具体的には、吹田市地域福祉計画策定・推進委員会委員15名（うち、市民公募委員4名）、吹田市民生・児童委員協議会地区委員会委員長及び主任児童委員連絡会代表22名、吹田市社会福祉協議会地区福祉委員会委員長33名による評価を行った。

　このような大規模な市民の関係者による評価を行うことは、極めて先進的であり、優れた方法である。また、この評価結果をホームページ上で公開している[3]。行政評価と市民評価の差、また、吹田市の地域福祉計画の全事業（60事業）に対し、どの様な評価結果であったかも興味深い（表5－4）。

　この他、吹田市では、2012（平成24）年度から毎年度、前年度のすべての事務事業と施策について、行政内部の担当室・課及び担当部による「1次評価」と、行政評価の客観性や透明性をさらに高めるために外部評価委員会(学識経験者2名、有識者2名）による「2次評価」の行政評価を実施している。その一例を見ることとする。1次評価のうち福祉保健部の施策である「福祉サービスの利用者への支援」は表5－5の通りである。

表5－4　吹田市地域福祉計画に関わる事業に対する行政評価・市民評価　平均点及び差（平成18・20年度）

			平成18年度（3段階）			平成20年度（5段階）		
			行政評価平均点	市民評価平均点	差	行政評価平均点	市民評価平均点	差
(1)地域福祉活動推進の条件整備	1)	コミュニティソーシャルワーカーの計画的配置	3	2.6	-0.4	4	4.1	0.1
	2)	ボランティアコーディネーターの配置	3	2.5	-0.5	4	3.2	-0.8
	3)	立ち寄りやすいボランティアセンターづくり	2	2.1	0.1	3	2.8	-0.2
	4)	広域コミュニティ施設の整備	3	2.3	-0.7	4	3.1	-0.9
	5)	地区公民館・地区市民ホール等の整備	3	2.2	-0.8	5	3.1	-1.9
	6)	身近な地域での自治会集会施設の整備への支援	3	2.2	-0.8	4	3.2	-0.8
	7)	既存施設の福祉的活用の促進	2.8	2.2	-0.6	4.3	3.2	-1.1
	8)	地域福祉活動の財政支援策の充実	2.6	2.3	-0.3	4.2	3.4	-0.8
(2)地域福祉活動への参加の促進	9)	男性や団塊の世代が参加できる地域福祉活動のメニューの充実への支援	3	2	-1	4	3	-1
	10)	ボランティア休暇の充実に向けた啓発	-	1	-1	-	1.9	-1.9
	11)	青少年の地域活動やボランティア活動への参加の促進	2.5	2.2	-0.3	3.5	3.1	-0.4
	12)	当事者の地域福祉活動への参加の支援	3	2.1	-0.9	4	3.2	-0.8
	13)	大学との連携による地域福祉活動の促進	2.5	2	-0.5	3.5	2.8	-0.7
	14)	商店街のコミュニティ形成機能を活かした取り組みへの支援	3	1.4	-1.6	4	2.9	-1.1
	15)	地域福祉活動のための情報発信	2.8	2.3	-0.5	4.3	3.5	-0.8
	16)	人権意識・福祉意識の向上	2.9	2.3	-0.6	4.3	3.4	-0.9

第5章　福祉計画策定プロセスと方法

			平成18年度（3段階）			平成20年度（5段階）		
			行政評価平均点	市民評価平均点	差	行政評価平均点	市民評価平均点	差
(3)地域で活動する諸団体の活動への支援	17）	社会福祉協議会の基盤強化と活動への支援	3	2.7	−0.3	4	3.9	−0.1
	18）	民生委員・児童委員活動への支援	3	2.3	−0.7	4	3.7	−0.3
	19）	自治会を中心とした地域活動への支援	3	2.3	−0.7	4.5	3.7	−0.8
	20）	ボランティア・NPO等の地域活動への支援	2	1.9	−0.1	4	3.1	−0.9
	21）	当事者組織の活動への支援	2.5	2	−0.5	3.5	3.2	−0.3
	22）	専門機関との連携・ネットワーク強化への支援	2.8	2.1	−0.7	4	3.4	−0.6
	23）	地域福祉活動団体間の交流への支援	3	2.1	−0.9	4	3.5	−0.5
(4)サービスを利用しやすい仕組みづくりと総合的支援のネットワーク	24）	福祉サービスの利用に関する情報提供の充実	2.6	2.1	−0.5	3.9	3.3	−0.6
	25）	保健・福祉の相談・支援体制の充実	2.5	2	−0.5	3.8	3.5	−0.3
	26）	福祉サービスの利用に結びついていない要支援者への相談・支援体制の充実	2.5	2.1	−0.4	4	3.2	−0.8
	27）	福祉サービス利用者の権利擁護の推進	2	2.1	0.1	3.5	2.9	−0.6
	28）	福祉サービスの質の確保	2	1.4	−0.6	3	2.6	−0.4
	29）	総合的なケアマネジメント体制の整備に向けて	2.7	1.9	−0.8	4	3.2	−0.8
(5)保健・医療、社会福祉制度の充実	30）	健康づくり事業と身近な地域での保健・介護予防事業の推進	2.5	2	−0.5	4	3.5	−0.5
	31）	地域医療体制の整備	3	2.3	−0.7	4	3.2	−0.8
	32）	地域における子育て支援の充実	2.5	2	−0.5	3.5	3.5	0.0
	33）	子育てを支援し合えるまちづくりの推進	3	2.3	−0.7	4	3.6	−0.4
	34）	配慮を必要とする子どもや家庭への支援	2.8	2.1	−0.7	4.1	3.1	−1
	35）	働くこと・育てることの両立への支援	2	2	0	3	3	0
	36）	障害のある人と共に生きる社会に向けた啓発・交流活動の推進	2.5	1.9	−0.6	3.5	2.9	−0.6
	37）	障害のある人を支える福祉サービス等の充実	2	1.8	−0.2	3	2.8	−0.2
	38）	高齢者の地域での生活を支援するサービス・施設の整備	3	2	−1	4.5	3.6	−0.9
	39）	高齢者の社会参加・生きがい事業の推進	2.7	2.4	−0.3	4.3	3.6	−0.7
	40）	新しい課題を抱える人たちへの支援	2.6	1.8	−0.8	3.9	3	−0.9
	41）	セーフティネットの構築	2.3	2	−0.3	4	3.5	−0.5
	42）	サービス利用のための低所得者対策の充実	2.8	2.2	−0.6	4	3.3	−0.7
(6)関連施策の充実	43）	くらしの基盤である雇用・就労の支援	3	2.3	−0.7	4.2	2.9	−1.3
	44）	休日・休暇の拡充の促進	3	1.9	−1.1	4	3.1	−0.9
	45）	高齢者・障害のある人向け住宅の確保	3	2.1	−0.9	4	2.8	−1.2
	46）	高齢者・障害のある人向け住宅改造助成	2.5	2.2	−0.3	3.5	3.4	−0.1
	47）	誰もが安全でバリアのない交通環境・まちづくり	2.5	1.7	−0.8	3.5	3	−0.5
	48）	移動手段の充実	3	2.2	−0.8	4	3.2	−0.8
	49）	児童・生徒に対する福祉教育の推進	3	2.2	−0.8	5	3.5	−1.5
	50）	地区公民館事業と地域福祉活動との協力・連携	2.5	2.1	−0.4	3.5	3.3	−0.2
	51）	生涯スポーツの振興	2	2.1	0.1	3	3.3	0.3
	52）	地域に密着した商業振興	3	2	−1	4	2.9	−1.1
	53）	「まちの縁側」づくりへの支援	3	2.6	−0.4	4.3	3.3	−1
	54）	子どもの遊び場所・居場所の充実	3	2.2	−0.8	4.5	3.2	−1.3
	55）	安全対策（防災・防犯）の充実	2.4	2	−0.4	3.8	3.1	−0.7
計画の推進に向けて	56）	住民参加による地域福祉計画の進行管理	2	2.2	0.2	4	3.3	−0.7
	57）	地域福祉を推進する部署の充実	3	2.6	−0.4	4	3.5	−0.5
	58）	市の関係部署間の連携・協力	2	2.1	0.1	3	3	0
	59）	行政職員の意識向上と地域との連携	3	2	−1	4	3.1	−0.9
	60）	関係機関・団体等との連携	2.5	2	−0.5	3.5	3.5	0
合計点			157.8	126	−31.8	229.9	193.1	−36.8
平均点			2.7	2.1	−0.6	3.8	3.2	−0.6

出典　大阪府吹田市「平成18年度（2006年度）から平成20年度（2008年度）実績及びその行政評価・市民評価」
http://www.city.suita.osaka.jp/home/soshiki/div-fukushihoken/fukusomu/005051/_50289.html（2016年2月1日閲覧）

表5－5　吹田市の施策評価「福祉サービスの利用者への支援」（1次評価）

1　施策の概要

(1)	施策名			福祉サービスの利用者への支援
(2)	総合計画の体系	第 3 章		健康で安心して暮らせるまちづくり
		第 4 節		地域での暮らしを支えるまちづくり
		第 2 細節		福祉サービスの利用者への支援
		第 細々節		

(3)	事業費など（単位：千円）	項目＼年度（平成）		24年度決算額	25年度決算見込額	26年度決算額
		事業費（A）		1,421	2,100	12,150
		従事職員数		0.70人	0.80人	0.80人
		所要人件費（B）		5,718	6,386	6,795
		総事業費（A＋B）		7,139	8,486	18,945
		財源内訳	収入 国庫支出金	2,485	2,612	2,831
			府支出金	1,242	1,306	1,416
			その他	2,584	2,697	2,922
			市負担 市債	0	0	0
			その他	0	0	0
			一般財源	828	1,871	11,776

2　評価の指標（施策に係る成果指標）

	指標項目	項目＼年度（平成）	24年度実績	25年度実績	26年度計画
指標内容	市長申立実施件数と本人申立件数の合計	目標値（単位：件）	8	8	8
		実績値（単位：件）	7	8	
目標値の積算方法	予算の積算基礎人数	達成度	88%	100%	
指標内容		目標値（単位：）			
		実績値（単位：）			
目標値の積算方法		達成度			

3　施策の点検（施策を進めるうえでの課題、今後の方向性等）

認知症高齢者等の増加により、今後、日常生活自立支援事業や成年後見制度の利用が増えると考えられることから、利用者の受け入れ体制の充実や、市民後見人等の養成などを検討することが求められています。

4　施策の評価

次年度の優先順位	施策を構成する事務事業名	室課名	事務事業評価調書整理番号	市単独事業区分	施策への貢献度	各視点からの評価（20→4 高→低）						今後の方向性（実施計画）
						妥当性	有効性	効率性	公平性	持続可能性	合計	
1	成年後見制度利用支援事業（介護保険特別会計）	高齢支援課	24	なし	大	20	18	16	16	12	82	拡充
2	日常生活自立支援事業補助事業	福祉総務課	7	一部	大	18	16	16	18	16	84	継続
3	福祉保健サービス苦情処理事業	福祉総務課	1	全部	中	10	16	14	20	18	78	継続
優先順位をつけるにあたっての考え方	部長マニフェストの重点課題で示している「高齢者・障がい者の権利擁護の推進」に係る事業を1位としました。											

出典　吹田市ホームページ「平成26年度　行政評価　1次評価」
http://www.city.suita.osaka.jp/var/rev0/0064/2456/sesaku342.pdf（2016年2月1日閲覧）

【引用文献】

1) 総務省ホームページ「政策評価Ｑ＆Ａ」
   http://www.soumu.go.jp/main_sosiki/hyouka/seisaku_n/q_and_a.html（2016年2月1日閲覧）
2) 厚生労働省ホームページ「市町村地域福祉計画策定状況等の調査結果概要（平成26年3月31日時点）」
   http://www.mhlw.go.jp/file/06-Seisakujouhou-12000000-Shakaiengokyoku-Shakai/0000063895.pdf（2016年2月1日閲覧）
3) 大阪府吹田市ホームページ「吹田市地域福祉計画」
   http://www.city.suita.osaka.jp/home/soshiki/div-fukushihoken/fukusomu/005051.html（2016年2月1日閲覧）

第6章 福祉計画の実際1
―老人福祉計画／介護保険事業計画―

● 本章のねらい

　わが国の高齢者福祉施策は、1980年代から急速に制度の拡充を図り、その後わずか20年で公的介護保険制度を創設し、今日に至っている。この間、高齢者制度の拡充と併行して、社会福祉に要する政府ならびに地方公共団体の財政支出に占める「老人福祉費」の比率は、増加の一途をたどっているにもかかわらず、地域において高齢者福祉の必要性は高まるばかりである。そして、1990（平成2）年に老人福祉計画の策定が義務づけされるようになって以降、行財政の仕組みのあり方も含めて、地方公共団体における重要な行政課題の一つとして位置づけられるようになってきた。

　ここではそうした背景をふまえて、高齢者福祉や介護の行財政における法的な枠組みを概観し、現在の課題を探る。また、わが国の介護保険制度は、地方行政の担う役割が極めて大きく、一般会計のほか、介護保険は特別会計で財務管理を行う行財政の仕組みについて理解を深める。さらに一般的な地方公共団体とは別に、特別地方公共団体である一部事務組合という方式で介護保険制度を複数の市町村で共同処理を行う事例が見受けられるようになってきている。これについても事例を通じて理解する。

● プロローグ

　わが国は、世界でも類を見ない速度で高齢化が進行している。それと併せて人口減少時代を迎えてきており、わが国の都市部においても、こうした高齢化の傾向が顕著になってきている。

　こうした高齢化と人口減少傾向は、今後も継続すると予測される中で、政府は地方分権を名目に、老人福祉の措置権移譲によって市町村一元化を図り、市町村が保険者となって介護保険制度を推し進め、財務運営の舵取りを行うようにした。しかし、果たしてこのままの仕組みで、介護保険制度は持続可能なのか気になるところである。さらに今後は単独世帯の増加などによって、地域の結びつきの希薄化が懸念されており、高齢者福祉の制度として介護保険制度のみで十分であるとはとうてい考えられない。行政の取り組みの現状を確認しながら、今後のあるべき姿について考えていくことは、国や地方公共団体はもとより、国民一人ひとりに課せられた課題であるといえよう。

1．老人福祉計画／介護保険事業計画の概要

(1) 老人福祉計画の概要

　わが国の社会福祉に関する行政計画の中で、社会福祉固有の分野の計画が制度化し、全国で一斉に策定されるようになったのは、1993（平成5）年の老人福祉計画が最初であった。老人福祉法が改正され、すべて国民が等しく社会福祉サービスを利用できるように、市町村単位で基盤整備を進めるようにしたのである。

　その後、国民が等しく抱えるリスクとしての「介護」という社会の課題に対して、国民が連帯して支えるという理念のもとに、社会保険方式で介護サービスを利用する仕組みとして、2000（平成12）年に介護保険制度が施行された。これにともない、老人福祉計画の内容は、老人福祉サービスの提供体制の確保に重点を置くようになった。これは社会福祉法（以下「社福法」）第6条の国及び地方公共団体の責務の規定によって、一層裏づけられるところとなった。

　老人福祉計画は、老人福祉法（以下「老福法」）によって定められている。市町村に関しては老福法第20条の8の規定によって、「老人居宅生活支援事業及び老人福祉施設による事業（以下「老人福祉事業」という。）の供給体制の確保に関する計画（以下「市町村老人福祉計画」という。）を定める」ものとされ、都道府県については、老法第20条の9の規定によって、「市町村老人福祉計画の達成に資するため、各市町村を通ずる広域的な見地から、老人福祉事業の供給体制の確保に関する計画（以下「都道府県老人福祉計画」という。）を定めるもの」とそれぞれ定められている。

　このうち市町村老人福祉計画は、老福法第20条の8第7項の規定によって、「市町村老人福祉計画は、介護保険法第117条第1項に規定する市町村介護保険事業計画と一体のものとして作成されなければならない」とされており、規定すべき内容の相当部分について、介護保険事業計画との整合性を重視している。たとえば同法同条第6項では市町村老人福祉計画は、「当該市町村の区域における身体上又は精神上の障害があるために日常生活を営むのに支障がある老人の人数、その障害の状況、その養護の実態その他の事情を勘案して」作成することを定めており、この規定は、介護保険法（以下「介保法」）第117条第2項第1号に定める事項と合致するものである。

　このほか老福法においては、計画の具体的内容として、老福法第20条の8

第2項では「当該市町村の区域において確保すべき老人福祉事業の量の目標」の策定を義務づけ、第3項ではその「老人福祉事業の量の確保のための方策」の策定を努力義務としている。

　上記の目標を定めるにあたっては、介保法第117条第2項第1号に定める介護給付等対象サービスの種類ごとの量の見込みを、勘案しなければならないとされており、実務的なレベルで計画内容を一体化させるようにしている。また、介保法同条第8項においては、社福法第107条に定める市町村地域福祉計画等の老人の福祉に関する事項と調和を保つことを求めている。また、地域における医療及び介護の総合的な確保の促進に関する法律第5条に定める市町村計画を作成する場合には、当該計画との整合性を図らなければならないとされており、各計画が個別に独立しているのではなく、社会福祉計画として総合性を保つことを重視して定められている。

　また計画策定にあたっては、老福法第20条の8第5項において「厚生労働大臣は、市町村が第2項の目標（養護老人ホーム、軽費老人ホーム、老人福祉センター及び老人介護支援センターに係るものに限る。）を定めるに当たつて参酌すべき標準[*1]を定める」と規定しており、計画策定するうえでの基本的要件を、実質的に国においてコントロールする仕組みとなっている。これは基本的な要件を国が定めることによって、個々の地域の介護ニーズを明らかにし、それに応じて国庫支出金を交付することとなるところから、その根拠を示す必要があるためと考えられる。このため老福法同条第9項及び第10項において、老人福祉計画の策定及び変更の際には、都道府県の意見を聞き、策定した際には提出することとなっている。また、老福法第20条の10第1項において、都道府県は市町村に対して必要な助言ができるとも定められている。

　一方、都道府県老人福祉計画は、市町村老人福祉計画と同じく老福法第20条の9第5項において「都道府県老人福祉計画は、介護保険法第118条第1項に規定する都道府県介護保険事業支援計画と一体のものとして作成されなければならない」とされている。そのうえで計画の具体的な内容として、同法同条第2項及び第3項において次の事項を定めている。なお、①は義務規定、②及び③は努力義務規定である。

① 介護保険法第118条第2項の規定により当該都道府県が定める区域ごとの当該区域における養護老人ホーム及び特別養護老人ホームの必要入所定員総数その他老人福祉事業の量の目標

② 老人福祉施設の整備及び老人福祉施設相互間の連携のために講ずる措置に関する事項

*1　参酌すべき標準
計画策定にあたって、国の定める基準を参考に十分検討したうえで判断するべき事項をいう。なお、介護保険事業計画の参酌標準とは、介護保険法第116条に基づき、国が定める「基本指針」において、各地方公共団体が介護保険事業（支援）計画に定めるサービス見込量を算定するにあたっての「参酌すべき標準」のことをいう。

③　老人福祉事業に従事する者の確保または資質の向上のために講ずる措置に関する事項

　このほか市町村老人福祉計画と同じように、「特別養護老人ホームの必要入所定員総数を定めるに当たつては、介護保険法第118条第2項に規定する地域密着型介護老人福祉施設入所者生活介護に係る必要利用定員総数及び介護保険施設の種類ごとの必要入所定員総数を勘案しなければならない」とされているほか、社福法第108条に定める都道府県地域福祉支援計画等との調和を保つことを求めている。

　都道府県については、老福法第20条の10第2項にて厚生労働大臣が都道府県知事に助言を行うことができる旨定められているほか、同法第20条の9第7項において、策定された計画を厚生労働大臣に提出することとなっている。

(2) 介護保険事業計画

　先にも述べたように高齢者の社会福祉サービスとしての介護サービスは、他の福祉制度と違って、そのサービスシステムを支える財政の仕組みを社会保険方式としている。このことによって地方公共団体が保険者となるところから、主管は福祉事務所ではなく市町村となる。その市町村を都道府県と国が支える仕組みを構成している。公的保険の仕組みを採用している以上、保険者は被保険者に対して強制加入の手続きを取り、一律の保険料を課し徴収することとなる。そのため地方公共団体は、特別会計を設置し、保険料と公費を歳入予算化し、制度創設の特定の目的のために歳出予算を編成している。介護保険制度上は、3年間の歳出見込み額を算出して歳入の必要額を見積もり、安定した財政運営を行うことができるように設計されている。

　厚生労働大臣は、地域における医療及び介護の総合的な確保の促進に関する法律第3条第1項に規定する総合確保方針に即して、介護保険事業に係る保険給付の円滑な実施を確保するための基本的な指針（以下「基本指針」という）を定めることとされている（介保法第116条）。介護保険事業計画は、この基本指針に即して、介護保険事業を円滑に運用することを目的として、第117条において市町村介護保険事業計画に関する事項を、第118条において都道府県介護保険事業支援計画に関する事項を定めている。

　このうち基本指針については、以下の事項について、総務大臣及び関係行政機関の長に協議して定めることとなっている。

　①　介護給付等対象サービスを提供する体制の確保及び地域支援事業の実施に関する基本的事項
　②　市町村介護保険事業計画において、介護給付等対象サービスの種類ご

との量の見込みを定めるにあたって参酌すべき標準、その他当該市町村介護保険事業計画及び都道府県介護保険事業支援計画の作成に関する事項
③ その他介護保険事業に係る保険給付の円滑な実施を確保するために必要な事項

上記の事項については、市町村介護保険事業計画策定が3年ごとに見直し作業が行われるところから、その時期に合わせて示されている。

市町村介護保険事業計画は、介保法第117条において必要事項が定められている。その内容は、次のとおりである。①及び②は義務規定、③〜⑧は努力義務規定である。

① 当該市町村が、その住民が日常生活を営んでいる地域として、地理的条件、人口、交通事情その他の社会的条件、介護給付等対象サービスを提供するための施設の整備の状況その他の条件を総合的に勘案して定める区域ごとの当該区域における各年度の認知症対応型共同生活介護、地域密着型特定施設入居者生活介護及び地域密着型介護老人福祉施設入所者生活介護に係る必要利用定員総数その他の介護給付等対象サービスの種類ごとの量の見込み

② 各年度における地域支援事業の量の見込み

③ ①の必要利用定員総数その他の介護給付等対象サービスの種類ごとの見込量の確保のための方策

④ 各年度における地域支援事業に要する費用の額及び地域支援事業の見込量の確保のための方策

⑤ 介護給付等対象サービスの種類ごとの量、保険給付に要する費用の額、地域支援事業の量、地域支援事業に要する費用の額及び保険料の水準に関する中長期的な推計

⑥ 指定居宅サービスの事業、指定地域密着型サービスの事業、または指定居宅介護支援の事業を行う者相互間の連携の確保に関する事業、その他の介護給付等対象サービス（介護給付に係るものに限る）の円滑な提供を図るための事業に関する事項

⑦ 指定介護予防サービスの事業、指定地域密着型介護予防サービスの事業または指定介護予防支援の事業を行う者相互間の連携の確保に関する事業その他の介護給付等対象サービス（予防給付に係るものに限る）の円滑な提供及び地域支援事業の円滑な実施を図るための事業に関する事項

⑧ 認知症である被保険者の地域における自立した日常生活の支援に関す

る事項、居宅要介護被保険者及び居宅要支援被保険者に係る医療その他の医療との連携に関する事項、高齢者の居住に係る施策との連携に関する事項その他の被保険者の地域における自立した日常生活の支援のため必要な事項

　この市町村介護保険事業計画は、先に述べたように老人福祉計画と一体となったものとして策定することとなっていることから、厚生労働大臣から示される基本指針に基づいて、市町村介護保険事業計画が策定されると、上記の項目が老人福祉計画の策定事項を包含した結果になる場合も見受けられる。

　なお、この市町村介護保険事業計画の策定結果に基づいて、介保法第129条第3項の規定により、向こう3年間の保険給付の予想額を推計し、その結果に基づいて条例により介護保険料を算定し、同条第1項の規定により保険料を徴収することとされている。

　市町村においては、この保険料額の算出が極めて重要で、当該地方公共団体に居住する65歳以上の第一号被保険者から、納得を得ることができる保険料額であるかどうかが常に課題となる。国から示される基本指針に基づいて必要な介護サービスの種別ごとの必要量が推計されるものの、そこで保険料額が高くなるようであると、住民の中には納得しない被保険者が現れないとも限らない。そのため保険料額の算定には、ガイドラインに従って確実な見通しをもって推計することは無論のこと、65歳以上の第一号被保険者から納得を得ることができるようにするための、具体的な合意形成のための手段や手順を考えておくことも不可欠となっている。こうした点を総合的に判断するところに、国や都道府県とは違った、最前線の保険者たる市町村の地方公共団体としての固有性があるといえるであろう。

2．老人福祉計画／介護保険事業計画の現状と課題

(1) 高まる重介護対応のニーズ

　介護保険事業計画は、2015(平成27)年度において第6期の計画期間に入った。介護保険制度創設以来、これまでのさまざまな取り組みによって一定の成果があった。たとえば、国民にとって介護問題は身近なものであることを広く認識できたことや社会保険方式によって介護サービスを負い目なく利用しやすい仕組みにしたことなどは、国民の間に深く浸透したのではないかと思われる。

　一方で、介護サービスが利用しやすくなったことによって、介護保険給付

が大きく膨らみ、介護費用の抑制が課題となった。そのため第3期の介護保険事業計画において、要介護状態に至る前段階として「要支援」の区分を2段階設け、この人々に対する予防措置としての、介護予防に重点的に取り組むこととなった。これらは高齢化の進行によって、要介護者の著しい増加が見込まれる中で、介護保険の保険給付額がさらに増加しないようにする処置であった。

また、わが国における世帯形態が変化してきており、単独世帯や高齢者世帯が増加してきている（図6-1）。その結果「老老介護」の増加と、その後の世帯形態としての単身世帯の増加が著しく、このひとり暮らしの高齢者の見守りが社会問題化してきている。

こうした世帯に対する介護サービスの需要が徐々に増えてきたことや病院からの退院後の介護サービスの需要増も、介護費用の将来見通しに影を落としている。このため、介護予防の政策が打ち出される前から「入所施設」の需要が高まってきており、高齢化の進行にともなう将来に向けた大きな課題となっている。

こうした課題に対応すべく、2015（平成27）年度から本格的に「地域包括

図6-1　65歳以上の者がいる世帯数及び構成割合（世帯構造別）

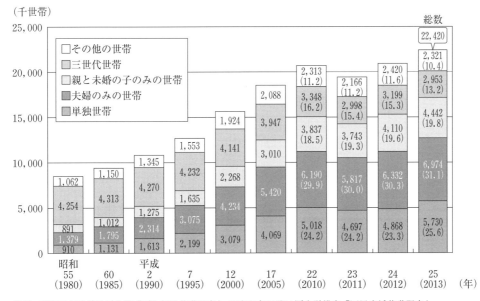

資料　昭和60年以前は厚生省「厚生行政基礎調査」、昭和61年以降は厚生労働省「国民生活基礎調査」
注1）　平成7年の数値は兵庫県を除いたもの、平成23年の数値は岩手県、宮城県及び福島県を除いたもの、平成24年の数値は福島県を除いたものである。
注2）　「親と未婚の子のみの世帯」とは、「夫婦と未婚の子のみの世帯」「ひとり親と未婚の子のみの世帯」をいう。
注3）　（　）内の数字は、65歳以上の者のいる世帯総数に占める割合（％）
注4）　四捨五入のため合計は必ずしも一致しない。

ケアシステム」の推進を図ることとなった。ここで重視することとなった大きなポイントは、「介護が必要となっても、住み続けることができる」システムを構築しようとする点にある。

(2) 求められる財務の健全性

　地方公共団体における介護保険制度の運用については、介護認定事務を一般会計にて運営し、保険給付については特別会計で行うこととなっている。このうち保険給付にかかる特別会計は、公費負担と保険料を50％ずつ負担する形で財源とし、このうち公費については、国と地方公共団体で折半としたうえで、都道府県と市町村の地方公共団体で公費負担をさらに折半するようになっている（図6-2）。この地方公共団体の折半の内の市町村（保険者）分は、一般会計の民生費の老人福祉費から繰り出し金として支出している。

　なお、年々予算規模が拡大するにしたがって、公費負担の中の市町村による介護保険特別会計繰り出し金も増加してきており、介護費用の抑制策が課題となってきている。介護費用の増加は、公費負担の増加であると同時に、保険料額の増加にもつながり、第1号被保険者の理解を得つつ、財務運営、ひいては介護保険制度の健全な運営を図ることが大きな課題となっている。

　こうした市町村の課題に対応する方策の一つとして、特別地方公共団体を設置し、複数の市町村で共同処理を行う取り組みが増えてきている[*2]。特に介護保険制度運用については、一部事務組合方式が多い。

　そのメリットは、隣接する市町村間で介護保険料の格差の拡大を防止することがあげられるほか、とくに人口規模の小さな市町村においては、介護認定審査会や社会福祉専門職の確保も効率化できる。また、介護サービス事業者が複数の市町村の圏域をカバーしている実態に鑑み、当該圏域を一体的に

*2
介護保険制度発足当時（平成12年）は58団体（1県441市町村）であった。その後市町村合併が進んだが、一部事務組合や広域連合等共同処理団体数は毎年増えている。

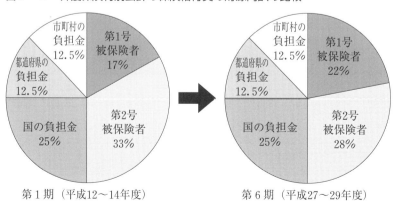

図6-2　介護保険特別会計の保険給付費の財源内訳の比較

第1期（平成12～14年度）　　　　第6期（平成27～29年度）

カバーするような行政対応も可能となることがあげられる。

(3) 最近の動向

　2014（平成26）年の介護保険法改正によって、介護保険制度の運用の方向性として地域性を重視するようになり、介護保険事業計画において、保険者である市町村の独自性が反映できるように変更になった。

　この中でも特徴的なのは、重介護状態となった場合でも、住み慣れた地域で可能な限り自立した日常生活を営むことができる包括的な支援・サービスの提供体制（地域包括ケアシステム）の構築を図ることを定めた点である。このため、サービス提供体制の整備と、被保険者の保険料負担をはじめとする軽減方策のあり方が課題となっている。

　また、新しい地域支援事業として要支援1・2の者とそれ以外の者を対象とする介護予防・日常生活支援総合事業が位置づけられた。これによって保険者である市町村は、地域で生活している高齢者の介護予防や生活支援を行うことが可能となり、地域のさまざまな事業者や地域団体の協力を得て、地域の実情に応じた多様なサービスを展開することとなった。介護予防給付の対象であった要支援者が、地域支援事業である介護予防・日常生活支援総合事業の対象になることは、この対象者を介護保険の介護サービス利用から切り離したこととなり、国ではなく市町村の責任によって高齢者の生活支援を行うこととなる意味合いが大きくなったといえる。

　介護保険料に関しては、住民税非課税の被保険者の保険料が軽減されることとなり、その内容に関しては、保険者が独自で軽減策や上乗せ措置を行えることとなっている。

　こうした制度改正に関しては、市町村ごとの高齢化や財政規模の格差が、計画に反映することにならないかと懸念する声がある。とりわけ社会資源や人材が整っている都市部と、なかなか確保ができないままとなっている地方の格差が、そのまま制度を運用する段階で地域間格差となる可能性がある。このため居住する地域によって、介護保険制度利用による受益に格差が発生することが懸念され、この格差が発生しないような取り組みと制度運用のあり方が課題となっている。

　こうした課題をふまえながら、介護保険事業（支援）計画は、高齢化が一段と進む2025（平成37）年に向けて地域包括ケアシステムの構築を見据えた着実な推進が求められているのである。なお、第6期介護保険事業（支援）計画の主な内容は表6－1の通りである。

表6-1　第6期介護保険事業（支援）計画の主な内容

介護保険事業計画（市町村）	介護保険事業支援計画（都道府県）
○市町村介護保険事業計画の基本理念等	○都道府県介護保険事業支援計画の基本理念等
○2025年度（平成37年度）の推計及び第6期の目標	○2025年度（平成37年度）の推計及び第6期の目標
○介護給付等対象サービスの現状等	○介護給付等対象サービスの現状等
○計画の達成状況の点検・評価	○計画の達成状況の点検・評価
●日常生活圏域の設定	●老人福祉圏域の設定
●各年度の日常生活圏域ごとの必要利用定員総数の設定 認知症グループホーム、地域密着型特定施設、地域密着型介護老人福祉施設	●各年度の老人福祉圏域ごとの必要入所（利用）定員総数の設定 介護老人福祉施設、介護老人保健施設、介護療養型医療施設、介護専用型特定施設、地域密着型特定施設、地域密着型介護老人福祉施設（介護専用型以外の特定施設（混合型特定施設）についても、必要利用定員総数の設定は可）
●各年度の介護給付等対象サービスの種類ごとの見込量	●各年度の介護給付等対象サービスの種類ごとの見込量
●各年度の地域支援事業の見込量	
○地域包括ケアシステム構築のための重点的取組事項 ①在宅医療・介護連携の推進 ②認知症施策の推進 ③生活支援・介護予防サービスの基盤整備の推進 ④高齢者の居住安定に係る施策との連携	○地域包括ケアシステム構築のための支援に関する事項 ①在宅医療・介護連携の推進 ②認知症施策の推進 ③生活支援・介護予防サービスの基盤整備の推進 ④介護予防の推進 ⑤高齢者の居住安定に係る施策との連携
○各年度の介護給付等対象サービスの種類ごとの見込量の確保方策	○施設における生活環境の改善に関する事項
○各年度の地域支援事業に要する費用の額とその見込量の確保方策	○人材の確保及び資質の向上に関する事項
○介護サービス情報の公表に関する事項	○介護サービス情報の公表に関する事項
○介護給付等に要する費用の適正化に関する事項	○介護給付等に要する費用の適正化に関する事項

注1）　●は必須記載事項（基本的事項）である。
注2）　「各年度」とは、平成27年度、平成28年度及び平成29年度のことである。
注3）　保健、医療、福祉又は居住に関する事項を定める計画（医療計画、地域福祉計画、高齢者居住安定確保計画等）との調和等の規定がある。
資料　厚生労働省「第6期介護保険事業（支援）計画の概要」2014年

3．特別地方公共団体による介護保険事業計画策定の意義

　介護保険制度の特徴としてあげられる点としては、保険者とされている市町村が複数で保険者業務を行う特別地方公共団体を設置する事例が多い点であろう。
　地方公共団体は、地方自治法第1条の3によって、普通地方公共団体と特別地方公共団体の2種類が定められ、普通地方公共団体を都道府県と市町村と定め、この地方公共団体は地方税を課すことができることとされている。これに対して特別地方公共団体は、特別区、地方公共団体の組合及び財産区と定められている。介護保険業務のための特別地方公共団体はこのうちの「地方公共団体の組合」に属する。一般的には「一部事務組合」とされている。具体的には地方自治法第284条において次のように規定されている。

> **第284条**　地方公共団体の組合は、一部事務組合及び広域連合とする。
> 　2　普通地方公共団体及び特別区は、その事務の一部を共同処理するため、その協議により規約を定め、都道府県の加入するものにあつては総務大臣、その他のものにあつては都道府県知事の許可を得て、一部事務組合を設けることができる。この場合において、一部事務組合内の地方公共団体につきその執行機関の権限に属する事項がなくなつたときは、その執行機関は、一部事務組合の成立と同時に消滅する。
> 　3　普通地方公共団体及び特別区は、その事務で広域にわたり処理することが適当であると認めるものに関し、広域にわたる総合的な計画（以下「広域計画」という。）を作成し、その事務の管理及び執行について広域計画の実施のために必要な連絡調整を図り、並びにその事務の一部を広域にわたり総合的かつ計画的に処理するため、その協議により規約を定め、前項の例により、総務大臣又は都道府県知事の許可を得て、広域連合を設けることができる。この場合においては、同項後段の規定を準用する。

　このように、地方自治法において一部事務組合と広域連合の二種の組合が設置できることとされている。このうち一部事務組合については、第2項において定められているとおりである。
　一部事務組合は、基本的には普通地方公共団体が処理することとされている事務を「共同処理」するために設置されるものである。
　これに対して広域連合は、広域計画を作成してその実施のために連絡調整および協議を要する事項の共同処理を行うための組合である。具体的には第3項において定められている。
　したがって広域連合は、社会福祉分野の場合、複数の市町村において生活

保護などの業務を処理する場合に設置されている。それは通常、市は福祉事務所を設置していることによって生活保護業務を処理するものの、町村の場合は福祉事務所を設置していないことによって都道府県がこれを行っている場合があるため、都道府県の権限の移譲を必要とするからである。

これに対して一部事務組合は、本来権限を有している市町村の業務を共同処理する組合である点に、広域連合との違いがある。介護保険について組合方式を採用する場合は、一部事務組合となるわけである。

なお、近年の地方公共団体における事務の効率化の流れを受けて、共同処理は一つの具体的な対応策と見られてきている。とりわけ介護保険制度の場合は、要介護認定の業務において保健・医療・福祉の専門職によって担われる必要があることから、規模の小さな市町村においては人材の安定的な確保のためにも広域的対応が求められる。さらには被保険者の立場からすると、近隣の市町村間で保険料額に開きが広がった場合、行政不信や制度不信が広がりかねず、こういった点からも広域的な共同処理を必要とした理由でもある。

以下に、一部事務組合という特別地方公共団体における介護保険事業計画の事例を取り上げながら、理解を深めたいと思う。

4．二戸地区広域行政事務組合における介護保険事業計画の事例

(1) 二戸地区広域行政圏の概要

二戸地区広域行政圏は、岩手県内陸北部に位置する二戸市を中心とした4

図6-3　二戸地区広域行政圏の位置

注）行政圏の情報については、二戸地区広域行政事務組合ホームページを参照。
http://www.cassiopeia.or.jp/

表6-2 二戸広域圏の人口及び高齢者世帯数の推移

	平成12年	平成26年	増減(対12年)
総人口	69,222	58,633	－15.30%
年少人口	9,900	6,085	－38.50%
老年人口	17,627	20,041	13.69%
	平成17年	平成22年	増減(対17年)
高齢者世帯数	12,449	12,625	1.40%
うち高齢者のみの世帯	4,598	5,061	10.07%

出典　二戸地区広域行政事務組合
資料　人口は「住民基本台帳人口」、世帯数は「国勢調査」

市町村(二戸市、一戸町、軽米町、九戸村)からなる農山村地域である(図6-3)。人口は、2014(平成26)年3月現在の各住民基本台帳人口の合計で、5万8,633人、65歳以上の高齢者数は2万41人、高齢化率は34.2%となっている。

介護保険制度発足当時の人口は約7万人であったが15.3%減少した。とりわけ15歳未満の年少人口は、9,900人から6,085人へと38.5%も減少した一方で、老年人口は1万7,627人から20,041人へと13%強増加しており、近年の地方に見られる人口減少傾向と少子高齢化の進行が併行している圏域である。また高齢者世帯の状況を見ると、全体としては微増ながらも、高齢者のみの世帯数だけを見ると約10%増加しており、急速に高齢者のみの世帯が増加していることがわかる(表6-2)。

こうした状況の中で、今後は戦後のベビーブームの世代が高齢者の仲間入りをする時期を迎えるところから、少子高齢化は一層進むことが予想されている。このため今後将来に向け、サービス供給と保険支出の安定した運用を図ることが課題となっている。

(2) 計画策定経過

計画策定は、組合構成4市町村の住民の代表者や医療・福祉関係者及び行政関係者など15名から構成された第6期介護保険事業計画策定委員会によって行われた。策定作業は、2012(平成24)年度及び2014(同26)年度において、第一号被保険者に対するニーズ調査を2回、第二号被保険者を対象に1回実施したほか、介護サービス利用者に対して1回実施し、その結果を計画に反映させる形で進めた。

計画策定にあたっては、保険財政を運用するために、構成4市町村の合意

が必要となる。このため策定委員会による計画案の段階から4市町村との協議が幾度となく行われたほか、住民に対するパブリックコメントを実施し、最終的には策定委員会の審議を経て、組合管理者の決定によって介護保険事業計画が決定された。この介護保険事業計画は、保険料額の条例改正の関係もあり、構成4市町村ならびに組合議会による了解を得ている。

(3) 計画の特徴

　二戸地区広域行政圏における介護保険事業計画は、4市町村の合意形成の過程の中で、住民に対する調査結果を反映させることもさることながら、構成4市町村の行政機関や医療・福祉関係機関の意向を反映させることとなっている点も特徴であろう。さらに中心となって役割を果たしている二戸市は、地域福祉計画も策定しており、この計画に基づく個別の地域福祉活動の推進による効果と、介護保険事業としての地域支援事業などへの波及などを強く意識した計画であることも特徴となっている。

　とりわけ2009（平成21）年度から実施されている地域活動としての地域支援事業に対しては、具体的に展開していく小単位地域に対して活動助成金を交付し、介護予防に努める住民の主体的な活動を奨励する取り組みを展開している。この取り組みは、当該市町村社会福祉協議会や民生委員協議会、さらには地域保健活動の委員などが参加して実施されている。

　このように二戸地区広域行政圏は、人口減少時代を迎えて地域内の交流の希薄化から、派生的に発生することが懸念される閉じこもりの予防などを念頭に、地域内のつながりづくりを重視する方向で、予防活動に取り組む方針を打ち出している。

(4) これまでの取り組みの成果と今後の課題

　二戸地区広域行政事務組合では、第3期介護保険事業計画期間である2006（平成18）〜2008（同20）年度までは、施設給付費の抑制に成功し、居宅給付費においては実績額が上昇したとはいえ、計画額の範囲内で収めることができた。

　この結果、第3期介護保険事業計画期間中、構成4市町村に対して年度末に市町村負担金を還付するという手続きが続いた。これは介護予防活動の効果や地域支援事業としての地域保健福祉活動の実施効果であった。そのため地域保健福祉活動の圏域内での活動を奨励するため、奨励補助金制度を開始した。この交付金制度を開始した後に地域での介護予防を標榜した地域支援事業は、拡大の一途をたどっている。

第6章　福祉計画の実際1─老人福祉計画／介護保険事業計画─

　また、4市町村中、二戸市が地域福祉計画を策定したこともあって、この取り組みを後押しし、二戸圏域内で地域保健福祉活動の輪が広がりを見せている。

　一方、第4期の介護保険事業計画期間である2009（平成21）～2011（同23）年度においては、特に2009（同21）年度及び2010（同22）年度において、施設給付費及び居宅給付費のいずれにおいても給付費の伸びが顕著で、2010（同22）年度においては居宅給付費が計画額を上回る結果となった。それ以降、2011（同23）年度から今日までは、何とか計画額の範囲内で給付費の伸びを抑えることができたところである。

　地域支援事業の実施効果を認めつつも、少子高齢化の進行とそれにともなって増加する高齢者世帯において、要介護者は確実に増加している。世帯人員の減少傾向が依然として進む中で、在宅介護とそれを支援する居宅介護サービスに限界を感じている介護サービス利用者も少なくない。

　地域保健福祉活動の成果ともいえる要支援者の抑制効果は認められるものの、既に要介護の認定を受けた人びとの重度化を防止する取り組みが不足していることによって、重度者の増加につながったと見られる点が課題とされる。このため第6期介護保険事業計画においては、従来からの地域保健福祉活動奨励事業を継続しつつ、介護予防活動の二次予防が課題となってきている（図6－4）。

図6－4　軽度者・重度者の割合の推移（％）

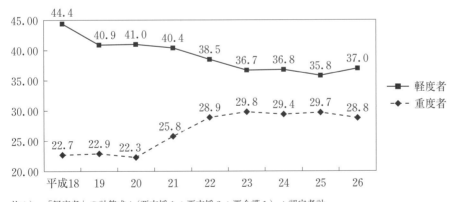

注1）　「軽度者」の計算式：（要支援1＋要支援2＋要介護1）÷認定者計
注2）　「重度者」の計算式：（要介護4＋要介護5）÷認定者計
資料　二戸地区広域行政事務組合

5．まとめ

　計画行政としての役割が大きくなってきている社会福祉分野の中で、介護費用関係は突出して高くなっている。また、都道府県はもちろんのこと、市町村行政に占める高齢者福祉、なかでも高齢者介護の課題は、年々大きくなってきており、将来を慎重に見通しながら行財政運営の困難な舵取りを迫られている。それだけに、現実を見極めていく科学性を備えた計画行政と併せて、現実に柔軟に対処しつつ社会経済の変動にあっても揺らぐことのない計画の運用に関するノウハウが、社会福祉行政担当者に求められるといえよう。

【参考文献】
・佐藤進・河野正輝編『新現代社会福祉法入門〔第2版〕』（現代法双書）法律文化社　2003年
・藤田宙靖『行政法入門［第5版］』有斐閣　2006年
・二戸地区広域行政事務組合『第五期介護保険事業計画―平成24年度〜平成26年度』平成24年3月
・二戸地区広域行政事務組合『第六期介護保険事業計画―平成27年度〜平成29年度』平成27年3月
・二戸地区広域行政事務組合『平成21年度いきいき健康教室実施報告書』平成22年3月
・二戸地区広域行政事務組合『平成22年度いきいき健康教室実施報告書』平成23年3月

第7章 福祉計画の実際2
―障害者計画／障害福祉計画―

●本章のねらい

　わが国の障害福祉施策は、2000（平成12）年の社会福祉事業法（現：社会福祉法）の改正以降、地域福祉を基調として大きな転換期を迎えている。この時期を境に障害者基本法の改正や障害者自立支援法の制定と改正、そして障害者権利条約の批准など、障害者制度改革を巡る動向はめまぐるしく発展している。本章では、これら施策の動向をおさえ、国・都道府県・市町村の計画行政において、これらがどのように推進されているのかを学ぶ。

●プロローグ

―中央障害者施策推進協議会から障害者政策委員会へ―

　国内13の障害者等団体で構成する日本障害フォーラム（JDF）は2011（平成23）年4月、「障害者基本法の改正等についての見解」を第31回障がい者制度改革推進会議に提出した。内閣府が同年3月に提示した改正案が、前年12月に同推進会議がまとめた「障害者制度改革の推進のための第二次意見」と大きな隔たりがあり、不十分だという主張だった。手話を言語として認めるなどの評価はあるが、改正案は、「地域生活の権利規定」が「可能な限り」という条件付きで不十分、差別や合理的配慮の定義が明記されていない、精神障害者の社会的入院の解消などの医療問題の規定がないなど、基本原則にかかる問題点を指摘したものだ。

　2009（平成21）年12月8日、内閣総理大臣を本部長とする「障がい者制度改革推進本部」が設置され、「障害者の権利に関する条約[*1]」の締結に必要な国内法の整備など、わが国の障害者制度改革の検討をはじめた。そのもとで前述した推進会議が開催され、2010（同22）年1月から集中的な検討が行われた。その結果、2011（同23）年度には、障害者基本法の第3次改正や障害者虐待防止法の制定、障害者自立支援法の見直しと新たな障害者支援法整備法の施行など、それまでの障害者施策を大きく変える制度改正が行われた。

　ここで注目すべきは、これらの検討の中心となった同推進会議の構成員26名のうち過半数が障害当事者であったこと、2012（平成24）年3月までの約

*1
略称（通称）は「障害者権利条約」。

2年間に38回という前例のない頻度で会議が開催されたことである。そして政府とぶつかりながらも、社会的障壁を除去し差別のない共生社会を実現するという「社会モデル」の主張が、制度改正の基本理念に反映されたことであった。

　近年の障害者施策においては歴史的な動きであったが、このことは改正障害者基本法によって2012（平成24）年度に設置された「障害者政策委員会」に引き継がれることになった。それまでの中央障害者施策推進協議会を発展改組した同委員会の役割は、障害者基本計画の実施状況を調査審議し、国に対して必要な勧告を行うことである。

　障害者基本計画（第３次計画：2013（平成25）～2017（同29）年度）の策定については、2012（同24）年12月、障害者政策委員会が施策の基本原則の見直しなどを提言。これをうけて障害者基本計画の基本原則を「地域社会における共生等」「差別の禁止」「国際的協調」とし、「自己決定の尊重」を施策の横断的視点として明記した。

1．障害者施策の動向と福祉計画の概要

(1)　障害者施策の動向と福祉計画の法定化までの経緯

　障害者施策の総合的推進は、1970（昭和45）年に制定された「心身障害者対策基本法」により取り組まれ、"完全参加と平等"をスローガンとした「国際障害者年」（1981年）以降の国際的動向の影響を受けて、大きく発展してきた。わが国で最初の長期計画は、国連の「障害者の10年」をふまえて策定された「障害者対策に関する長期計画」（1983（同58）～1992（平成４）年度）である（図７－１）。

　計画策定が法制化されたのは心身障害者対策基本法を改正した「障害者基本法」（1993（平成５）年）からだが、都道府県や市町村にも「障害者基本計画」の策定が義務化されたのは同法の2004（同16）年改正からである。改正では、障害を理由とする差別等の禁止や障害者の自立と社会参加の支援を規定したが、これは生活や医療、教育や労働など幅広い施策分野を横断して総合的・計画的に取り組むためであった。

　他方、生活支援の分野では、障害福祉サービスの充実が課題であった。措置制度から契約制度に転換した「支援費制度」が2003（平成15）年度に導入されたが、居宅サービスの市町村格差、対象外だった精神障害者支援の遅れ

第7章 福祉計画の実際2―障害者計画／障害福祉計画―

図7-1 障害者福祉施策の変遷

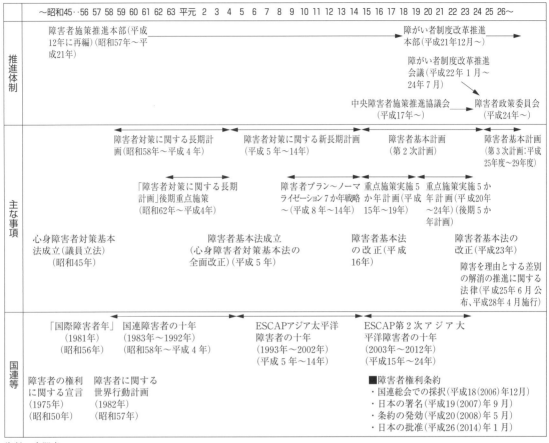

資料 内閣府

など多くの課題が残された。これらを解決し、さらに地域生活移行や就労支援などの新しい課題に対応するために、3障害の制度を一元化して新しいサービス・事業体制をめざしたのが「障害者自立支援法（現：障害者の日常生活及び社会生活を総合的に支援するための法律（障害者総合支援法））」（2005（同17）年成立）である。同法により市町村と都道府県に策定が義務づけされた「障害福祉計画」によって、障害者の自立した生活を支援するために、必要なサービス等を地域において計画的に整備することがめざされている。これにより、「障害者計画」と「障害福祉計画」の2つの計画によって障害者施策を総合的、計画的に推進することとなったのである。

現在、わが国の障害者施策・制度は変革期にある。2014（平成26）年1月の「障害者権利条約」の批准を契機にこれからの計画行政はさらに大きく変化することが予想されている。

(2) 障害者基本計画の目的とその内容

障害者基本計画

　障害者基本計画は、政府が講ずる障害者の自立及び社会参加の支援等のための施策の最も基本的な計画であり、1994（平成5）年の障害者基本法成立（心身障害者基本法の全面改正）によって法定化された[*2]。

　障害者福祉計画はこれまで、「障害者対策に関する新長期計画」（1993（同5）年度～2002（同14）年度）、「障害者基本計画（第2次）」（2003（同15）年度～2012（同24）年度）を経て、現在は「障害者基本計画（第3次）」（2013（同25）年度～2017（同29）年度）が推進されている。

　障害者基本計画（第3次）は、2011（平成23）年の障害者基本法改正の趣旨をふまえ、障害者政策委員会の調査審議を経て策定された。その基本理念は、「障害者対策に関する新長期計画」のノーマライゼーションとリハビリテーション、「障害者基本計画（第2次）」の共生社会の実現の理念をそれぞれ継承し、「全ての国民が、障害の有無によって分け隔てらえることなく、相互に人格と個性を尊重し合いながら共生する社会の実現」（障害者基本法第1条）とした。

　障害者基本計画（第3次）の特徴は、❶障害者施策の基本原則を「地域社会における共生等」（障害者基本法第3条）、「差別の禁止」（同4条）、「国際的協調」（同5条）の3原則をふまえて見直し、施策の横断的視点として「自己決定の尊重」を明記した。❷計画期間を従来の10年から5年にした。❸これまでの施策分野に「安全・安心」「差別の解消及び権利擁護の推進」「行政

[*2] 障害者基本計画をふまえた障害者計画の策定が、都道府県と市町村に義務づけられた（第11条）のは、2004（同16）年の障害者基本法の改正による。

図7－2　障害者基本計画（第3次）の概要

```
概要（特徴）

①障害者施策の基本原則等の見直し
　障害者基本法改正（平成23年）を踏まえ施策の基本原則を見直し
　（①地域社会における共生等、②差別の禁止、③国際的協調）
　また、施策の横断的視点として、障害者の自己決定の尊重を明記

②計画期間の見直し
　制度や経済社会情勢の変化が激しいことを踏まえ、従来10年だった計画期間を5年（平成25年度～平成29年度）に見直し

③施策分野の新設
　障害者基本法改正、障害者差別解消法の制定（平成25年）等を踏まえ、以下の3つの分野を新設
　　7．安全・安心
　　　　防災、東日本大震災からの復興、防犯、消費者保護　等
　　8．差別の解消及び権利擁護の推進
　　　　障害を理由とする差別の解消の推進、障害者虐待の防止　等
　　9．行政サービス等における配慮
　　　　選挙等及び司法手続等における配慮　等

④既存分野の施策の見直し
　基本法改正や新規立法等を踏まえた既存施策の充実・見直し
　・障害児・者のニーズに応じた福祉サービスの充実（Ⅲ.1.(2)(3)）
　・精神障害者の地域移行の推進（Ⅲ.2.(2)）
　・新たな就学先決定の仕組みの構築（Ⅲ.3.(1)）
　・障害者雇用の促進及び就労支援の充実（Ⅲ.4.(1)(2)）
　・優先調達の推進等による福祉的就労の底上げ（Ⅲ.4.(3)(4)）
　・障害者権利条約の早期締結に向けた手続の推進（Ⅲ.10.(1)）等

⑤成果目標の設定
　計画の実効性を確保するため、合計45の事項について成果目標（※）を設定
　※それぞれの分野における具体的施策を総合的に実施することにより、政府として達成を目指す水準

⑥計画の推進体制の強化
　障害者基本法に基づく障害者政策委員会による実施状況の評価・監視等を明記。障害者施策に関する情報・データの充実を推進
```

出典　内閣府『平成27年版　障害者白書』2015年　32頁を一部改変

第7章　福祉計画の実際2―障害者計画／障害福祉計画―

図7-3　障害者基本計画（第3次）の基本的な考え方

Ⅰ　障害者基本計画（第3次）について
位置付け：障害者基本法に基づき策定される、政府が講ずる障害者の自立及び社会参加の支援等のための施策の最も基本的な計画
計画期間：平成25（2013）年度から29（2017）年度まで概ね5年間

Ⅱ　基本的な考え方

1．基本理念
全ての国民が、障害の有無にかかわらず、等しく基本的人権を享有するかけがえのない個人として尊重されるという理念にのっとり、全ての国民が、障害の有無によって分け隔てられることなく、相互に人格と個性を尊重し合いながら共生する社会の実現（基本法1条）

2．基本原則
①地域社会における共生等（3条）
②差別の禁止（4条）
③国際的協調（5条）

3．各分野に共通する横断的視点
①障害者の自己決定の尊重及び意思決定の支援
②当事者本位の総合的な支援
③障害特性等に配慮した支援
④アクセシビリティの向上
⑤総合的かつ計画的な取組の推進

Ⅳ　推進体制
1．連携・協力の確保
2．広報・啓発活動の推進
3．進捗状況の管理及び評価（成果目標）
　　障害者政策委員会による計画の実施状況の評価・監視
4．法制的整備
5．調査研究及び情報提供

Ⅲ　分野別施策の基本的方向

1．生活支援
　　障害児・者のニーズに応じた福祉サービスの充実　　等
2．保健・医療
　　精神障害者の地域移行の推進、難病に関する施策の推進　　等
3．教育、文化芸術活動・スポーツ等
　　新たな就学決定の仕組みの構築、文化芸術活動等の振興　　等
4．雇用・就業、経済的自立の支援
　　障害者雇用の促進及び就労支援の充実、福祉的就労の底上げ　　等
5．生活環境
　　住宅の確保、バリアフリー化の推進、障害者に配慮したまちづくり　　等
6．情報アクセシビリティ
　　放送・通信等のアクセシビリティの向上、意思疎通支援の充実　　等
7．安全・安心
　　防災、東日本大震災からの復興、防犯、消費者保護　　等
8．差別の解消及び権利擁護の推進
　　障害を理由とする差別の解消の推進、障害者虐待の防止　　等
9．行政サービス等における配慮
　　選挙等及び司法手続等における配慮　　等
10．国際協力
　　権利条約の早期締結に向けた取組、国際的な情報発信　　等

※アミの項目（7, 8, 9）は第3次計画における新規分野

出典　内閣府『平成27年版　障害者白書』2015年　32頁を一部改変

サービス等における配慮」を追加して10施策分野とした、などである。さらに、推進体制において、❹「成果目標」を6分野45施策事項で設定し、❺障害者政策委員会が計画の実施状況の評価・監視等を行うことを明記した（図7-2・3）。

計画の実施及び施策の成果目標

　障害者基本計画を実施するにあたり、各分野の主要な施策について具体的な成果目標を設定している。成果目標を設定することで実施状況の評価を可能にし、実効性の確保を図っているのである。

　「障害者対策に関する新長期計画」では「障害者プラン～ノーマライゼーション7か年戦略」（1996（平成8）年度から7年）、「障害者基本計画（第2次）」では「重点施策実施5か年計画（新障害者プラン）」（2003（同15）年度から、前期・後期各5年）がそれぞれ実施計画として策定された。

　障害者基本計画（第3次）では、計画の本体に成果目標を組み入れている。主な成果目標は表7-1の通りで、10計画分野の内、❶生活支援、❷保健・医療、❸教育、文化芸術活動・スポーツ活動等、❹雇用・就業等、❺生活環

境、❻情報アクセシビリティの6分野、合計45事項を定め数値目標を設定した。成果目標に設定されてはいないが、「国際協力」分野では、障害者権利条約の批准（2014（平成26）年1月）の準備、「差別の解消及び権利擁護の推進」では、障害を理由とする差別の解消の推進に関する法律の円滑な施行（2016（同28）年4月）や合理的配慮の提供義務を指定した改正障害者の雇用の促進等に関する法律の施行（2016年4月）、「行政サービス等における配

表7-1　障害者基本計画（第3次）関連成果目標（抄）

分野	事項	現状（直近の値）	目標
1.生活支援(8)	福祉施設入所者の地域生活移行者数	2.9万人（平成17～23年度）	3.6万人（平成17～26年度）
	福祉施設入所者数	14.6万人（平成17年度）	12.2万人（平成26年度）
	訪問系サービスの利用時間数	494万時間（平成24年度）	652万時間（平成26年度）
	日中活動系サービスの提供量	893万人日分（平成24年度）	978万人日分（平成26年度）
	相談支援事業の利用者数	計画相談支援：2.6万人 地域移行支援：0.05万人 地域定着支援：0.1万人 （平成24年度）	計画相談支援：18.9万人 地域移行支援：0.9万人 地域定着支援：1.3万人 （平成26年度）
	地域自立協議会設置市町村数	1,629市町村（平成24年度）	全市町村（平成29年度）
2.保健・医療(5)	統合失調症の入院患者数	18.5万人（平成20年度）	15万人（平成26年度）
	精神障害者の1年未満入院者の平均退院率	71.2%（平成20年度）	76%（平成26年度）
3.教育、文化芸術活動・スポーツ等(4)	特別支援教育に関する個別の教育支援計画作成率	76.2%（平成24年度）	80%以上（平成29年度）
4.雇用・就業等(14)	一般就労への年間移行者数	5,675人（平成23年度）	1.0万人（平成26年度）
	就労継続支援A型の利用者数	53.2万人日分（平成24年度）	56.4万人日分（平成26年度）
	就労継続支援B型等の平均工賃月額	13,586円（平成23年度）	15,773円（平成26年度）
	ジョブコーチ養成数・支援	ジョブコーチ養成数5,300人（平成24年度）	ジョブコーチ養成数9,000人（平成29年度）
	50人以上規模の企業で雇用される障害者数	38.2万人（従業員56人以上企業）（平成24年）	46.6万人（平成29年）
5.生活環境(11)	グループホーム・ケアホームの月間利用者数	8.2万人（平成24年度）	9.8万人（平成26年度）
	特定道路のバリアフリー化率*	77%（平成23年度）	約100%（平成32年度末）
	高齢者居住の住宅の一定のバリアフリー化率	37%（平成20年度）	75%（平成32年度）
6.情報アクセシビリティ(3)	聴覚障害者情報提供施設	36都道府県（平成24年度）	全都道府県（平成29年度）

注　分野、事項は要約して表記している。（　）内は分野で整備目標が設定された事項数。
＊　バリアフリー法に規定する特定道路のうち、道路移動等円滑化基準を満たす道路の割合。
資料　内閣府「障害者基本計画（平成25年9月）」39-41頁を一部修正

慮」では、成年被後見人の選挙権の回復等を行う公職選挙法改正（2013（同25）年6月）をふまえたその他欠格条項の見直し、などの施策が進められている。

地方障害者計画の策定状況

　都道府県・指定都市、市町村の障害者計画の策定状況（2013（平成26）年3月末）は、47都道府県・20指定都市は100％、市区町村は1,631団体（全国1,722団体の94.7％）である。施策分野別の取り組みは、「生活支援」「保健・医療」「教育、文化芸術活動、スポーツ活動等」「雇用・就業、経済的自立の支援」「生活環境」の5分野はほぼすべての都道府県・指定都市、市区町村で計画化している。

　反面、都道府県・指定都市、市区町村いずれも取り組みに課題があるのが「国際協力」（都道府県：14.9％、指定都市：10.0％、市町村：4.4％）と「行政サービス等における配慮」（66.0％、60.0％、51.4％）である。市区町村の取り組みに課題があるのは、「情報アクセシビリティ」（97.9％、100％、76.1％）、「安心・安全」（95.7％、95.5％、83.3％）、「差別の解消及び権利擁護の推進」（87.2％、85.1％、69.1％）である。

　策定・推進体制は、「ニーズ調査」は都道府県68.1％、指定都市100.0％、市町村80.4％が実施、「当事者のヒアリング」は都道府県80.9％、指定都市70.0％、市町村62.0％で取り組まれている。「部局横断的な組織（本部・チーム等）」の設置は都道府県57.4％、指定都市40.0％、市町村24.8％である。

　なお、都道府県・指定都市は地方障害者施策推進協議会の意見を聞いて計画を策定することになっている。

2．障害福祉計画の概要

(1) 障害福祉計画の目的

障害福祉計画

　障害福祉計画は、障害者の日常生活及び社会生活を総合的に支援するための法律（以下、障害者総合支援法）に基づき、市町村と都道府県に策定が義務づけられ（88・89条）、国が定める障害福祉サービス等の提供体制の整備に関する「基本指針」（87条）[*3]に即して策定される。計画期間は3年を1期としており、第1期（2006（平成18）から3年）からはじまり、現在は第4期計画（2015（同27）～2017（同29）年度）が策定・推進されている。

　障害福祉計画の目的は、障害者の地域生活を支援するためのサービス基盤

＊3　基本指針
「障害福祉サービス及び相談支援並びに市町村及び都道府県の地域生活支援事業の提供体制の整備並びに自立支援給付及び地域生活支援事業の円滑な実施を確保するための基本的な指針」（2006（平成18）年6月26日厚生労働省告示、2015（同27）年6月改正）。

整備等について、計画の最終年度末の数値目標を設定して、障害福祉サービス及び相談支援ならびに市町村及び都道府県の地域生活支援事業の提供体制の確保を図ることである。第4期計画では、これまでは根拠法が異なることから言及が限られていた、児童福祉法に基づく障害児支援（児童発達支援センター、障害児入所支援等）の提供体制の確保を計画に位置づけたことが特筆される。

障害者総合支援法で定める市町村と都道府県の障害者福祉計画の策定事項は表7-2の通りである。

基本指針が示す障害福祉計画の基本的理念は、次の3つである。
① 障害者等の自己決定の尊重と意思決定の支援
② 市町村を基本とした身近な実施主体と障害種別によらない一元的な障害福祉サービスの実施等
③ 入所等から地域生活への移行、地域生活の継続の支援、就労支援等の課題に対応したサービス提供体制の整備

また、基本指針が示す障害福祉サービスの提供体制の確保に関する基本的な考え方は、次の4つである。
① 全国で必要とされる訪問系サービスの保障
② 希望する障害者等への日中活動系サービスの保障
③ グループホーム等の充実及び地域生活支援拠点等の整備
④ 福祉施設から一般就労への移行等の推進

この他、計画の作成に際しては、❶行政の関係部局が連携した体制、❷障害当事者や関係者で構成する計画作成委員会の設置、❸ニーズ把握、❹住民

表7-2　障害福祉計画の策定事項

市町村障害福祉計画（88条）	都道府県障害福祉計画（89条）
1 障害福祉サービス、相談支援及び地域生活支援事業の提供体制の確保に係る目標に関する事項 2 各年度における指定障害福祉サービス、指定地域相談支援又は指定計画相談支援の種類ごとの必要な量の見込み 3 地域生活支援事業の種類ごとの実施に関する事項等	1 障害福祉サービス、相談支援及び地域生活支援事業の提供体制の確保に係る目標に関する事項 2 当該都道府県が定める区域ごとに当該区域における各年度の指定障害福祉サービス、指定地域相談支援又は指定計画相談支援の種類ごとの必要な量の見込み 3 各年度の指定障害者支援施設の必要入所定員総数 4 地域生活支援事業の種類ごとの実施に関する事項等

第7章　福祉計画の実際2―障害者計画／障害福祉計画―

参加の確保が求められており、「地域自立支援協議会」*4の意見を聞くことに努めることとしている。

障害者計画との関係

障害福祉計画は、障害者計画の施策10分野のうち主として「生活支援」分野を計画対象として、その実施計画と位置づけている。計画作成に際しては、障害者計画や地域福祉計画など関連する計画と調和を保って策定することが義務づけられ、さらに都道府県障害福祉計画では精神障害者の退院促進など医療法に基づく医療計画と連携することが求められている。

計画の策定形態には、❶障害者計画の一部として策定、❷障害者計画の実施計画の一部として策定、❸障害者計画とは別に策定するという3つの傾向がある。

*4　**地域自立支援協議会**
都道府県、市町村が障害者等への支援の体制の整備を図るため単独あるいは共同して設置。関係機関、関係団体、障害者等の福祉、医療、教育または雇用等の業務の従事者により構成され、課題の共有や連携の緊密化を図り、地域の実情に応じた障害者等への支援体制の整備を協議する。2012(平成24)年4月に施行された改正障害者自立支援法で設置が明文化された(第89条の3)。

(2)　障害福祉計画の内容

第4期障害福祉計画の数値目標等

第4期計画において、国は基本指針により、障害福祉サービス、相談支援ならびに市町村及び都道府県の地域生活支援事業の提供体制を確保する目標

図7-4　成果目標と活動指標の関係

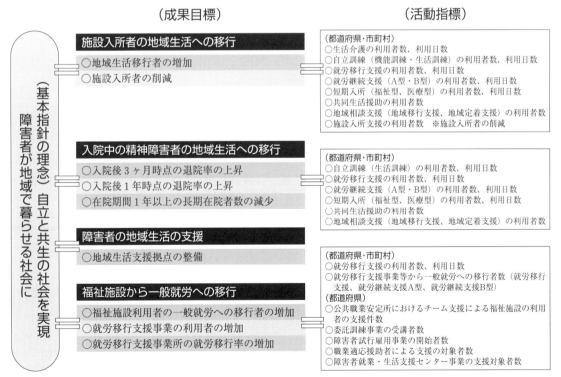

出典　厚生労働省『第4期障害福祉計画に係る国の基本指針の見直しについて(参考資料)』

表7-3　第4期障害福祉計画の数値目標の設定

① 福祉施設の入所者の地域生活への移行
　・2013（平成25）年度末時点の施設入所者数（119,878人）の12％以上（15,905人）を地域生活へ移行する。
　・2017（平成29）年度末における施設入所者数を、2013（同25）年度末時点の施設入所者数（119,878人）から4％以上（4,522人）削減する。
② 入院中の精神障害者の地域生活への移行
　・入院後3か月時点の退院率を64％以上にする（現状の都道府県平均値58.4％）。
　・入院後1年時点の退院率を91％以上にする（現状の都道府県平均値87.7％）。
　・入院期間が1年以上の長期在院者数について、2012（平成24）年6月末時点の長期在院者数（184,690人）を2017（同29）年6月末時点において18％以上削減する（154,100人）。
③ 地域生活支援拠点等の整備
　　地域生活支援拠点等(注)について、2017（平成29）年度末までに各市町村または各圏域に少なくとも1つを整備する。
　　（注）　地域生活支援拠点等：居住支援と地域支援の機能を一体的に整備した障害児・者の地域生活支援を推進する多機能拠点。緊急時の受入体制の確保やコーディネーターの配置等による地域の体制づくり等の機能を集約し、グループホームまたは障害者支援施設に付加した拠点または地域における複数の機関が分担して機能を担う体制をいう。
④ 就労移行支援事業等(注)を通じた福祉施設から一般就労への移行
　・2012（平成24）年度の一般就労への移行実績（9,840人）の2倍以上とする。
　・2017（平成29）年度末における就労移行支援事業の利用者数を、2013（同25）年度末における利用者数（28,236人）の6割以上増加させる。
　・就労移行支援事業所のうち、就労移行率が3割以上の事業所を全体の5割以上とする。
　　（注）　就労移行支援事業等：生活介護、自立訓練、就労移行支援、就労継続支援を行う事業。

（成果目標）を示し、この成果目標を達成するための活動指標を計画に見込むことを定めた（図7-4）。そして、第3期計画の数値目標及び障害福祉サービス等の見込量の実績の全国集計結果を検討し、第4期計画の目標年度（2017（平成29）年度）における数値目標及び障害福祉サービス等の見込み量等を提示した（表7-3）。

　都道府県はこの基本指針と第3期計画の実績等をふまえて「計画作成指針」を作成し、市町村の見込み量等を集計し、計画推進圏域ごとに障害福祉サービス等を総合調整して市町村の障害福祉計画の策定を支援する。

障害福祉サービス等の利用状況の推移

　2006（平成18）年度の障害者自立支援法（現：障害者総合支援法）の施行により障害福祉計画が策定・推進され、障害福祉サービス等の提供体制が飛躍的に整備されている。

　障害福祉サービス等の利用状況の推移について、国民健康保険団体連合会

の利用者等基本情報をもとに厚生労働省が集計した、第1期計画の2007（同19）年11月と第3期計画の2015（同27）年3月との実績を比較すると表7-4・5の通りになる。

表7-4 障害福祉サービス等の利用状況の推移

	2007年11月	2015年3月	比較増減
利用者数（実数）	44.8万人	73.6万人[注]	1.64倍
総費用額	678.8億円	1469.1億円	2.16倍
1人当たり費用額	15.1万円	19.9万円	1.31倍

注）障害種別：身体障害20.5万人、知的障害34.9万人、精神障害16.3万人、障害児1.7万人、難病等対象者0.13万人
資料　厚生労働省「障害福祉サービス、障害児給付費等の利用状況について」より作成

表7-5 主要なサービスの利用者数推移[注1]

（単位：人）

	居宅介護	生活介護	児童デイ（放課後等デイ）	短期入所	施設入所支援	共同生活援助
2007年11月	88,206	45,427	35,050	21,762	15,019	18,012
2015年3月	155,787	260,169	94,978	43,199	132,296	96,012[注2]
増加率	176.6%	572.7%	271.0%	198.5%	880.9%	235.3%[注3]

	共同生活介護	就労移行支援	就労継続支援A型	就労継続支援B型	相談支援
2007年11月	22,794	9,253	3,401	28,340	―
2015年3月	―	29,626	47,733	196,019	146,817[注4]
増加率	―	320.2%	1403.5%	691.7%	―

注1）主な制度改正として、2012（平成24）年4月に、児童デイサービス利用者が児童福祉法のサービス利用に、18歳以上の障害児施設入所者が障害者自立支援法（現：障害者総合支援法）の障害福祉サービス利用に移行。2013（同25）年4月の障害者総合支援法の施行で障害児・者の対象に、難病等が加わり、障害福祉サービス、相談支援等の対象となる。2014（同26）年には、共同生活介護が共同生活援助に一元化した。
注2）一元化後の共同生活援助の内訳は、旧共同生活介護（ケアホーム）に相当する「介護サービス包括型」が79,756人、旧共同生活援助（グループホーム）に相当する「外部サービス利用型」が16,256人。
注3）2007(平成19)年11月の共同生活援助の18,012人と共同生活介護の22,794人の合計数(40,806人)からの増加率。
注4）相談支援の内訳は、計画相談支援が117,411人、地域移行支援が500人、地域定着支援が2,167人、障害児相談支援が26,739人。
資料　厚生労働省「障害福祉サービス、障害児給付費等の利用状況について」より作成

3．障害者計画／障害福祉計画の策定事例—北海道—

　障害福祉施策の推進にとって、基本的には障害者の生活の場である基礎自治体（市町村）の取組みが不可欠であり、広域行政の立場から都道府県の施策の展開が重要となる。ここでは、独自に「障がい者条例」を制定して障害者施策に取り組む北海道と道内の中堅都市である千歳市を事例として、障害者計画と障害福祉計画の策定、推進の実際を見る。

(1) 北海道と千歳市の概要

　北海道は広域・積雪寒冷の風土に加えて、都市部への人口集中が激しく、過疎・高齢化・人口減少が多くの地域で進んでいる。人口1万人未満の市町村は121団体（67.6％）[*5]、小規模であるがために広域運営を求められる自治体の多いのが特徴であり、市町村格差への対応が大きな課題となっている。

　他方、千歳市は、障害当事者・地域住民の活動が活発で障害児療育をはじめ障害施策に積極的に取り組んでいる。また、国内航路年間搭乗者数全国一の新千歳空港を擁し、道都・札幌市まで40kmの通勤圏に位置する道央・石狩圏域の中堅都市であり、道内でも数少ない人口増加地域で高齢化率も低いのが特徴である（図7－5）。両自治体の概況は表7－6・7の通りである。

(2) 北海道と千歳市の計画策定状況

　北海道、千歳市の障害者ならびに計画策定の状況は表7－8の通りである。
　北海道は、「第2期北海道障がい者基本計画」（2013（平成25）～2022（同34）年度）と「第4期北海道障がい福祉計画」（2015（同27）～2017（同29）年度）を策定。千歳市は、「千歳市障がい者計画・第4期千歳市障がい福祉計画」（2015（同27）～2017（同29）年度）を策定した。いずれも地方自治法の「総合計画」の部門別計画に位置づけ、北海道はさらに「北海道保健医療福祉計画」、千歳市は「地域福祉計画」と連携して策定している。
　北海道の特徴は、「北海道障がい者及び障がい児の権利擁護並びに障がい者及び障がい児が暮らしやすい地域づくりの推進に関する条例（北海道障がい者条例）」（2010（平成22）年4月全面施行。以下「条例」）を独自に制定して、障害福祉計画と車の両輪の関係に位置づけて推進していることである。

(3) 北海道障がい者条例

　この条例は、「障がい者が当たり前に暮らせる地域は、誰にとっても暮ら

[*5] 全国の人口1万人未満の市町村は490団体（全団体の28.5％）。

第7章　福祉計画の実際2—障害者計画／障害福祉計画—

図7-5　千歳市の位置

注）千歳市の情報については、千歳市ホームページを参照。
　　http://www.city.chitose.hokkaido.jp/

表7-6　北海道と千歳市の行政概況

区分	北海道	千歳市
人口（高齢化率）	5,431,658人（27.88％）	95,532人（20.18％）
世帯数	2,738,172世帯（1.98人／世帯）	46,598世帯（2.05人／世帯）
面積（人口密度）	78,520.67km²（69.2人／km²）	594.95km²（160.6人／km²）
施策の圏域	保健医療福祉圏域 ①第1次圏域：179圏域 ②第2次圏域：21圏域（保健所設置） ③第3次圏域：6圏域	日常生活圏域：5圏域 （地域包括支援センター：2、同ブランチ：3を設置）
行政出先機関	14総合振興局・振興局（旧支庁）	なし

注1）人口・面積・世帯数は北海道統計による（2015年1月1日現在、除く北方4島）。
注2）政令指定都市（札幌市）、中核市（函館市、旭川市）を除く、176の市町村の概況は人口2,876,956人（高齢化率30.14％）、1,402,019世帯（2.05人／世帯）、面積75,974.92km²（37.9人／km²）である。
注3）保健医療福祉圏域：医療計画、介護保険事業支援計画、障害者計画、北海道総合計画の施策推進圏域である。

表7-7　北海道と千歳市の障害者の現状

区分	身体障害	（人口比）	知的障害	（人口比）	精神障害	（人口比）
北海道	301,557人	5.52％	53,109人	0.97％	143,344人	2.62％
千歳市	3,364人	3.52％	706人	0.73％	412人	0.43％
全国	5,252,239人	4.09％	941,326人	0.73％	798,211人	0.62％

注）障害者数は2014年3月末の手帳交付者数。ただし、北海道の精神障害者数は、精神保健福祉手帳交付者や自立支援医療受給者など保健所で把握している合計（2014年3月末での精神保健福祉手帳交付者は40,000人、人口比は0.73％）。

表7-8　北海道と千歳市の計画策定状況

	年度	H15	H16	H17	H18	H19	H20	H21	H22	H23	H24	H25	H26	H27	H28	H29
国	障害基本計画	第2次基本計画（H15-24）										第3次基本計画（H25-29）				
北海道	総合計画　他 保健医療福祉計画	第3期北海道長期総合計画／北海道保健医療福祉計画（H10-19）					新北海道総合計画／新北海道保健医療福祉計画 （H20-おおむね10年）									
	北海道障がい者基本計画	第1期基本計画（H15-24）										第2期基本計画（H25-34）				
	北海道障がい福祉計画	実施計画に位置付			1期福祉計画 （H18-20）			2期福祉計画 （H21-23）			3期福祉計画 （H24-26）			4期福祉計画 （H27-29）		
	関連施策					働く障がい者応援プラン （H19-21）			1期就労支援推進計画 （H22-23）		2期就労支援推進計画 （H24-26）			3期就労支援推進計画 （H27-29）		
									北海道障がい者条例（H22-）							
千歳市	市長期総合計画	新長期総合計画（H13-22）										第6期総合計画（H23-32）				
	市地域福祉計画			1期地域福祉計画（H17-21）					2期地域福祉計画（H22-26）					3期地域福祉計画 （H27-31）		
	市障がい者計画	1期（H15-18）				2期（H19-23）					3期（H24-26）			4期（H27-29）		
	市障がい福祉計画				1期障がい福祉計画 （H18-20）			2期障がい福祉計画 （H21-23）			3期障がい福祉計画 （H24-26）			4期障がい福祉計画 （H27-29）		

しやすい地域」を基本理念として、❶障がい者の権利擁護、❷障がい者の暮らしやすい地域づくり、❸働く障がい者の応援の3つの柱で施策を展開している。

　推進体制は、知事を本部長とする推進本部と14行政圏域に「障がい者が暮らしやすい地域づくり委員会」を拠点として設置し、地域づくり推進員を配置した（図7-6）。同委員会の役割は「権利擁護の推進」であり、虐待や差別、"暮らしづらさ"に関する地域の課題等について、当事者・関係者と協議等を行い、その解決を図ることである。また、「暮らしやすい地域づくり」では市町村の相談支援と地域生活支援の体制充実を重点課題として、14行政圏域に「障害者総合相談支援センター」を設置して、地域づくりコーディネーターと地域生活移行支援コーディネーターを配置している。また、圏域の自治体や事業者を広域支援し、さらに市町村に『地域づくりガイドライン』[*6]を提示して、相談支援を通じた地域づくりを推進している。

　さらに「働く障がい者の応援」の施策では、部門計画として「北海道障がい者就労支援推進計画」（働く障がい者応援プラン）を策定し、障害者就業・生活支援センターの設置（11か所）や障がい者就業支援企業認証制度の普及などにより就労支援ネットワークづくりを推進している。

　この他、発達障害者支援センター（4か所）と同地域センター、精神障がい者地域生活支援センター（17か所）、北海道障がい者権利擁護センターなどの施策を推進している。

*6　地域づくりガイドライン
①地域自立支援協議会の設置、②相談支援体制の確保、③地域資源の実態把握、④災害時支援を含む地域の支援体制づくり、⑤就労支援、⑥地域の暮らしづらさの解消を図る協議組織（調整委員会）の設置の項目で構成。日々の活動を積み上げて地域アセスメントを行い、実践計画を定めて地域づくりに取り組むことを普及している。

図7-6 北海道障がい者条例の支援体制

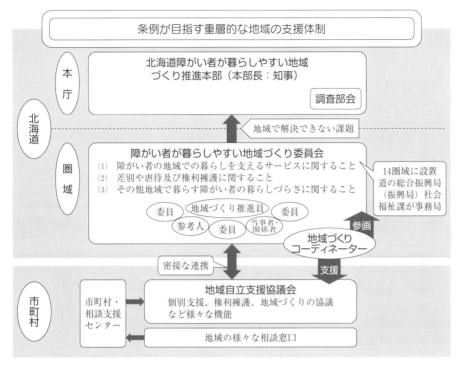

出典　北海道『北海道障がい者条例の概要』2010年

(4) 北海道と千歳市の計画内容

第4期北海道障がい福祉計画

第4期北海道障がい福祉計画の基本理念や方針などは以下の通りである。

・計画の基本理念
　希望するすべての障がい者が安心して地域で暮らせる社会の実現
・基本指針
　❶相談支援体制の充実、❷障がい者の地域生活移行促進、❸精神障がい者の退院促進、❹地域生活の継続に向けた支援、❺就労支援の充実、❻ライフサイクルを通じた連携した支援、❼医療を必要とする在宅障がい児（者）への支援、❽権利擁護の推進、❾共生型事業の推進、❿サービス等の地域間格差の縮小、⓫障がい児支援の充実、⓬災害に備えた地域づくりの推進
・推進項目
　北海道障がい者条例の施策の推進など11項目
・推進事業
　暮らしづらさを解決するための施策など35施策

千歳市障がい者計画・第4期千歳市障がい福祉計画

　千歳市の障がい福祉計画及び第4期千歳市障がい福祉計画の基本理念や方針などは以下の通りである。

・計画の基本理念
　障がいのある人もない人も、お互いに人格と個性を尊重し、共に支え合い住み慣れた地域で暮らせる社会の実現
・障がい者計画の基本方向
　❶お互いに人格と個性を尊重しあえる基盤づくり、❷日々の暮らしの基盤づくり、❸社会参加へ向けた自立の基盤づくり、❹住みよい環境の基盤づくり
・障がい者計画の施策分野
　❶差別の解消及び権利擁護の推進と相互理解、❷行政サービス等における配慮、❸生活支援、❹保健・医療、❺療育・保育・教育、❻雇用・就労、❼生活環境、❽安全・安心
・障がい者計画の施策項目
　障害福祉サービスの充実など60施策
・障がい福祉計画の目標
　❶施設入所者の地域生活への移行、❷福祉施設から一般就労への移行、❸地域生活拠点等の整備
・サービス見込量の設定
　障がい者計画の生活支援、療育・保育・教育、雇用・就労、生活環境の施策4分野において、❶指定障害福祉サービス、❷指定相談支援、❸障害児支援サービス、❹地域生活支援事業（必須事業）、❺地域生活支援事業（その他の事業）について設定する。

　以上が千歳市障がい者計画の構成である。第4期千歳市障がい福祉計画は、千歳市障がい者計画の8分野のなかの、「生活支援」「療育・保育・教育」「雇用・就労」「生活環境」の4分野に関連して、「施設入所者の地域生活への移行」「福祉施設から一般就労への移行」「地域生活拠点等の整備」の3つについてサービス等の見込量とその見込量を確保するための目標を定めている。相談支援体制に力を入れているのが特徴で、支援費施行時（2003（平成15）年度）に、単独で障害者総合相談センターを設置しており、その機能強化とともに地域自立支援協議会の専門部会を活用して地域との連携を図り、各種のサービス調整会議やケース会議等を通して、地域状況の把握と住み慣れた地域で自立した生活を送ることができる地域体制づくりをめざしている。

　また、「療育・保育・教育」分野の発達相談や早期療育の体制づくり、インクルージョン保育体制の取り組み、「安全・安心」分野の「避難行動要支援者避難支援プラン」に基づく地域体制づくりなどに力を入れていることが特筆される。

(5) 計画の策定及び推進体制

　計画推進の区域について、北海道は、❶居住系サービス（施設入所支援）は「全道域」、❷居住系サービス（共同生活援助）及び日中活動系サービスは「第2次保健医療福祉21圏域」（札幌市含む）、❸訪問系サービス及び相談支援等は第1次保健医療福祉圏域（179市町村圏域）としている。千歳市の計画は全市を区域とした。

　策定体制について、北海道は、❶北海道地方障害者施策推進協議会（障害者基本法により設置）と同協議会の計画策定専門委員の設置、❷条例に基づく北海道障がい者が暮らしやすい地域づくり推進本部・同幹事会での協議、❸障がい福祉計画等圏域連絡協議会（21圏域）での広域調整などを実施した。加えて重点施策である相談支援では、北海道自立支援協議会、就労支援では北海道障害者雇用支援合同支援会議を策定体制に位置づけた。これらと並行して、タウンミーティング（道内9か所）やサービス事業所の意向調査等の実態把握を行った。

　千歳市は、❶実態把握（当事者アンケートと関係団体・事業者ヒアリング等）、❷庁内各部局の次長で構成する千歳市保健福祉推進委員会及び作業部会での検討、❸千歳市障がい者地域自立支援協議会での協議、❹市内関係機関・団体代表者で構成する千歳市保健福祉調査研究委員会での計画素案等の審議、❺計画素案のパブリックコメント実施の体制で計画を策定した。千歳市の特徴は、地域自立支援協議会を積極的に位置づけたこと、「調査研究委員会」によって保健福祉のすべての行政計画について総合的に審議する体制があったことである。

(6) 第4期障がい福祉計画の数値目標とサービス見込（北海道・千歳市）

　北海道は、国の基本指針をふまえて、第3期市町村計画の評価・分析やニーズ把握、事業者等の意向調整などを行い「計画作成指針」を作成した。あわせて、人口1万人未満の市町村が全体の67.6％（全国28.5％）を占めるという北海道の自治体の小規模かつ広域の運営に苦慮する実態をふまえ、第二次保健医療福祉圏域（21圏域）において、市町村のサービス基盤整備と地域間格差の縮小などの総合調整を行っている（図7−7）。

　北海道と千歳市が設定した数値目標とサービスの利用見込みは表7−9・10の通りである。

図7-7　サービス基盤の地域間格差の縮小

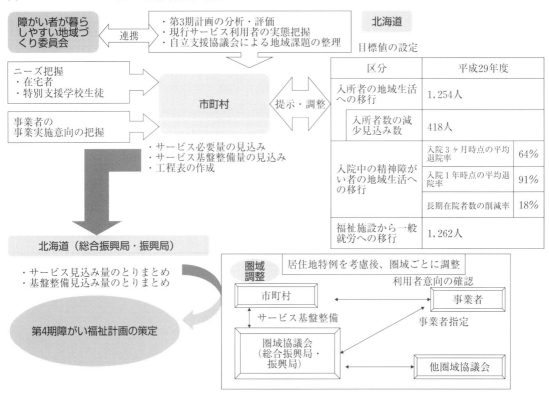

出典　北海道「第4期北海道障がい福祉計画」2015年

表7-9　第4期障がい福祉計画の目標（2017年度の数値目標）（北海道、千歳市）

整備目標	項目	北海道	千歳市	国基本指針
1．施設入所者の地域生活移行目標	施設入所者数（2013年3月末時点） 施設入所者の減少見込 削減率	10,454人[注1] 418人 4％	119人 8人 6.70％	2013年3月末時点の施設入所者数の4％以上の削減
	地域生活移行数	1,254人	15人	2013年3月末時点の施設入所者数の12％以上を地域生活へ移行
2．入院中の精神障がい者の地域生活移行目標	入院後3か月時点の退院率	64％	−[注2]	64％以上
	入院後1年時点の退院率	91％	−	91％以上
	長期在院者数（入院期間1年以上）の削減率	18％	−	2012年6月末時点から18％以上の削減
3．地域生活拠点の整備目標	地域生活支援の拠点の整備	21	1	各市町村又は各圏域に少なくとも1つを整備する
4．施設から一般就労への移行目標	福祉施設から一般就労への移行	1,262人	10人	2012年度の実績の2倍以上
	就労移行支援事業の利用者数	2,662人	33人	2013年度末の利用者数の6割以上増加
	就労移行率が3割以上の就労移行支援事業所の割合	50％	−	就労移行率が3割以上の事業所が全体の5割以上
	授産事業所における平均工賃額	2006年度実績（15,305円）の2倍30,610円	−	−

注1）　2014年3月末時点の入所者数（市町村数値積上）。
注2）　千歳市の目標値の記載ない項目は、対象が少数なので北海道の限定（特定）されているモデル通りには設定できなかった。
資料　北海道「第4期北海道障がい福祉計画」2015年、千歳市「千歳市障がい者計画・第4期千歳市障がい福祉計画」2015年

表7-10 北海道・千歳市の第4期障害福祉計画のサービス利用見込み（第2期対比）

区分 (単位)	サービス内容	北海道			千歳市		
		3期実績	達成率	4期見込	3期実績	達成率	4期見込
居住系 (人／月)	施設入所支援	10,248	96.30%	9,869	120	92.50%	111
	共同生活援助[※1]	8,726	128.98%	11,255	93	125.81%	117
日中活動系 (人／月)	療養介護	1,323	102.27%	1,353	11	118.18%	13
	生活介護	16,779	111.20%	18,658	241	105.81%	255
	自立支援（機能訓練）	13	438.46%	57	1	100.00%	1
	自立支援（生活訓練）	463	128.94%	597	20	165.00%	33
	就労移行支援	1,665	169.31%	2,819	28	117.86%	33
	就労移行支援（A型）	3,034	206.10%	6,253	43	176.74%	76
	就労移行支援（B型）	12,233	150.49%	18,409	130	130.77%	170
	短期入所	10,753	136.62%	14,691[※2]	18	155.56%	28[※3]
訪問系 (月)	居宅介護支援他[※4]（人）	9,714	127.29%	12,365	113	146.90%	166
	居宅介護支援他（時間）	235,291	138.41%	325,675	2,239	173.25%	3,879
障害児 通所支援 (人／月)	児童発達支援	6,379	135.18%	8,623	120	108.33%	130
	医療型児童発達支援	129	101.55%	131	－	－	－
	放課後デイサービス	5,462	208.50%	11,388	46	130.43%	60
	保育所等訪問支援	86	366.28%	315	24	100.00%	24
相談支援 (人)	計画相談支援	3,168	1039.58%	32,934	39	1641.03%	640
	地域移行支援	27	1485.19%	401	0	－	7
	地域定着支援	90	725.56%	653	2	200.00%	4
	障害児相談支援	821	1093.30%	8,976	－	－	160

注) 3期実績は2013年度の実績、4期見込は2017年度の見込。期達成率は2017年度見込／2013年実績。「－」は計画書不記載数値。
※1 2013年度は共同生活援助と共同生活介護の合計値
※2 福祉型12,845人と医療型1,846人の合算
※3 福祉型24人と医療型4人の合算
※4 居宅介護支援他：居宅介護、重度訪問介護、同行援護、行動援護、重度障害者等包括支援
資料 北海道「第4期北海道障がい福祉計画」2015年、千歳市「千歳市障がい者計画・第4期千歳市障がい福祉計画」2015年

(7) 今後の展開

　厚生労働省の「身体障害児・者実態調査」が「生活のしづらさなどに関する調査」と事業名を改称して2011（平成23）年12月に実施された。現行の法制度では支援の対象とならない人も対象とし、「制度の谷間を生まない新たな福祉法制」検討の資料とする趣旨である。

「みんなと同じように地域で当たり前に暮らしたい」という希望が阻まれるとき「生活のしづらさ」として現れる。「生活のしづらさ」は改正障害者基本法（2011（同15）年）が規定する「社会的障壁」にほかならず、これを克服することは「共生社会の実現」をめざすことである。今後、さらに進む障害者制度改革に際し、この「生活のしづらさ」を「誰もが暮らしやすい」という普遍的な価値に発展させて、個別の福祉課題への対応をユニバーサルな共生社会づくりに向けた活動とし取り組むことが求められている。

　そのためには、地域を基盤とした相談支援活動を基点として地域づくりを推進し、包括的な生活支援を実現するソーシャルワークの展開が重要な課題となっているのである。

　2016（平成28）年4月に施行される障害を理由とする差別の解消の推進に関する法律（障害者差別解消法）の推進に関する対応要領と各事業者向けガイドラインが2015（同27）年11月に策定された。また、現在、障害者政策委員会において、2014（同26）年1月に批准した障害者権利条約に基づく第1回政府報告案が協議されており、この中で第3次障害者基本計画の実施状況の評価と課題の整理が行われている。

　他方、障害者総合支援法についても、附則における施行3年後（2016（平成28）年4月）の見直しが社会保障審議会・障害者部会で行われている。現在、介護保険制度との関係を含めて「高齢の障害者支援」のあり方をはじめ、「障害支援区分の認定と支給決定」「障害児支援」「常時介護を要する人への支援」「移動の支援」「所得確保と就労支援」「意思決定支援」「成年後見制度の利用促進」「意思疎通支援」などが課題とされている。障害者基本計画と障害福祉計画の実施状況の把握と併せて、これからのわが国の障害福祉サービスのあり方を検討するこれらの動向に注目していく必要があるだろう。

【引用・参考文献】
・内閣府「障害者基本計画（第3次）」2013年
・厚生労働省「障害福祉サービス及び相談支援並びに市町村及び都道府県の地域生活支援事業の提供体制の整備並びに自立支援給付及び地域生活支援事業の円滑な実施を確保するための基本的な指針」（平成18年厚生労働省告示第395号、最終改正：平成26年厚生労働省告示第231号）
・内閣府「障害者政策委員会資料」
・厚生労働省「全国障害福祉施策担当課長会議資料」
・内閣府『平成27年版　障害者白書』2015年
・厚生労働省「障害福祉サービス、障害児給付費等の利用状況について」2014年
・北海道「北海道障がい者及び障がい児の権利擁護並びに障がい者及び障がい児が暮らしやすい地域づくりの推進に関する条例（北海道障がい者条例）」（平成21年3月制定、同22年4月全面施行）

・北海道「第 2 期北海道障がい者計画」2013 年
・北海道「第 4 期北海道障がい福祉計画」2015 年
・千歳市「千歳市障がい者計画・第 4 期千歳市障がい福祉計画」2015 年

第8章 福祉計画の実際3
―次世代育成支援対策行動計画、子ども・子育て支援事業計画―

● 本章のねらい

　わが国の少子化対策は、1990年代に入り、少子高齢化の進行に対して、保育を中心とするサービス基盤を計画の策定により整備することから、その取り組みを本格化させた。2000年代に入ると、厚生労働省を中心としたこれまでのエンゼルプランの取り組みは、少子化社会対策基本法の制定を経て内閣府が主導する国の重要政策へと格上げされ、現在、子ども・子育て支援新制度が実施されている。

　本章では、エンゼルプランから次世代育成支援対策行動計画、子ども・子育てビジョンから子ども・子育て支援新制度へ至る、少子化対策のねらいと取り組みの流れをたどり、その中核となる「子ども・子育て支援事業計画」の目的と内容を事例を通して学ぶことで、子育て支援基本政策の推進と、子育て支援における計画の役割とその活用を理解する。

● プロローグ

　わが国の家族向け支出（家族を支援するために支出される現金給付及び現物給付と就学前教育の支出）の対GDP比は0.7％と、OECD高所得国24か国中、下から3番目に低い。人生前半期の社会政策の重要性が指摘されている中で[1]、わが国の少子化対策は高齢者対策との間で社会保障費配分の見直しが急務となっている。保育所の待機児童問題も待ったなしである。しかし、深刻化する少子化は、国の予算配分を見直しまたは増額して、子育て・保育への給付サービスを充実すれば、それで解決が本当に図られるのだろうか。少子化の要因として指摘されるのは、晩婚化などにみられる結婚行動の変化、家族観やライフスタイルなど価値観の変化、さらに教育費支出、労働環境など社会経済環境の変化があげられる。

　国が少子化対策を今以上に推進したとしても、これらの要因までもコントロールすることは難しいのではないか。今後の大幅な出生率の向上は望めないのではないか。こうした社会条件のもとで、次世代育成支援対策行動計画を中心としたこれまでの少子化対策は有効であったのか、また、子ども・子育て支援新制度のもとで「子ども・子育て支援」は、どのように制度改革に取り組むことで新たな社会を築こうとしているのだろうか。

1. 次世代育成支援対策行動計画の概要

(1) 国の少子化対策の経過

エンゼルプランの策定

　わが国の少子化対策は、少子高齢化の進行、出生率の低下などに対して、1990年代に入り「エンゼルプラン」が策定されたことによって計画的に整備・推進されるようになった。1994(平成6)年12月、文部・厚生・労働・建設の各省の間で「今後の子育て支援のための施策の基本的方向について」(エンゼルプラン)は策定された。

　「エンゼルプラン」は、少子化の進行や女性の社会進出などに対応し、行政をはじめ企業・職場や地域など社会全体の協力のもとに、安心して子どもを生み育てられることができる「子育て支援社会の構築」をめざした。そして、今後10年間における子育て支援施策の基本的方向と重点施策を定め、その総合的・計画的推進を図ることを内容とした。

　この「エンゼルプラン」の具体化を図って、「当面の緊急保育対策等を推進するための基本的考え方」(緊急保育対策等5か年事業)が策定された。この5か年事業実現のために、地方公共団体(市町村)において地域の実情に応じて、サービスの現状や将来推計を把握して計画的に事業を推進していく必要から、翌年度よりモデル的に児童育成計画(地方版エンゼルプラン)の策定が補助・促進された。「地方版エンゼルプラン」の策定率は30%後半(2000(平成12)年4月)にまで達したが、全国の市町村に普及するまでには至らなかった。

　1999(平成11)年12月には、2004(同16)年度を目標年度とする「新エンゼルプラン」が見直し策定された。

少子化対策の推進

　2002(平成14)年に提出された将来推計人口の数値から、従来見られなかった夫婦の出生力そのものが低下するという現象が確認されたことを受けて、一層焦点化した少子化対策のための「少子化対策プラスワン」が同年9月、厚生労働省から発表された。仕事と子育ての両立を支援することを通して、社会全体が一体となって総合的な取り組みを進めていく方向へ少子化対策の転換が図られた。

　この「少子化対策プラスワン」をふまえて、政府は「次世代育成支援に関する当面の取組方針」を策定し、これに基づき2003(平成15)年5月に「次

世代育成支援対策推進法」を公布・施行した。「社会全体での子育て家庭の支援」の理念を前面に押し出した計画（次世代育成支援対策行動計画）の策定を推進することになった。

子ども・子育て応援プランの策定

2003（平成15）年7月、政府は「少子化社会対策基本法」を公布し、これに基づく「少子化社会対策大綱」を2004（同16）年6月に閣議決定した。大綱は次の4つの重点課題を掲げた。
① 若者の自立とたくましい子どもの育ち
② 仕事と家庭の両立支援と働き方の見直し
③ 生命の大切さ、家庭の役割等についての理解
④ 子育ての新たな支え合いと連帯

この大綱に基づき、「エンゼルプラン」以降の国の少子化対策の具体的な実施計画を次期の「子ども・子育て応援プラン」に引き継がせ、地方公共団体の策定する「次世代育成支援対策行動計画」にその内容を反映させることを求めた。

「子ども・子育て応援プラン」は、「少子化社会対策大綱」に基づく重点施策の具体的実施計画として、同年12月に策定され、2009（平成21）年度までの5年間に講ずる具体的な施策内容と目標を掲げた。「子ども・子育て応援プラン」の目標値は、各市町村の次世代育成支援対策に基づく「行動計画」の検討状況をふまえて設定された。後者の行動計画が前者の具体的な実施計画の関係にある。

(2) 次世代育成支援対策推進法

「次世代育成支援対策推進法」（以下「法」）は、急速な少子化の進行、家庭及び地域を取り巻く社会環境の変化を受けて、次世代育成支援対策に関する基本理念及び基本施策を定めており、2014（平成26）年度までの時限立法として2003（同15）年に制定されたが、その後10年間延長され、2025（同37）年3月31日限りでその効力を失うことになっている。

施策の推進手段として、国の行動計画策定指針、国・地方公共団体及び事業主の行動計画、その他の次世代育成支援対策を推進するために必要な事項をそれぞれ定めることで、次世代育成支援対策を迅速かつ重点的に推進し、もって次代の社会を担う子どもが健やかに生まれ、かつ育成される社会の形成に資することを目的としている。

次世代育成支援対策の基本理念は、「父母その他の保護者が子育てについての第一義的責任を有するという基本的認識の下に、家庭その他の場におい

て、子育ての意義についての理解が深められ、かつ、子育てに伴う喜びが実感されるように配慮して行わなければならない」（法第3条）ことである。

次世代育成支援対策に基づく「行動計画」は、市町村及び都道府県においては計画策定が義務づけられていないが、従業員101人以上の事業主においては計画策定が義務づけられている（100人以下の事業主においては努力義務）。

(3) 行動計画のねらいと基本内容

「行動計画」の基本的な計画策定の視点には、❶子どもの視点、❷次代の親の育成という視点、❸サービス利用者の視点、❹社会全体による支援の視点、❺仕事と生活の調和の実現の視点、❻結婚・妊娠・出産・育児の切れ目ない支援の視点、❼全ての子どもと家庭への支援の視点、❽地域の担い手や社会資源の効果的な活用の視点、❾サービスの質の視点、❿地域特性の視点といった広範囲な視点が要請されている。また、計画には目標及び目標達成のために講ずる措置の内容が記載される。

行動計画策定指針

主務大臣[*1]は、次世代育成支援対策の総合的かつ効果的な推進を図るため、基本理念にのっとり、次に掲げる事項について、市町村及び都道府県行動計画、一般事業主及び特定事業主行動計画の策定に関する指針（行動計画策定指針）を定める（法第7条）。

① 次世代育成支援対策の実施に関する基本的な事項
② 次世代育成支援対策の内容に関する事項
③ その他支援対策の実施に関する重要事項

市町村行動計画及び都道府県行動計画

市町村及び都道府県は、国の行動計画策定指針に即して、5年ごとに、当該市町村及び都道府県の事務及び事業に関し、5年を1期として、次に掲げる事項について、次世代育成支援対策の推進に関する計画（「市町村行動計画」及び「都道府県行動計画」）を策定することができる（法第8条及び第9条）。

① 地域における子育ての支援
② 母性並びに乳児及び幼児の健康の確保及び増進
③ 子どもの心身の健やかな成長に資する教育環境の整備
④ 子どもを育成する家庭に適した良質な住宅及び良好な居住環境の確保
⑤ 職業生活と家庭生活との両立の推進
⑥ その他の次世代育成支援対策の実施に関する計画

[*1] 主務大臣
内閣府、厚生労働省、経済産業省、環境省、文部科学省、農林水産省、国土交通省の各大臣、国家公安委員長

第8章 福祉計画の実際3—次世代育成支援対策行動計画、子ども・子育て支援事業計画—

　計画の内容に関する事項は、国の行動計画策定指針に規定・例示されている（表8－1参照）。また、市町村及び都道府県は、支援対策の実施により達成しようとする目標、実施しようとする支援対策の内容及びその実施時期を定める。加えて都道府県にあっては、市町村を支援するための措置の内容

表8－1　次世代育成支援対策行動計画（市町村行動計画）の内容に関する事項

(1) 地域における子育ての支援
　①地域における子育て支援サービスの充実
　②保育サービスの充実
　③子育て支援のネットワークづくり
　④子どもの健全育成
　⑤地域における人材育成
　⑥その他
(2) 母性並びに乳児及び幼児等の健康の確保及び増進
　①切れ目のない妊産婦・乳幼児への保健対策
　②学童期・思春期から成人期に向けた保健対策の充実
　③「食育」の推進
　④子どもの健やかな成長を見守り育む地域づくり
　⑤小児医療の充実
(3) 子どもの心身の健やかな成長に資する教育環境の整備
　①次代の親の育成
　②子どもの生きる力の育成に向けた学校の教育環境等の整備
　③家庭や地域の教育力の向上
　④子どもを取り巻く有害環境対策の推進
(4) 子育てを支援する生活環境の整備
　①良質な住宅の確保
　②良好な居住環境の確保
　③安全な道路交通環境の整備
　④安心して外出できる環境の整備
　⑤安全・安心まちづくりの推進等
(5) 職業生活と家庭生活との両立の推進等
　①仕事と生活の調和の実現のための働き方の見直し
　②仕事と子育ての両立のための基盤整備
(6) 結婚・妊娠・出産・育児の切れ目ない支援の推進
(7) 子どもの安全の確保
　①子どもの交通安全を確保するための活動の推進
　②子どもを犯罪等の被害から守るための活動の推進
　③被害に遭った子どもの保護の推進
(8) 要保護児童への対応などきめ細かな取組の推進
　①児童虐待防止対策の充実
　②母子家庭及び父子家庭の自立支援の推進
　③障害児施策の充実等

資料　内閣府・国家公安委員会・文部科学省・厚生労働省・農林水産省・経済産業省・国土交通省・環境省「行動計画策定指針」（平成26年11月28日）

及びその実施期間を定める。

法は、計画の策定・変更に際しては、住民の意見、また、あらかじめ事業主、労働者その他の関係者の意見を反映させるために必要な措置を講ずることを条件づけている。さらに、計画を策定・変更した場合は、これを公表するよう努めるものとされている。計画の進捗についても、市町村及び都道府県は、おおむね1年に1回、計画に基づく措置の実施の状況を公表するよう努めるものとされている。

一般事業主行動計画

国及び地方公共団体以外の事業主（一般事業主）で、常時雇用する労働者の数が100人を超える事業所は、国の行動計画策定指針に即して、次に掲げる事項について、一般事業主行動計画を策定し、厚生労働大臣にその旨を届け出なければならない。労働者の数が100人以下の事業所は、行動計画を策定し、厚生労働大臣に届け出ることに努める（法第12条）。

① 計画期間
② 次世代育成支援対策の実施により達成しようとする目標
③ 実施しようとする次世代育成支援対策の内容及びその実施時期

「次世代育成支援対策行動計画」では、少子化対策のための福祉・保健にとどまらない、各関連分野（雇用・就労、教育、経済、住宅・まちづくり）にまたがる総合的な取り組みがめざされ、施策の総合的な推進がねらいとなっている。地域での子育て支援及び環境の整備の推進、事業者との連携を強く押し出している。

2．子ども・子育て支援事業計画の概要

(1) 子ども・子育て支援新制度

*2 子ども・子育てビジョン
少子化対策の現実と反省に立ち、子ども・若者の育ち、そして子育てを支援することを第一に考えて、個人が希望を普通に叶えられるような教育・就労・生活の環境を社会全体で整備していく「子ども・子育て支援」を基本理念に定めた。2010（平成22）年度から2014（同26）年度までの5年間を目途とした施策の数値目標が掲げられた。

2012（平成24）年8月10日に、子ども・子育て関連3法が成立した。この関連3法とは、❶子ども・子育て支援法、❷認定こども園法の一部を改正する法律、❸児童福祉法改正を含む関係法律の整備等に関する法律の3つをいう。これらをもって、2010（同22）年1月に少子化社会対策基本法に基づく大綱として政府が閣議決定した「子ども・子育てビジョン*2」から、より具体的な「子ども・子育て支援新制度」として、子ども・子育てにかかわる支援の国の制度設計がほぼ完了することになった。

子ども・子育て支援新制度は、子育て支援サービスの量的拡充と質的向上を図ることを目的とした制度である。

第8章 福祉計画の実際3―次世代育成支援対策行動計画、子ども・子育て支援事業計画―

表8-2 子ども・子育て支援新制度による給付・事業

子ども・子育て支援給付	地域子ども・子育て支援事業
①子どものための現金給付 ・児童手当（児童手当法による） ②地域型保育給付 ・小規模保育事業（利用定員6人以上19人以下） ・家庭的保育事業（利用定員5人以下） ・居宅訪問型保育事業 ・事業所内保育事業 ③施設型給付 ・認定こども園 ・幼稚園 ・保育所	①利用者支援事業 ②地域子育て支援拠点事業 ③妊婦健康試査 ④乳児家庭全戸訪問事業 ⑤養育支援訪問事業・子ども守る地域ネットワーク機能強化事業（その他要支援児童、要保護児童等の支援に資する事業） ⑥子育て短期支援事業 ⑦子育て援助活動支援事業（ファミリー・サポート・センター事業） ⑧一時預かり事業 ⑨延長保育事業 ⑩病児保育事業 ⑪放課後児童健全育成事業（放課後児童クラブ） ⑫実費徴収に係る補足給付を行う事業 ⑬多様な主体が本制度に参入することを促進するための事業

　同制度は、すべての子ども・子育て家庭への支援を対象として、「子ども・子育て支援給付」と「地域子ども・子育て支援事業」を実施する。子ども・子育て支援給付は、「子どものための現金給付」（児童手当）、幼稚園・保育所・認定こども園を対象とした「施設型給付」、小規模保育事業・家庭的保育事業・居宅訪問型保育事業・事業所内保育所を対象とした「地域型保育給付」からなる。地域子ども・子育て支援事業は、地域の実情に応じて実施する13種類の事業[*3]がある（表8-2）。

　また、同制度は市町村が実施主体となって展開されることから、各地域の実情の応じたサービス資源と提供体制の計画的な整備が求められる。市町村の役割や責務は子ども・子育て支援法の中にもあげられている。

(2) 子ども・子育て支援法の目的、市町村等の責務

　子ども・子育て支援法は、2012（平成24）年に成立後、一部を除いて順次施行されてきたが、2015（同27）年4月から本格実施された。
　子ども・子育て支援法の目的は、児童福祉法などの子どもに関する法律や施策と相まって、子ども・子育て支援給付その他の子ども及び子どもを養育している者に必要な支援を行い、もって一人ひとりの子どもが健やかに成長

*3
各事業の詳しい内容は
*6～18（175頁～）
を参照。

することができる社会の実現に寄与することである（第1条）。

　市町村の責務として、❶子どもの健やかな成長のために適切な環境が等しく確保されるよう、子ども及びその保護者に必要な子ども・子育て支援給付及び地域子ども・子育て支援事業を総合的かつ計画的に行うこと、❷子ども及びその保護者が、確実に子ども・子育て支援給付を受け、及び地域子ども・子育て支援事業その他の子ども・子育て支援を円滑に利用するために必要な援助を行うとともに、関係機関との連絡調整その他の便宜の提供を行うこと、❸子ども及びその保護者が置かれている環境に応じて、子どもの保護者の選択に基づき、多様な施設または事業者から、良質かつ適切な教育及び保育その他の子ども・子育て支援が総合的かつ効率的に提供されるよう、その提供体制を確保することとされている（第3条第1項）。

　また、都道府県は、市町村が行う子ども・子育て支援給付及び地域子ども・子育て支援事業が適切かつ円滑に行われるよう、市町村に対する必要な助言及び適切な援助を行うとともに、子ども・子育て支援のうち、特に専門性の高い施策及び各市町村の区域を超えた広域的な対応が必要な施策を講じなければならないとしている（第3条第2項）。

　さらに国は、市町村が行う子ども・子育て支援給付及び地域子ども・子育て支援事業その他この法律に基づく義務が適正かつ円滑に行われるよう、市町村及び都道府県と相互に連携を図りながら、子ども・子育て支援の提供体制の確保に関する施策その他の必要な各般の措置を講じなければならないとされている（第3条第3項）。

(3)　市町村子ども・子育て支援事業計画に定める内容

　子ども・子育て支援法には、「子ども・子育て支援事業計画」の策定が義務づけられている。同事業計画は、内閣総理大臣が定める基本指針に即して策定する計画であり、子ども・子育て支援新制度のもとで実施される「子ども・子育て支援給付」と「地域子ども・子育て支援事業」の需要の見込み、見込み量確保のための方策等の事項を盛り込み策定する（第60条）。

　市町村は、子ども・子育て支援新制度の実施主体として、「市町村子ども・子育て支援事業計画」（第61条第1項）を、都道府県は、「都道府県子ども・子育て支援事業支援計画」（第62条第1項）を基本指針に即して、5年を1期とする計画を策定する。

　市町村子ども・子育て支援事業計画は、表8－3の事項について定めることになっている（第61条第2項、第3項）。計画策定にあたり市町村は、事業等の「量の見込み」と「確保方策」を設定するための区域となる「教育・保

表8-3　市町村子ども・子育て支援事業計画の内容に関する事項

> ① 市町村が各種条件を総合的に勘案して定める区域ごとの当該教育・保育提供区域における各年度の特定教育・保育施設に係る必要利用定員総数、特定地域型保育事業所に係る必要利用定員総数、その他の教育・保育の量の見込み並びに実施しようとする教育・保育の供給体制の確保の内容及びその実施時期。
> ② 教育・保育提供区域ごとの当該教育・保育提供区域における各年度の地域子ども・子育て支援事業の量の見込み並びに実施しようとする地域子ども・子育て支援事業の提供体制の確保の内容及びその実施時期。
> ③ 子ども・子育て支援給付に係る教育・保育の一体的提供及び当該教育・保育の推進に関する体制の確保の内容。
> ④ 産後の休業及び育児休業後における特定教育・保育施設等の円滑な利用の確保に関する事項。
> ⑤ 保護を要する子どもの養育環境の整備、児童福祉法第4条第2項に規定する障害児に対して行われる保護並びに日常生活上の指導及び知識技能の付与その他の子どもに関する専門的な知識及び技術を要する支援に関する都道府県が行う施策との連携に関する事項。
> ⑥ 労働者の職業生活と家庭生活との両立が図られるようにするために必要な雇用環境の整備に関する施策との連携に関する事項。

注）①～③は義務規定、④～⑥は努力義務規定

育提供区域」を地理的条件、人口、交通事情その他の社会的条件、教育・保育を提供するための施設の整備の状況その他の条件を総合的に勘案して定める。

市町村子ども・子育て支援事業計画は、教育・保育提供区域における子どもの数、子どもの保護者の特定教育・保育施設等及び地域子ども・子育て支援事業の利用に関する意向その他の事情を勘案して作成されなければならないことになっているため、計画策定の前提として、市民ニーズ調査が実施されて、その結果が計画内容に反映される。

また、市町村子ども・子育て支援事業計画は、市町村地域福祉計画、市町村が定める教育振興基本計画、その他の法律の規定による計画であって子どもの福祉または教育に関する事項を定めるものと調和が保たれたものでなければならないとされ（第61条第6項）、同事業計画を定め、変更したときには、遅滞なく都道府県知事に提出しなければならない（同条10項）。

3．子ども・子育て支援事業計画の策定事例

(1) 策定事例の自治体の概要

策定事例として紹介するA市は、地方のB県にある中堅レベルの都市である。A市の人口は、88,608人（2014（平成26）年3月末現在）で、2010（同

22)年以降は減少傾向にある。6歳未満の児童数は3,770人、18歳未満の児童数は12,759人（2014（同26）年3月末現在）で、6歳未満、18歳未満の子どもの人口も減少を続けている。このうち6歳未満の推計人口は毎年2％ずつ減少することが見込まれている。

世帯数は34,424世帯（2014（平成26）年3月末現在）で、推移で見ると微増傾向にあるが、人口減少とあいまって1世帯あたりの人員は減少を続け、世帯分離、核家族化の進行がうかがえる。なお2013（同25）年の合計特殊出生率は、1.49（B県1.44、全国1.43）である。

2013（平成25）年の婚姻率（人口1,000人あたりの件数）は、4.5（B県4.3、全国5.3）、離婚率（人口1,000人あたりの件数）は、1.41（B県1.48、全国1.84）で、いずれも過去5年間での推移に大きな変化はない。

就業者は、1995（平成7）年以降減少を続けており、2010（同22）年は、43,787人（男性25,963人、女性17,824人）となっている。また、女性の労働力率（労働力人口÷15歳以上人口×100）は、全国を上回っており、特に30歳代後半から40歳代にかけての差が大きくなっている。

(2) 教育・保育事業の状況

A市の2014（平成26）年10月1日現在の教育・保育事業の状況は次の通りである。

保育所の状況は、市立19園（合計定員1,370人）、私立11園（同997人）、合計30園（同2,367人）である。定員充足率（定員に対する入園児童数の割合）は、95.6％となっており、年度途中の入園児童に対する対応に余裕がある。ただし、地域的なばらつきがあり、余裕のある園とそうでない園に差がみられる。過去5年間の入園児数は緩やかな減少傾向にあるため、今後想定される園児の減少を考慮し、統廃合を含めた定員の見直しが検討されている。

幼稚園の状況は、私立5園（合計定員800人）で、学級数は29学級、定員充足率は65.1％で、いずれの園も児童数に余裕がみられる。

認定こども園は、私立2園で、定員充足率は71.1％となっている。

小学校は、20校で、学級数は211学級、児童数は4,246人であり、過去5年間の推移は緩やかな減少傾向にある。

放課後児童クラブは、20か所、定員は785人、登録者数（1年生～4年生）は706人で、定員充足率100％を超える放課後児童クラブがある反面、郊外では50％を下回る放課後児童クラブもあり、地域差が顕著になっている。なお、放課後子供教室を単独で1か所開設している。年間活動日数は188日、延べ参加児童数は868人である。

第8章　福祉計画の実際3―次世代育成支援対策行動計画、子ども・子育て支援事業計画―

(3) 計画策定の背景と位置づけ

　A市では、2005（平成17）年に「A市次世代育成支援対策行動計画」を策定し、計画に基づくさまざまな事業を展開してきた。2015（同27）年度からは、子ども・子育て支援新制度に対応するため、「A市子ども・子育て支援事業計画」を策定した。

　本計画は、A市第四次総合計画のほか、第二次A市地域福祉計画、第三次A市障害者計画及びA市第四期障害福祉計画、A市男女共同参画基本計画など分野別の福祉計画との整合性を図りながら目的の達成をめざしている。

　また、A市次世代育成支援対策行動計画の理念や同計画で展開した総合的な子育て施策や理念の一部を継承する市町村行動計画として位置づけられる（図8-1）。

　計画期間は、2015（平成27）年度から2019（同31）年度までの5年間である。

図8-1　A市子ども・子育て支援事業計画の位置づけ

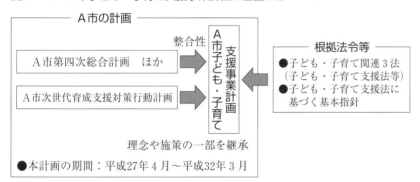

(4) 計画策定にあたって

子ども・子育て会議*4の設置

　「B県A市子ども・子育て会議設置条例」に基づき設置された「A市子ども・子育て会議」は、計画策定のために合計4回の会議を開催した。13名の委員構成の内訳は、学識経験者1名、公募委員2名、幼稚園長1名、保育園長2名、小学校長1名、PTA連合会1名、民生委員児童委員1名、医師会1名、歯科医師会1名、労働組合1名、子育てサークル関係者1名である。

市民意見の反映

　計画策定のための基礎資料を得ることを目的として、2013（平成25）年12月に、2種類の市民ニーズ調査を実施した（A市に居住する小学校就学前の児童の保護者を対象としたアンケート調査、放課後児童クラブを利用する小

*4　子ども・子育て会議
子ども・子育て支援法第77条第1項で規定する市町村が条例で設置する「審議会その他合議制の機関」のことで、子ども・子育て支援事業計画の策定・進捗管理などについて、保護者を含む子ども・子育て支援の当事者などの意見を聴くための会議であり、子どもや子育て家庭の実情をふまえて施策を実施していくことを目的としている。

学校就学前の児童の保護者を対象としたアンケート調査)。その他に本計画の内容について、市民等からの意見公募（パブリックコメント）を2014（同26）年12月から2015（同27）年１月に実施した。

市民ニーズ調査結果から、A市における「子育てのしやすさ」は、全般的にはある程度評価されていることがわかったが、「子育てに関する情報提供」や「子育て支援活動の実施」においては、市民ニーズに合わせた見直しや拡充の検討が必要と思われるものも見られた。これらの市民ニーズ調査の結果は、「A市子ども・子育て支援事業計画」に反映された。

教育・保育提供区域の設定

A市子ども・子育て支援事業計画では、保育所、小規模保育（定員６～19人）、家庭的保育（定員５人以下）、放課後児童健全育成事業（放課後児童クラブ）は、中学校区に設定し、その他の施設・事業は、全市域（１区域）を提供区域に設定した。そして、これらの当該区域ごとに量の見込み（推計ニーズ量）や確保の内容（確保の方策）を定めることとした。

(5) 事業への取り組み

計画の理念と基本施策の方向性

子ども・子育て支援新制度では、「『子どもの最善の利益』が実現される社会を目指す」との考え方を基本とし、事業の実施主体（計画策定、給付・事業の実施を行う機関）である市町村に、❶質の高い幼児期の学校教育、保育の総合的な提供（認定こども園の普及）、❷保育の量的拡大・確保、❸教育・保育の質的改善、❹地域の子ども・子育て支援の充実、❺子ども・子育て会議の設置の実現・推進を求めている。

A市では、上記の事項をふまえたうえで、「子どもはみんなの宝物～安心して子どもを生み育てられるまち・A市～」を基本理念とし、❶幼児期の教育・保育及び地域の子ども・子育て支援の量的拡充と質的改善、❷質の高い幼児期の教育・保育の安定的な提供、❸妊娠・出産期から幼児期の学校教育・保育まで、切れ目のない支援、❹地域社会全体で、子どもと保護者のより良い関係の形成及び子育てを支援の４つを基本施策の方向性と定め、「子ども・子育て支援給付」「地域子ども・子育て支援事業」の具体的な事業計画を策定した。

子ども・子育て支援給付

A市の認定（１号認定、２号認定、３号認定）[*5]を受けた対象者に、認定こども園、幼稚園、保育所あるいは地域型保育給付により事業の提供を行う。

A市の当該区域ごとに量の見込み（推計ニーズ量）は、施設型給付（認定

[*5] 子ども・子育て支援法では、保護者の申請を受けた市町村が客観的基準に基づき、保育の必要性を認定したうえで、給付を支給する仕組みとなっており、認定は、１号～３号の区分で行われる。

第8章　福祉計画の実際3―次世代育成支援対策行動計画、子ども・子育て支援事業計画―

こども園、幼稚園、保育所）により確保できる見通しとなっており、小規模保育事業等の地域型保育給付の実施を考慮する必要はないと推計された。

保育所については、❶保育所定員の見直し、❷市立保育所の統廃合、❸老朽化した保育所の改築、❹市立保育所の民営化、❺認定こども園への移行の検討、❻男性保育士の積極的採用等の課題に取り組むことになった。

地域子ども・子育て支援事業

A市の子ども・子育て家庭の実情（市民ニーズ）に応じて、「A市子ども・子育て支援事業計画」では13事業を実施することとなった。以下は、各事業の今後の取り組みである。

①利用者支援事業[*6]

- 子育て支援センター1か所に専任職員を配置し利用者支援機能を強化する。地域との連携のために、子育てサポーターを育成する（2015（平成27）年度）。
- 保育所併設の子育て支援室1か所に利用者支援窓口の開設を検討する（2017（平成29）年度）。

②地域子育て支援拠点事業[*7]

- 子育て支援室の事業内容（優先年齢や開設日時等）を検討する。
- 保育所1か所にて子育て支援室を開設予定（2016（平成28）年度）。
- 子育て支援室のない地区に開設を検討する（2018（平成30）年度）。

③妊婦健康診査[*8]

- 妊婦健康診査14回分の公費負担を継続実施する。
- 医療機関と連携し受診勧奨を通して、妊婦の健康保持増進と妊娠期からの児童虐待防止対策に取り組む。

④乳児家庭全戸訪問事業[*9]

- 主任児童委員による家庭訪問は2011（平成23）年度より開始し、実施率も向上し地域へも浸透している。2015（同27）年度からは、里帰り先（市外）で実施した助産師訪問対象者にも拡大し実施しているが、適切な地域の子育て情報を提供できるよう、今後も研修を通し支援内容の充実を図る。
- 助産師訪問については、95％の実施率である。今後も育児不安や産後うつなどが心配される新生児期の実施を継続する。

⑤養育支援訪問事業・子どもを守る地域ネットワーク機能強化事業[*10]

（養育支援訪問事業）
- 乳児家庭全戸訪問事業等から把握された養育的な支援を必要とする家庭に対して、保健師、助産師、家庭児童相談員、保育士等が専門的相談支援を実施する。
- 双子や三つ子など養育が困難な家庭に対して、家事援助サービス利用料の一部助成を継続する。
- 2018（平成30）年度頃までに、子育てサポーターなど地域の人材で子育て世帯を支援する取り組みを検討する。

[*6] 利用者支援事業
子どもまたは保護者の身近な場所で、子育て家庭のニーズに合わせて、幼稚園、保育所などの施設や地域の子育て支援事業などから必要な支援を選択して利用できるように、情報の提供や相談・助言などを実施する。また、必要に応じて関係機関との連絡調整等を実施する。

[*7] 地域子育て支援拠点事業
就学前児童とその保護者等が集まり、一緒に遊びながら交流するふれあいの場を提供するとともに、子育てに関する情報を提供するほか、子育て講座等を開催し、子育てに関する悩みについての相談・助言を行う。

[*8] 妊婦健康診査
妊娠中に起こりやすい病気などを予防し、必要な保健指導を受けるために、妊婦健康診査を実施する。

[*9] 乳児家庭全戸訪問事業
生後4か月までの乳児の世帯に助産師及び主任児童委員が訪問し、不安や悩みを聞き、必要な保健指導や子育て支援に関する情報提供等を行い、支援が必要な家庭に対しては適切なサービス提供につなげる。乳児のいる家庭と地域社会をつなぐ最初の機会となり、乳児家庭の孤立化を防止し、乳児の健全な育成環境の確保を図る。

*10　養育支援訪問事業・子どもを守る地域ネットワーク機能強化事業

養育支援訪問事業：養育支援が特に必要であると判断した家庭に対し、養育に関する指導、助言等を行うことにより、当該家庭の適切な養育の実施を確保するため、保健師・助産師・保育士等がその居宅を訪問する。

子どもを守る地域ネットワーク機能強化事業：要保護児童対策地域協議会は、子どもに関係する機関が情報を共有し連携して児童虐待などの問題に対応しながら子どもの虐待防止と啓発活動を行う。また、地域や子どもに関係する機関と連携し、子どもの安心安全の確保のための子育て支援に取り組む。

*11　子育て短期支援事業

保護者の病気その他の理由で、家庭において児童を養育することが一時的に困難となった場合に、宿泊をともなった一時預かりを実施する。

*12　子育て援助活動支援事業（ファミリー・サポート・センター事業）

地域において、子どもの預かり等の援助を行いたい者と援助を受けたい者との相互援助活動に関する連絡、調整を行う。

*13　一時預かり事業

家庭において一時的に保育を受けることが困難になった乳幼児について、保育所、幼稚園その他の場所で一時的に預かり、必要な保護を行う。

*14　延長保育事業

保育所で通常の保育時間を超えて子どもを預かる。

（子どもを守る地域ネットワーク機能強化事業）
・関係機関との連携、研修会や個別ケース会議等の実施を通して、要保護児童対策地域協議会の活動の充実を図り、妊娠期からの途切れない支援を継続し、児童虐待防止に取り組む。

⑥子育て短期支援事業*11

・市内で宿泊をともなうサービスがなく、児童相談所に相談している状況。
・市内の関係する団体や施設に委託実施する方向で検討する。

⑦子育て援助活動支援事業（ファミリー・サポート・センター事業）*12

・利用者支援事業と連携を図りながら利用内容を検討する。
・地域の子育てサポーター活動との連携を検討する。

⑧一時預かり事業*13

・保護者の意見を聞きながら、一時預かりの実施保育所の拡大を検討する。

⑨延長保育事業*14

・就労形態の多様化に対応するため、今後保護者の意見も聞きながら実施保育所の拡大や延長時間を検討する。

⑩病児保育事業*15

・市内にある国立病院機構での病児保育を継続する。
・市内の総合医療センターに病児保育の実施について働きかける。

⑪放課後児童健全育成事業*16

・現在は小学校4年生までとなっている対象児童を6年生まで引き上げる。
・2015（平成27）年度は20か所で実施、2016（平成28）年度以降は、ニーズ量を確保しつつ、区域別のバランスを考慮した見直しを実施する。
・児童の安全を考慮しながら、積極的に学校施設の活用を図る。

⑫実費徴収に係る補足給付を行う事業*17

・国の動向を注視しながら、実施の可能性について検討する。

⑬多様な主体が本制度に参入することを促進するための事業*18

・国の動向を注視しながら、実施の可能性について検討する。

(6) 計画の推進体制

関連機関等との連携

「A市子ども・子育て支援事業計画」は、国、県及び市内の関係機関と連携して取り組むとともに、A市子ども・子育て会議において意見を聴取し、事業に反映させることとしている。また、市民ニーズの把握に努め、市民との協働により本計画を推進していく。

第8章 福祉計画の実際3―次世代育成支援対策行動計画、子ども・子育て支援事業計画―

計画の点検・評価・見直し

A市子ども・子育て会議において、計画年度ごとに子育て支援施策の実施状況を調査・審議するなどPDCAサイクルによる継続的改善の考え方に基づき本計画の点検・評価・見直しを行う。本計画の見直しを行った結果等は、市のホームページで公開する予定としている。

4．今後の少子化対策・子育て支援の動向

子ども・子育てに関する3つの関連法の成立によって、国の新たな子ども・子育て支援に関する制度設計が、ほぼ完了したことになる。

これまでの次世代育成支援対策推進法に基づく市町村及び都道府県行動計画は、法改正により、策定期間が延長され任意策定となった[*19]。しかし、子ども・子育て支援法に基づく新たな事業計画は、実質的にこれを受け継ぐ形となり、国による子育て支援対策は今後も継続されることになる。

2015（平成27）年3月に閣議決定した「少子化社会対策大綱」では、今後の少子化対策の重点課題として、次の5つを掲げた。

① 子育て支援施策を一層充実させる
② 若い年齢での結婚・出産の希望が実現できる環境を整備する
③ 多子世帯へ一層の配慮を行い、3人以上子供が持てる環境を整備する
④ 男女の働き方改革を進める
⑤ 地域の実情に即した取組を強化する

重点課題の内容には、子育て支援施策の内容が含まれていることから、少子化対策と子育て支援施策は一体的に計画されることが重要であると考えられる。

なお、内閣府には、特命担当大臣（少子化対策担当）を本部長とする「子ども・子育て本部」が置かれ、少子化対策及び子ども・子育て支援策を管轄しており、児童福祉体系（厚生労働省）や学校教育体系（文部科学省）などとの総合的な調整や連携が図られている。これらの仕組みは、既存の児童福祉体系や学校教育体系が残ることも意味している。つまり、子ども・子育て支援新制度によって、子育て支援の一元化が図られたのではなく、むしろ多様な子育て支援の仕組みが用意される結果となったのである。

したがって、各市町村は、新制度による子育て支援サービスについて、より市民にわかりやすい情報提供を実施する必要があり、市町村レベルにおける子育て支援のワンストップサービスなどの仕組みの構築も期待される。

＊15 病児保育事業
病気の児童について、病院・保育所等に付設された専用スペース等において、看護師等が一時的に保育等を行う。

＊16 放課後児童健全育成事業
保護者の就労などにより、昼間保護者のいない家庭の小学校児童に対し、授業終了後などに適切な遊び及び生活の場を与えて、その健全な育成を図る。

＊17 実費徴収に係る補足給付を行う事業
保護者への世帯所得の状況等を勘案して、教育・保育施設等に対して保護者が支払うべき日用品、文房具その他の教育・保育に必要な物品の購入に要する費用または行事への参加に要する費用等を助成する。

＊18 多様な主体が本制度に参入することを促進するための事業
新規参入事業者に対する相談・助言等巡回支援や、私学助成（幼稚園特別支援教育経費）や障害児保育事業の対象とならない特別な支援が必要な子どもを認定こども園で受け入れるための職員の加配を促進する。

＊19
策定が任意化された市町村行動計画等については、各地域の実情に応じ、必要な特定の事項のみの作成とすることも差し支えない。また、市町村行動計画等については、子ども・子育て支援事業計画と一体のものとして策定して差し支えなく、これらの計画の策定手続についても、一体的に処理して差し支えない。

【引用文献】
1 ）OECD『Social Expenditure Database（SOCX）』2007年
　　http：//www.oecd.org/social/expenditure.htm

【参考文献】
・児童福祉法規研究会『児童家庭法令通達集』中央法規出版　2015年
・柏崎市『柏崎市子ども・子育て支援事業計画』2015年
・植木信一編著『新保育ライブラリ児童家庭福祉（新版)』北大路書房　2015年

第9章 福祉計画の実際4 —地域福祉計画—

● 本章のねらい

　本章のねらいは、地域福祉計画が必要とされる背景を見たうえで、地域福祉計画とは何かを、地域福祉計画の規定内容と、大阪府阪南市の「地域福祉推進計画」の事例に学びながら理解することである。

　大阪府と和歌山県との境界近くに位置する大阪府阪南市は、人口5万7,000人ほどの市である。2000（平成12）年に策定された阪南市の「地域福祉推進計画」は、行政と社会福祉協議会（社協）を中心にした住民組織とが、公民協働で地域福祉計画を策定し、実施してきた。つまり、行政の「地域福祉計画」、社協の「地域福祉活動計画」を一体的に策定、実施している。一体的というのは、地域のニーズ把握を協働で実施し、そこから出てきた課題を、多くの住民参加の中で、行政がすべきこと、民間・住民ですべきことを議論して計画を策定しているのである。このような公民協働の地域福祉計画から地域福祉のあり方も考えてみたい。

● プロローグ

　日頃から近所づきあいが少ないことに不安を感じた聴覚障害者のAさんは、大阪府阪南市で配置されているコミュニティ・ソーシャルワーカー（CSW）に、地域の見守りネットワーク事業を利用したいと相談した。CSWとは、担当地域で生活問題を抱えた住民に対して相談援助を行い、必要に応じて行政サービスや住民の助け合い活動等につなげる地域福祉の専門職である。そこでCSWは手話通訳者とともにAさんの家に訪問し、地域には手話ができる人が限られるために話し相手が少ないという問題を抱えていることなどを聞き取った。ちょうど地域福祉計画の見直しのために住民懇談会が行われるため、CSWはAさんにも参加するように働きかけた。Aさんはその住民懇談会で、手話ができる人がいないために困り事をなかなか相談できないと発言をした。すると、そこに参加していた地域のボランティアをしている人から地域で手話学習会をしようと提案が出た。その後、地域で手話学習会が開催されるようになり、Aさんはその講師となって地域に溶け込んだ。

　CSWという地域福祉の専門家の働きかけや住民懇談会によって、普段は声を上げにくい人の声をくみ取り、地域福祉は少し前進した[1]。すべての住

民が地域の中で不安なく生活できるよう福祉のまちづくりをしていく、そのきっかけをつくるのが地域福祉計画である。

1．地域福祉計画とは

(1) なぜ地域福祉なのか

地域福祉が注目される背景

はじめに地域福祉が注目される背景について考えておきたい。まず、「地域福祉とは何か」について井岡勉は、これまでの地域福祉の研究と実践の蓄積から、あるべき地域福祉の姿として、次のように定義している[2]。

> 地域・自治体レベルにおいて、住民の地域生活問題対策の一環として、住民の生活防衛と福祉増進を目的に、住民主体の原則と人権保障の視点を貫き、地域の特性と住民の生活の実態に焦点を当てたヨコ組の視点に立って、総合的・計画的に展開される公（行政）・民（民間・住民）社会福祉施策・活動の総体である。

重要なことは、地域福祉は住民主体により、縦割りの事業展開を排して総合的に取り組まれることである。

では、この地域福祉が今、社会福祉政策の中で注目される背景を地方分権と社会保障支出抑制の2つの側面から確認しておきたい[3]。

地方分権と地域福祉

地域福祉が注目される大きな流れとして地方分権がある。地方分権は、国の社会保障や社会福祉の意思決定、実施の責任や権限を、都道府県や市町村に移譲していくことである。なぜ社会福祉の地方分権化が求められるのか。その主な理由には、次の3つがあげられる。

第1に、高齢社会が進展する中で介護問題等が注目され、介護等の福祉サービスの提供が注目されてきたことである。福祉サービスの提供は、それを提供する人材（介護員等）と設備（福祉施設等）を、それぞれの地域で確保しなければならない。したがって、福祉サービスはそれぞれの地域で展開される。地方分権により、それぞれの地方公共団体が地域の実情に合わせてきめ細かい福祉サービスの対応をするよう期待されているのである。

第2に、福祉サービスの提供にNPOや企業、ボランティア団体、近隣住民等のさまざまな民間資源の活用が期待されることである。行政サービスの

みならず、これら民間資源を含めた福祉サービス提供体制をそれぞれの地域でつくる必要が生じてきたのである。

　第3に、地方分権により、地域住民が直接意思決定やそのプロセスに積極的に参加して、それぞれの地域にあった地域の福祉サービス提供体制を構築することが期待されていることである。

社会保障支出抑制と地域福祉

　地域福祉が期待されるもう一つの流れとして、社会保障支出の抑制があげられる。2015（平成27）年度の（一般会計と特別会計を併せた）国の予算の歳出（238.0兆円）を見ると[4]、最も支出が多いのが国の借金の返済である「国債費」（37.9%（90.1兆円））、次いで「社会保障関係費」（34.9%（83.0兆円））である。また、国の借金（国債・借入金・政府短期証券）の総額が2014（平成26）年度末で1,053兆円に達した[5]。そのために、国は支出額の大きい社会保障関係費を含めて歳出抑制を行っている。

　しかし、高齢化にともなう年金・医療・介護の支出増大に加えて、生活保護受給者の増加や貧困問題、孤独死等の社会的孤立の問題も大きな社会問題となり、社会保障・社会福祉はますます大きな役割が求められる。そのため、国はボランティア活動やNPO活動等を主軸とした地域福祉を推進することによって、社会保障支出を抑制し、社会保障制度の持続を図ろうとしている。

　たとえば、『厚生労働白書』の2005（平成17）年版の副題は「地域とともに支えるこれからの社会保障」、2006（同18）年版の副題は「持続可能な社会保障制度と支え合いの循環～『地域』への参加と『働き方』の見直し～」としてそれを訴えている。

　以上のように、地方分権と社会保障支出の抑制により、地域福祉の展開に大きな期待がもたれるようになっているのである。

社会福祉法における地域福祉

　さて、こうした国や社会の地域福祉に対する期待から、2000（平成12）年の社会福祉法（社会福祉事業法を改正・改称）に、法律ではじめて地域福祉が規定された。社会福祉法第1条に「地域における社会福祉」＝「地域福祉」として、その推進が法の目的の1つとして規定され、第4条で「地域福祉の推進」が具体的に規定されている。

> （目的）
> **第1条** この法律は、社会福祉を目的とする事業の全分野における共通的基本事項を定め、社会福祉を目的とする他の法律と相まつて、福祉サービスの利用者の利益の保護及<u>び地域における社会福祉（以下「地域福祉」という。）の推進を図る</u>とともに、社会福祉事業の公明かつ適正な実施の確保及び社会福祉を目的とする事業の健全な発達を図り、もつて社会福祉の増進に資することを目的とする。
>
> （地域福祉の推進）
> **第4条** <u>地域住民、社会福祉を目的とする事業を経営する者及び社会福祉に関する活動を行う者は、相互に協力し、福祉サービスを必要とする地域住民が地域社会を構成する一員として日常生活を営み、社会、経済、文化その他あらゆる分野の活動に参加する機会が与えられるように、地域福祉の推進に努めなければならない。</u>

注) 下線は引用者

(2) なぜ地域福祉計画なのか

それでは、なぜ地域福祉を計画化するのか、地域福祉計画が求められる背景について、次の3つの点から考えておこう。

分野別計画から総合計画へ

第1に、高齢者、障害者、児童等の社会福祉事業の福祉計画が分野別に縦割りでつくられてきたことへの対応である。老人福祉計画、子ども・子育て支援事業計画、障害福祉計画、介護保険事業計画等、分野別の福祉計画に対して、地域福祉計画は分野別計画に規定された各事業の共通する事業（ボランティアの推進等）や各分野の事業（世代間交流事業等）の連携・調整を図り、全体的な調整を担う総合的な計画として位置づけられる。

計画的な取り組み

第2に、地域福祉の策定は計画的に取り組んでいく必要があることである。計画策定のプロセスはコミュニティワークのプロセスそのものである。つまり、計画の策定作業という機会を生かして地域にある生活課題を発見し、それを住民参加でアセスメントし、地域でその課題を共有し、解決の方法を考え、取り組みを展開していく必要がある。これらは一朝一夕にできるものではなく、計画策定を通して共通の目標をもって長期的視野に立ち、1歩ずつ計画的に進めなければならない。

地域住民の参加・参画

第3に、地域住民が地域福祉に積極的に参加していく機会をつくることである。先にも述べたように、地域福祉は地域住民の理解と取り組みが必要で

第9章 福祉計画の実際4―地域福祉計画―

ある。そのためには、地域の生活問題を、地域住民自らが理解をしていき、地域住民や市町村がどういう課題にどのように取り組んでいくのかを話し合う場をつくっていくことが重要である。地域福祉計画の策定プロセスや進捗管理では、そのような機会をつくることができる。

2．地域福祉計画の内容

(1) 地域福祉計画の法規定

　地域福祉計画の内容については、社会福祉法第107条で市町村地域福祉計画、第108条で都道府県地域福祉支援計画として規定されている。この法律にある地域福祉計画の国による指針については、2002（平成14）年1月に公表された、厚生労働省の社会保障審議会福祉部会「市町村地域福祉計画及び都道府県地域福祉支援計画策定指針の在り方について（一人ひとりの地域住民への訴え）」（以下、「福祉部会の訴え」）の中で詳しく記されているので、それを参照していただきたい。ここでは中心となる市町村地域福祉計画の概要のみ確認しておきたい。

> （市町村地域福祉計画）
> 第107条　市町村は、地域福祉の推進に関する事項として次に掲げる事項を一体的に定める計画（以下「市町村地域福祉計画」という。）を策定し、又は変更しようとするときは、あらかじめ、住民、社会福祉を目的とする事業を経営する者その他社会福祉に関する活動を行う者の意見を反映させるために必要な措置を講ずるよう努めるとともに、その内容を公表するよう努めるものとする。
> 一　地域における福祉サービスの適切な利用の推進に関する事項
> 二　地域における社会福祉を目的とする事業の健全な発達に関する事項
> 三　地域福祉に関する活動への住民の参加の促進に関する事項

　ここで重要な点は次の3点である。第1に、地域福祉計画に盛り込むべき内容として、「地域における福祉サービスの適切な利用の推進に関する事項」「地域における社会福祉を目的とする事業の健全な発達に関する事項」「地域福祉に関する活動への住民の参加の促進に関する事項」が必要であること。これらの事項に具体的に含まれる内容についても「福祉部会の訴え」に記されているので確認しておいてほしい[*1]。なお、「福祉部会の訴え」によれば、これら3つの事項をふまえなければ、「法上の地域福祉計画としては認められない」とされている[*2]。

　第2に、地域福祉計画の策定にあたって、地域住民や社会福祉事業者等の

[*1] たとえば、「福祉サービスを必要とする地域住民に対する相談支援体制の整備」「要支援者が必要なサービスを利用することができるための仕組みの確立」「サービス利用に結びついていない要支援者への対応」「住民等による問題関心の共有化への動機付けと意識の向上、地域福祉推進への主体的参加の促進」等が記載されている。

[*2] 2015（平成27）年4月より「生活困窮者自立支援法」が施行されたことにともない、地域福祉計画に「生活困窮者の把握等に関する事項」や「生活困窮者の自立支援に関する事項」といった「生活困窮者自立支援方策」について盛り込むべきとされた（厚生労働省社会・援護局通知「市町村地域福祉計画及び都道府県地域福祉支援計画の策定について」（社援0327発第13号、平成27年3月27日））。

意見を反映させることである。「福祉部会の訴え」によれば、地域住民や社会福祉事業者等には、要支援者の団体、自治会・町内会、一般企業、商店街、民生委員、ボランティア団体、NPO、農業協同組合、消費生活協同組合等の幅広い関係者が含まれる。つまり、地域住民の生活にかかわるさまざまな関係者の意見を広く反映させることが期待されている。

第3に、これらの内容を地域住民等に公表することである。

(2) 地域福祉計画の策定状況

しかし、社会福祉法が成立して15年程経った近年でも地域福祉計画の策定率は十分でない。なぜなら、地域福祉計画の策定は努力義務とされており、介護保険事業計画のように必ず策定しなければならないものではないからである。2014（平成26）年3月31日時点の全国の市町村地域福祉計画を策定した自治体の策定率（自治体数）は66.0％（1,149／1,742市区町村（東京都特別区含む））と半分強である。そのうち、市区レベルでの策定率は85.0％（691／813市区）、町村レベルは49.4％（458／929町村）と、町村レベルで策定率がかなり低い[*3]。

国は2011（平成23）年6月の「地域主権戦略大綱」をふまえて、「地域の自主性及び自立性を高めるための改革の推進を図るための関係法律の整備に関する法律」により、社会福祉法を改正し（2011（同23）年8月施行）、地域福祉計画を策定する際には義務とされていた住民等の意見を反映するための措置や策定した計画の公表をも、各自治体で判断できるよう努力義務とした[*4]。ただ、住民参加もなく、公表もされないような地域福祉計画は全く無意味である。

次に、上記を理解するためにも、公民協働で地域福祉計画の策定に取り組み、住民参加を進めてきた阪南市の地域福祉推進計画を見ていきたい。

3．阪南市地域福祉推進計画

(1) 阪南市の概要

大阪府阪南市の人口は、5万6,498人であり、総世帯数2万3,901世帯である（2015（平成27）年8月末現在）。大阪府の南西部に位置し、大阪湾に面し、南は和歌山県と接している温暖な気候の地域である。紡績や漁業、農業等を主な産業としてきたが、南海電気鉄道やJR西日本も通っているため、大都市である大阪市のベッドタウンとしても発展してきた町である。

[*3] 厚生労働省「全国の市町村地域福祉計画及び都道府県地域福祉支援計画等の策定状況について（平成26年3月31日時点の状況調査結果）」2014年。

[*4] 厚生労働省「社会・援護局関係主管課長会議資料」（2012年3月1日）。

図9-1 阪南市の位置

注) 阪南市の情報については、阪南市ホームページを参照
http://www.city.hannan.lg.jp/shisei/shisei/index.html

　では、阪南市でどのように地域福祉計画に取り組んできたのか。阪南市は2000（平成12）年3月に第1期阪南市地域福祉推進計画を策定し、10年後に大きな見直し作業が行われ、2012（同24）年に第2期阪南市地域福祉推進計画を策定した。以下、2つの計画の中身を具体的に見ていきたい[6]。

(2) 第1期地域福祉推進計画

計画策定の背景

　阪南市で地域福祉推進計画の策定に取り組むことになった背景としては、1990年代のバブル経済の崩壊にともなうリストラや倒産、失業者の増加と、少子高齢化と核家族化が進展する中での老後不安、介護不安にどう対応するのかといった社会的な問題がクローズアップされてきたことにある。特に、1999（平成11）年に阪南市が地域福祉推進計画に取り組むきっかけになった一つの要因は、2000（同12）年の介護保険制度の実施にある。介護保険制度が有効に実施されるためには、地域の介護問題を把握し、相談支援を通して介護サービスの利用につなげなければならない。そのためには住民の介護問題についての認識を高め、地域で相談支援体制を構築していく必要がある。また、介護保険サービスでカバーできない生活支援等の部分をどのように対応するのかということも大きな課題であった。そのために、阪南市では、介護保険制度の実施のための介護保険事業計画の策定と同時に、地域福祉推進計画の策定に踏み切ったのである。

阪南市地域福祉推進計画の特徴：公民協働と住民参加

　阪南市の地域福祉推進計画の大きな特徴は、第1に、公民協働で計画策定をしたことにある。つまり、阪南市地域福祉推進計画は、住民の基本的人権

を保障する公的責任を明確にした「行政施策計画(地域福祉計画)」と、社会福祉法第109条で「地域福祉の推進主体」として位置づけられた社会福祉協議会(社協)の「地域福祉活動計画」を統合した計画となっている。地域福祉計画は行政が策定する行政施策としての計画であるのに対して、社協が中心となって策定する地域福祉活動計画は、住民及び社会福祉事業関係者等民間による地域福祉活動の実施及び推進のための民間の計画である[7]。この両者を統合した名称として「地域福祉推進計画」とした。

地域福祉は行政サービスだけでは不十分であり、それをカバーするために民間・住民の活動や取り組みが必要である。そこで「充実した地域福祉(福祉のまちづくり)を実現していくためには、やはり、行政と民間・住民とが合意形成をはかり、協力・協働し、役割分担して取り組む必要」があると考えられたのが、このような統合計画になった理由である[8]。

特徴の第2は、計画策定プロセスにおける多様な住民参加・参画の機会を確保したことである。これについては、次の策定プロセスで詳しく見る。

(3) 策定プロセスと内容

策定組織と策定期間

阪南市地域福祉推進計画の策定は、1999(平成11)年7月に市長と社会福祉協議会会長の連名による委嘱により開催された策定委員会(公・民関係機関、団体代表、研究者等27名により構成)と作業委員会(行政各課職員、当事者・ボランティア、校区福祉委員会活動者、事務局、研究者等34名、臨時委員12名により構成)によりはじめられ、策定にかかわる委員だけで73名もの人が参画した。2000(同12)年3月の基本目標・基本計画の策定までの9か月の間に、策定委員会は6回、作業委員会は15回の会合が開催された。

策定手法

策定手法は、❶阪南市の地域特性と生活要求・生活問題を明らかにすること、❷その問題認識を関係者・住民の間に広げ、共有することを最重要とした。なぜなら、地域福祉は地域住民が主体となる活動を支える計画でもあり、そのためには地域住民が自ら参加して策定することが重要だからである。また、この策定プロセスを通して住民の活動体制づくり、活動おこしにつなげたいという狙いもあった。表9-1のようなさまざまな手法を凝らして、地域生活課題を明らかにすると同時に、地域住民が計画策定作業に参加する機会をつくってきた。

策定された計画の内容

以上のような取り組みを通して、2000(平成12)年3月に阪南市地域福祉

表9-1 住民参加・ニーズ把握の方法

○作業委員会
策定委員会の円滑な作業の推進を図るために設置された作業委員会では、各地区のフィールドワークやグループワークを通して、各地区のよい点・課題点についてまとめたり、福祉計画では見過ごされやすい消防や道路等の市民生活にかかわる担当者へのヒアリング等を行ったりして、阪南市の地域課題について整理した。
○既存資料・各種調査報告書の収集・分析
地域福祉推進計画とは別に実施された「高齢者実態調査（一般高齢者、要援護高齢者、一般成人）」「障害者実態調査」「家族および子ども（母子）の暮らしの課題（阪南市母子保健計画）」より阪南市の生活課題を整理した。
○団体ヒアリング
1999（平成11）年10月から11月にかけて、障害者団体や介護者の会、作業所、民生委員・児童委員協議会等18団体に対してその会員や利用者のアンケート調査とそれをふまえた団体役員等への聞き取りを行い各団体やその会員の抱えている問題を把握した。
○校区福祉委員会ヒアリング
1999（平成11）年7月に、12の全小学校区に設置されている住民組織である「校区福祉委員会」に対して聞き取りを行い、その校区の特性や活動の実態を把握した。
○校区住民懇談会
1999（平成11）年10月の第一回目は地域の特性や課題を把握するため、2000（同12）年2月の第二回目は計画策定作業の中で見えてきたそれぞれの校区の地域課題を確認・共有化することを目的に、12校区で住民懇談会を開催した。
○住民モニター調査の実施
住民モニターは、地域活動を行っている住民自身が地域住民の家に直接訪問して、生活課題や地域活動等に関するアンケートを利用した聞き取り調査である。一般公募で14名、校区福祉委員会の推薦による24名の合計38名のモニターが1999（平成11）年12月から2000（同12）年1月にかけて調査に出向いた。その結果、2,117人の市民から回答を得られ、各校区の地域特性や課題をデータにより確認することができた。
○市民まつりでのパネル展・疑似体験
1999（平成11）年10月には、市民の多くが参加する市民まつりにて、地域福祉推進計画策定で見えてきた地域課題を展示するなどして計画策定内容を住民に情報提供すると同時に、車いす体験やシニア体験、マタニティ体験等の疑似体験を実施し、市内のバリアフリー等をチェックした。
○市民シンポジウムの開催
地域福祉推進計画の中間報告を行うと同時に、リレートークにより12校区福祉委員会および当事者の会3団体の代表者より地域福祉への期待や今後の課題や抱負について報告をした。

資料　阪南市・阪南市社会福祉協議会『阪南市地域福祉推進計画』2000年

推進計画の基本理念や基本計画が策定された。計画期間は2000（同12）年後半期から2010（同22）年前半期までの10か年である。地域福祉推進計画の基本理念や基本計画等の具体的な内容は図9-2の通りである。基本理念の原則理念として「公民協働による福祉のまちづくり」「住民自治・住民主体に

よる福祉のまちづくり」、目標理念として「すべての住民の基本的人権が大切にされる福祉のまちづくり」が規定された。このような理念を達成するために、行政の「行政施策計画」と社協の「地域福祉活動計画」の「基本計画」が一体的に策定され、校区福祉委員会の「校区別計画」も策定された。

図9-2 阪南市地域福祉推進計画体系図

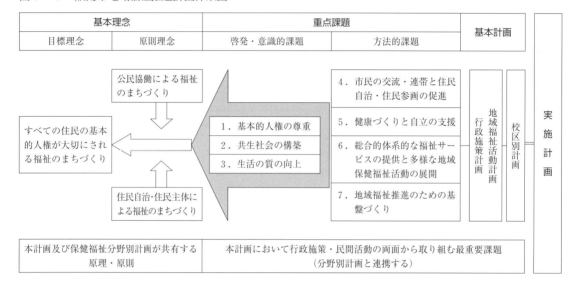

地域福祉推進計画〈基本計画〉

【行政施策計画】行政の責任による施策の整備、体系化の課題	【地域福祉活動計画】市民の手による暮らしを支える条件づくり
①地域福祉条例の制定	①公民協働による地域福祉活動計画の定期的策定
[生活区域を基礎にした地域福祉推進体系づくり] ②4つの保健福祉区域の設定と小学校区福祉活動の推進 ③総合的な相談・支援体制の確立	[生活区域を基盤にした地域福祉推進体系づくり] ②くらしのSOSキャッチシステムの確立と小地域ネットワーク活動の強化 ③住民主体・参加による小学校区福祉活動のさらなる展開 ④ボランティア活動の推進とさまざまな住民活動と連携
[総合的・体系的なサービスの提供] ④利用者本位のケアシステムの確立と危機管理 ⑤身近な場所での総合的な生活支援情報提供体制の構築 ⑥市民の人権意識の向上と生きがいづくりの支援	[総合的・体系的なサービスの提供] ⑤生活相談・支援(権利擁護)事業の展開と利用者本位サービスの向上 ⑥新たな民間サービス開発とモデル的運営の推進 ⑦身近な場所での生活支援情報提供活動の推進 ⑧福祉教育・学習と啓発活動の推進
[計画づくりの原則と保健福祉分野別計画との連携] ⑦個別計画の推進と進捗管理 ⑧公民協働による計画づくりと推進	[民間ネットワークの拡大・強化と行政計画策定への参画] ⑨地域保健福祉のネットワークづくり ⑩モニター活動等の展開と行政計画策定への参画
[地域福祉推進組織と人材基盤づくり] ⑨地域福祉推進を担う市役所一般職員・福祉専門職員の養成研修と推進体制の整備 ⑩社会福祉協議会の強化・支援と公民パートナーシップ	[地域福祉推進組織と人材基盤づくり] ⑪社会福祉協議会、校区福祉委員会の基盤強化と総合福祉センターの建設促進

出典 阪南市・阪南市社会福祉協議会『阪南市地域福祉推進計画』2000年 20頁

基本計画を見ると一目瞭然であるが、同じ目標に対して、行政及び民間・住民の計画が整理して提示されている。たとえば、「生活区域を基礎にした地域福祉推進体系づくり」については、行政施策計画には「4つの保健福祉区域の設定と小学校区福祉活動の推進」や「総合的な相談・支援態勢の確立」があり、地域福祉活動計画には「くらしのSOSキャッチシステムの確立と小地域ネットワーク活動の強化」「住民主体・参加による小学校区福祉活動のさらなる展開」「ボランティア活動の推進とさまざまな住民活動との連携」が記されている。

こうして策定された地域福祉推進計画の内容を小学生でも読めるように、小学校教諭も交えてわかりやすい文章で「普及版」を作成し、全戸配布した。また、この基本計画を実行あるものにするために、より具体的な手順や実施期間を明記した「実施計画書」も作成された。

(4) 地域福祉推進計画の特徴と意義

阪南市地域福祉推進計画がもつ特徴や意義として、次の5点を指摘できる。

第1に、地域福祉計画を規定した社会福祉法の成立前に策定された計画であり、国に義務づけられて策定する計画とは異なり、独自の地域福祉への内発的な取り組みとして策定されたことである。

第2に、公民協働による計画となっていることである。公民協働で策定するために、地域生活課題の把握や目標設定等を公民協働で作業を進めてきた。市職員をはじめ、社協職員、校区福祉委員会の役員、各団体の代表等が同じテーブルを囲んで地域生活課題について話し合い、取り組むべき課題を整理した。その後、その課題について行政ですべきこと、民間・住民ですべきことをさらに整理した。地域福祉のために公的責任として行政施策ですべきことは何か、民間・住民がすべきことは何かを対等な立場で議論し、取り組んでいくというスタンスで策定されている。

第3に、住民参加参画のためのさまざまな機会を設けていることである。住民懇談会をはじめ、作業委員会や住民モニター、団体ヒアリング、市民シンポジウムなど、地域住民が計画策定に参加する多様な機会が設定された。こうして一人でも多くの地域住民の声を聞き、地域の生活課題を計画の中にくみ取り、また一人でも多くの地域住民に地域福祉計画に関心をもって地域福祉活動に参加してもらうきっかけにしたのである。

第4に、小学校区を基礎とした「校区別福祉計画」の策定に見られるように、住民に身近なコミュニティで地域活動を重要視していることである。阪南市では小学校区ごとに市社協がサポートする「校区福祉委員会」が設置さ

れ、身近な地域の活動を通じて、コミュニティづくりを推進している。

最後に、地域福祉推進計画の基本理念は、地域福祉推進計画のみならず、他の保健福祉分野別計画でも共有する原理・原則とされていることである。つまり、地域福祉推進計画が、高齢や障害、児童等の他の分野別計画を先導し、方向づけているのである。たとえば高齢者保健福祉計画も「公民協働」や「住民自治・住民主体」「基本的人権」が大切にされる「福祉のまちづくり」を念頭においで策定されなければならない。

(5) その後の計画の見直しと第2期地域福祉推進計画の策定

さて、地域福祉推進計画が策定されて10年以上が経った。このなかで計画の見直しが行われたり、新たに第2期の計画が策定されたりしている。ここでは第1期計画策定後の動きを簡潔に見ておきたい。

2007（平成19）年の計画の見直し

第1期計画では2003（平成15）年をめどに計画の見直し作業に入るとされていたが、その見直し作業は行われてこなかった。地域福祉推進計画の進捗管理を行うため、計画書には「地域福祉推進連絡協議会」を設置するとされていたが、すぐに設置されなかったからである。

2006（平成18）年8月に、地域福祉推進連絡協議会（委員は34名）が設置され、見直し作業が開始された。公募による市民委員6名が連絡協議会メンバー（作業委員を兼務）となり、より広く市民の参加に扉を開いた。また、作業委員会では、作業委員が大幅に増員された。作業委員として、各校区福祉委員会の代表12名、新たに阪南市5エリアに配置されたコミュニティ・ソーシャルワーカー5名、先の公募市民委員6名等も含め、作業委員は合計50名にも及んだ。さらに、他の分野別計画との一体的な推進を図るために、高齢・障害・児童の行政計画にかかわる学識経験者を作業委員としたことである。そのため、作業委員会の学識経験者（研究者）は4名となった。

計画の見直し作業は、50名に及ぶ作業委員での協議を中心に、各校区での住民懇談会や団体ヒアリング（33団体）等も経て行われた。今回の作業委員会での見直し作業では、特に、「公」では行政施策間の連携強化、「民」では地縁型の地域活動組織とテーマ型のNPOや市民活動団体との協働強化が課題とされた。この計画の見直しに合わせて、2008（平成20）年3月に実施計画書も見直しが行われた。

第1期計画の成果と課題

2012（平成24）年3月には、第2期地域福祉推進計画が策定された。それによると、第1期計画は次のような成果と課題を残したという。まず、第1

期計画の成果については、第1に、福祉専門職の配置であり、行政の人事異動で専門性が高められるよう配慮し、民間もコミュニティ・ソーシャルワーカーを5名配置してきたこと。第2に、地域の各関係団体、ボランティア、NPO等の活躍であり、特に阪南市民病院が医師不足で経営危機に陥った際に、地域福祉推進連絡協議会が病院存続運動を展開し、存続を果たすことができたという。第3に、孤立した住民をつくらない活動である小地域ネットワーク活動が充実してきたこと。第4に、東日本大震災の影響もあり、暮らしの危機に対して市民意識が高揚してきたことである。

次に、第1期計画の課題については、少子高齢化にともなう人口減少、第1期計画で掲げた「地域福祉条例」の制定、災害発生時の要援護者への支援体制の整備などが指摘されている。

第2期計画策定の経緯と計画

第2期計画の策定経緯については、2011（平成23）年8月から、地域福祉推進連絡協議会（3回）、作業委員会（8回）、住民懇談会、中学校で計画素案を話し合う出張授業、パブリックコメント等が実施された。特に、作業委員会の人数が合計54名と、地域で活動する多くのメンバーを集めて、議論して計画を策定していることが、大きな特徴となっている。2012（同24）年3月に完成した計画は次頁の表9－2の通りである。

その後、第2期の実施計画の策定作業が行われ、地域福祉推進連絡協議会（3回）、作業委員会（11回）、住民懇談会（12の小学校区）、パブリックコメント等を通じて市民の意見を反映しながら策定された。2013（平成25）年3月に完成した「第2期阪南市地域福祉推進計画実施計画」は、誰が何をいつまでに行うのかを明記した具体的な取り組みと内容を掲載し、併せて2016（同28）年度までの事業の継続、協議、新規、拡充等のスケジュールを示した計画となった。実施計画には、住民自治・市民参画による福祉のまちづくりの1つとして「小学校区ふくしのまちづくり計画」があげられ、12の小学校区の住民の福祉活動計画を掲載している。阪南市では、このように住民参加型の地域福祉計画づくりを実践しているのである。

(6) 公民協働・住民参加型の地域福祉の推進に向けて

多くの行政にとって地域福祉は、行財政が悪化するなかで行政サービスを削減するにあたって、それを住民の相互扶助でカバーするための手段だと思われているようである。しかし、住民ができることにも限界があり、行政は行政でしかできないことをしっかりと責任をもって取り組む必要があることはいうまでもない。阪南市が地域福祉推進計画において公民協働を謳うのは、

表9-2 第2期 阪南市地域福祉推進計画の基本計画の概要

地域福祉計画【公】	地域福祉活動計画【民】
第1章 市民主体・住民自治を形にするための施策整備、体系化	
1）地域福祉条例の制定	1）公民協働による地域福祉活動計画の策定・進捗管理と行政計画への参画
2）公民協働による計画づくりと進捗管理	2）小学校区福祉のまちづくり計画の策定と話し合いの場づくり
第2章 誰もが安全・安心に暮らせるまちづくり	
3）地域と連携した要援護者支援体制の整備	3）日常の地域力を生かした防災・防犯のまちづくりの推進
第3章 身近な生活範囲を基礎にした地域福祉推進のネットワークづくり	
4）4つの保健福祉圏域内での連携と小学校区福祉活動の推進	4）校区福祉委員会の発展と各種団体同士の連携促進
5）利用者本位のケアシステムの確立	5）CSWの役割強化と地域ケアシステムの推進
第4章 困りごとを受け止める相談支援体制と情報伝達・発信の仕組みづくり	
6）総合的な相談支援体制の確立と連携強化	6）くらしのSOSキャッチシステムと身近な拠点での相談・情報提供活動
7）身近な場所での総合的な生活支援情報提供体制の構築	7）生活相談・支援（権利擁護）事業の展開と利用者本位のサービスの向上
第5章 地域福祉活動・サービスの開発と展開	
8）地域福祉活動の推進	8）住民主体・参加による小地域ネットワーク活動のさらなる展開
9）地域福祉活動の場づくり	9）ボランティア活動の推進と様々な地域活動・市民活動との連携
10）福祉サービスの参入促進と利用支援	10）多様な民間ネットワークの拡大・強化と新たな民間サービスの開発
第6章 地域福祉を推進するための基盤づくり	
11）市民の福祉意識の高揚と福祉教育の充実	11）地域福祉を推進するための福祉教育の展開
12）地域福祉推進を担う市役所職員の意識啓発と推進体制の強化	12）地域福祉推進のための自主財源としての共同募金運動・会員募集活動の推進
13）社会福祉協議会など関係団体への支援と総合福祉センター機能を持つ拠点づくり	13）社会福祉協議会、校区福祉委員会の基盤強化と総合福祉センターの確保

出典 阪南市・阪南市社会福祉協議会『第2期 阪南市地域福祉推進計画』2012年 7頁

地域福祉を進めるためには、行政の地域福祉における役割をしっかりと位置づけることにつながっているからだといえる。また、多くの市民を巻き込んだ住民参加による地域福祉計画の策定手法は不可欠である。大切なことは、地域の生活課題を解決するために、どのような方法が最善なのかを公民協働でそれぞれの地域で丁寧に議論をして、実際に取り組んでいくことである。阪南市の取り組みはそのような取り組みの方法の一つの先例となる。

【引用文献】
1）阪南市社会福祉協議会・阪南市いきいきネット相談支援センター連絡協議会『社協の地域担当職員とCSWの地域づくり協働実践事例集』2008年　29－33頁
2）井岡勉「地域福祉とは何か」井岡勉監、牧里毎治・山本隆編『住民主体の地域福祉論―理論と実践―』法律文化社　2008年　12頁
3）木下武徳「社会保障と地域福祉」井岡勉監修、牧里毎治・山本隆編『住民主体の地域福祉論―理論と実践―』法律文化社　2008年　180－194頁
4）予算委員会調査室「平成27年度予算の概要」『経済のプリズム（第137号）』参議院事務局　2015年　15頁
5）「国の借金1,053億円」『読売新聞』2015年5月9日
6）本節は、阪南市の地域福祉推進計画書及び本計画の行政責任者であった水野謙二氏の「地域福祉計画－阪南市：公民協働での地域福祉推進計画の策定と今後」（井岡勉監修、牧里毎治・山本隆編『住民主体の地域福祉論―理論と実践―』法律文化社　2008年　281－288頁を参照。なお、著者も作業委員として参加した。
7）全国社会福祉協議会『新・社会福祉協議会基本要項』1992年を参照のこと。
8）阪南市・阪南市社会福祉協議会『阪南市地域福祉推進計画』2000年3月　10頁

【参考文献】
・井岡勉監、牧里毎治・山本隆編『住民主体の地域福祉論―理論と実践―』法律文化社　2008年
・大阪府『市町村におけるCSWの配置事業に関する新ガイドライン』2011年
・木下聖『地方分権と地域福祉計画の実践―コミュニティ自治の構築へ向けて―』みらい　2007年
・武川正吾編『地域福祉計画―ガバナンス時代の社会福祉計画―』有斐閣　2005年
・阪南市・阪南市社会福祉協議会『阪南市地域福祉推進計画』2000年
・阪南市・阪南市社会福祉協議会『阪南市地域福祉推進計画【資料編】』2000年
・阪南市・阪南市社会福祉協議会『阪南市地域福祉推進計画』（普及版）2000年
・阪南市・阪南市社会福祉協議会『阪南市地域福祉推進計画・実施計画書』2001年
・阪南市・阪南市社会福祉協議会『阪南市地域福祉推進計画』（見直し）2007年
・阪南市・阪南市社会福祉協議会『阪南市地域福祉推進計画・実施計画書』（見直し）2008年
・阪南市・阪南市社会福祉協議会『第2期阪南市地域福祉推進計画』2012年
・牧里毎治・野口定久編著『協働と参加の地域福祉計画―福祉コミュニティの形成に向けて―』ミネルヴァ書房　2007年

索　引

あ行

アーンシュタイン　96
アウトカム　116
アウトプット　116
朝日訴訟　38
委員会の運営　114
一部事務組合　30、135
一般会計予算　64
一般事業主行動計画　168
医療保険　76
インプット　115
エンゼルプラン　164
応益負担　76
応能負担　76

か行

介護保険　78
介護保険事業計画　128
介護保険法　126
家庭児童相談室　49
関係団体ヒアリング　111
寄附金　77
基本指針　147
義務規定　94
教育・訓練・指導担当児童福祉司　51
行政機関が行う政策の評価に関する法律　118
行政処分　11
共同処理　135
共同募金　76
緊急保育対策等5か年事業　164
虞犯少年　51
経済安定成長機能　20、63
契約利用方式　34
現業員　48
現金給付　35

現物給付　35
広域連合　31、135
厚生労働省　27
厚生労働省設置法　27
行動計画　166
行動計画策定指針　166
公募　113
高齢者保健福祉推進10か年戦略　86
ゴールドプラン　86
国債費　64
告示　40
国民負担　77
国民負担率　77
コストパフォーマンス　21
国家財政　64
子ども・子育て応援プラン　165
子ども・子育て会議　173
子ども・子育て関連3法　168
子ども・子育て支援給付　169
子ども・子育て支援事業計画　170
子ども・子育て支援新制度　168
子ども・子育てビジョン　168
コミュニティ・ソーシャルワーカー　179
今後の子育て支援のための施策の基本的方向について　164

さ行

財産区　31
歳出　64
財政　62
財政の3機能　77
歳入　64
策定委員会　104、112
査察指導員　47
三権分立　37
三位一体の改革　73
支援費制度　142

資源配分機能　20、63
自己負担　75
市場化テスト　22
次世代育成支援対策行動計画　168
次世代育成支援対策推進法　164、165
自治事務　15、32
市町村　31
市町村介護保険事業計画　128
市町村地域福祉計画　104、183
市町村地域福祉計画及び都道府県地域福祉支援計画策定指針の在り方について　95、113、183
市町村地域福祉計画策定状況等の調査結果概要　119
市町村福祉事務所　47
市町村老人福祉計画　126
実態調査　111
指定介護予防支援事業　58
指定管理者制度　22、37
指定都市　31
児童心理司　52
児童相談所　49
児童相談所運営指針　50
児童福祉司　51
市民参加の梯子　96
社会福祉基礎構造改革　87
社会福祉事業法等の改正　87
社会福祉主事　47
社会保険料　74
社会保障　18
社会保障関係費　64、65
社会保障給付費　19、65
社会保障財源　74
社会保障支出抑制　181
社会保障審議会　27
社会保障と税の一体改革　62、64、79
社会保障給付費の推移　67
重点施策実施5か年計画　145
住民懇談会　111
住民参画　95
主任介護支援専門員　59

障害者基本計画　144
障害者基本法　144
障害者計画　147
障害者自立支援法　35、143、147
障害者政策委員会　141
障害者の日常生活及び社会生活を総合的に支援するための法律→障害者自立支援法
障害者プラン　145
障害福祉計画　147
障害福祉サービス及び相談支援並びに市町村及び都道府県の地域生活支援事業の提供体制の整備並びに自立支援給付及び地域生活支援事業の円滑な実施を確保するための基本的な指針→基本指針
少子化対策　164
少子化社会対策大綱　165、177
少子化対策プラスワン　164
消費税　79
省令　40
条例　41
触法少年　50
所得再分配機能　20、63
新障害者プラン　145
身体障害者更生相談所　54
身体障害者福祉司　49、55
吹田市地域福祉計画　120
生活困窮者自立支援法　15
生活保護費　78
政策的経費　64
政策評価　118
税収の所得弾力性　77
精神医療審査会　56
精神保健福祉センター　56
精神保健福祉相談員　57
政令　40
総合計画　85
租税　77
措置方式　34

た行

代理受領方式　36

地域子ども・子育て支援事業　169
地域再生法　14
地域支援事業　57
地域支援事業の任意事業　58
地域自立支援協議会　149
地域づくりガイドライン　154
地域の自主性及び自立性を高めるための改革の推進を図るための関係法律の整備に関する法律　14、87
地域福祉　180、181
地域福祉活動計画　186
地域福祉計画　180、183
地域福祉計画の策定　184
地域包括ケアシステム　14
地域包括支援センター　57
地域包括支援センター運営協議会　58
知的障害者更生相談所　54
知的障害者福祉司　49、55
千歳市障がい者計画　156
千歳市障がい福祉計画　156
地方公共団体　30
地方公共団体の組合　135
地方交付税　69
地方財政　69
地方自治　29
地方自治法　30、135
地方分権　12、180
地方分権一括法　31、73、86
中央児童相談所　51
中央障害者施策推進協議会　141
中核市　31
通知　40
定住自立圏構想　23
定性的評価　116
定量的評価　116
当面の緊急保育対策等を推進するための基本的考え方　164
特別区　30
特別地方公共団体　30、135
都道府県介護保険事業支援計画　128
都道府県の事務　32

都道府県福祉事務所　47
都道府県老人福祉計画　127
ドナベディアンモデル　116

な行

ニーズ把握　20
ニーズ把握の方法　109
21世紀（2025年）日本モデル　14
二戸地区広域行政圏介護保険事業計画　136
日本国憲法　26
年金　78

は行

配偶者からの暴力の防止及び被害者の保護等に関する法律　52
配偶者暴力相談支援センター　52
バウチャー方式　36
阪南市地域福祉推進計画　184
PFI　22、37
PDCAサイクル　107、115
評価　115
福祉関係八法改正　86
福祉計画　20、82、83
福祉計画策定のプロセス　104
福祉計画の意義　97
福祉サービス　33
福祉財政　18
福祉事務所　46
婦人相談員　54
婦人相談所　52
婦人相談所設置要綱　54
婦人保護施設　52
普通地方公共団体　30
プライマリー・バランス　70
ベンチマーク　116
法　39
包括的支援事業　57
法定受託事務　15、32
母子・父子自立支援員　49
北海道障がい者条例　152
北海道障がい福祉計画　155

ま行

民間財源　76
民生費　70

や行

要綱　40

ら行

リスクマネジメント　20
利用者負担　75
老人福祉計画　126
老人福祉指導主事　49
老人福祉法　126

新・社会福祉士養成課程対応
福祉行財政と福祉計画〔第2版〕

2013年1月20日	初版第1刷発行
2015年3月20日	初版第2刷発行
2016年4月1日	第2版第1刷発行
2021年5月1日	第2版第3刷発行

編　集　杉　岡　直　人
発　行　者　竹　鼻　均　之
発　行　所　株式会社 みらい
　　　　　〒500-8137　岐阜市東興町40 第5澤田ビル
　　　　　TEL 058-247-1227(代)　FAX 058-247-1218
　　　　　http://www.mirai-inc.jp/
印刷・製本　サンメッセ株式会社

ISBN978-4-86015-392-2　C3036
Printed Japan　　　　　　　乱丁本・落丁本はお取り替え致します。

みらいの福祉関係書籍のご案内

新・社会福祉士養成課程対応
ソーシャルワーカー教育シリーズ
社会福祉士養成カリキュラムに対応しつつ、その枠にとどまらない「ソーシャルワーカー」としての専門教育・養成をコンセプトに、視点、枠組み、歴史、資質、倫理、理論、方法、技術を体系的に学べるよう3巻シリーズで構成。

新版 ソーシャルワークの基盤と専門職
〔基礎編・専門編〕
相澤譲治監修　植戸貴子編
Ｂ５判・196頁・定価／2,640円（税10％）

新版 ソーシャルワークの理論と方法Ⅰ
〔基礎編〕
相澤譲治監修　津田耕一・橋本有理子編
Ｂ５判・208頁・定価／2,640円（税10％）

新版 ソーシャルワークの理論と方法Ⅱ
〔専門編〕
相澤譲治監修　大和三重編
Ｂ５判・216頁・定価／2,640円（税10％）

新・社会福祉士養成課程対応
障害者福祉論
相澤譲治・橋本好市・津田耕一編　障害者福祉の根幹である理念・思想、施策・制度の仕組み等の基礎的理解とともに、障害者福祉実践における今日的視点や障害者ケアマネジメント等、ソーシャルワーク実践の視点を学ぶことができる。
Ｂ５判・288頁・定価／2,860円（税10％）

新・社会福祉士養成課程対応
貧困に対する支援
渋谷哲編　生活保護制度の仕組みや運用について、支援の実際が学べるように具体的な事例を用いながら解説するとともに、その他低所得者へのさまざまな福祉サービスや現代の貧困問題としてのホームレスの問題等も取り上げている。
Ｂ５判・248頁・定価／2,640円（税10％）

新・社会福祉士養成課程対応
権利擁護を支える法制度
山口光治編　社会福祉士に必要となる知識としての法の理解と法を駆使する実践力を身につけることに加え、ソーシャルワークとしての権利擁護活動を実践する視点や関わり方についても盛り込み、包括的に権利擁護について学べるよう構成。
Ｂ５判・256頁・定価／2,750円（税10％）

新・社会福祉士養成課程対応
地域福祉と包括的支援体制
木下聖・佐藤陽編　地域福祉の基本的な考え方や視点、地域共生社会の実現に向けた多機関の協働による包括的な支援体制の仕組み等をわかりやすく解説する。また、地域福祉の推進に欠かせない「地域福祉計画」の策定プロセスや実際についても網羅。
Ｂ５判・約270頁・予価／2,860円（税10％）

ソーシャルワーク演習ワークブック
〔第2版〕
ソーシャルワーク演習教材開発研究会編　社会福祉士養成等における相談援助演習の科目のために開発。学生用のワークブックと指導者用マニュアルを分けて制作し、「学生が考えながら具体的なワークを通して演習を進める」テキストとした。学生用には必要最低限の記述や解説を掲載し、指導者用にはワークの目的、進め方、解説を詳細したワークシートを収載。
Ｂ５判・228頁・定価／2,420円（税10％）

ソーシャルワーク演習ケースブック
ソーシャルワーク演習教材開発研究会編　相談援助演習の事例演習教材として開発。ソーシャルワークの価値や倫理などを事例の中から読み取れるよう工夫するとともに、支援プロセスの事例では、ソーシャルワークのモデルやアプローチを援助過程の中から具体的にイメージできるようにした。指導者や教員が演習をねらいどおりに効率よく行うための指導者用マニュアルを別途作成。
Ｂ５判・252頁・定価／2,420円（税10％）

ソーシャルワーク実習
－より深い学びをめざして－
深谷美枝編　「相談援助実習」を「ソーシャルワーク実習」として捉え、実習生が能動的に利用者に関わり、関係を形成し、支援を自ら考えられるように編集。実習とは何かを概念化し、それに向けて現実的に可能な実習の形を模索しつつ実習を組み立てていくことを目指した内容。指導者用ガイド付き。
Ｂ５判・192頁・定価／2,200円（税10％）

実習生必携 ソーシャルワーク実習ノート
〔第2版〕
杉本浩章・田中和彦著　相談援助実習・精神保健福祉援助実習に臨む実習生が、計画書・日誌・報告書作成にあたっての思考を促すワークシートを中心に構成。連続した18のワークに取り組み、オリジナルノートを作ることで、実習の達成課題を導き出し、ソーシャルワーカーとしての視点を養う。
Ｂ５判・96頁・定価／1,650円（税10％）

ご注文
お問い合わせ

みらい

〒500－8137　岐阜市東興町40　第5澤田ビル
TEL：058－247－1227　FAX：058－247－1218
http://www.mirai-inc.jp
info@mirai-inc.jp